PUHUA BOOKS

我
们
一
起
解
决
问
题

政企营销

数字化服务商
赢单新战法

朱华　王琳　著

人民邮电出版社

北京

图书在版编目（CIP）数据

政企营销：数字化服务商赢单新战法 / 朱华，王琳
著. — 北京：人民邮电出版社，2022.5
ISBN 978-7-115-58959-0

Ⅰ. ①政… Ⅱ. ①朱… ②王… Ⅲ. ①电信－营销服
务－数字化－中国 Ⅳ. ①F632.5

中国版本图书馆CIP数据核字(2022)第047623号

内 容 提 要

　　数字化转型是当下全社会的共识，不只是电信运营商的政企业务在转型，各种政企数字
化服务商也在蓬勃崛起。这种新的形势给电信运营商政企营销部门提出了很多艰巨的问题与
挑战。本书既全面总结了作者多年来政企营销培训的知识体系，又根据数字化创新业务的特
点进行了很多创新，同时还提供了大量来自一线的实战案例和经验总结。

　　全书共 10 章。第 1 章介绍了数字经济时代政企营销转型的方向和途径；第 2 章分析了
数字经济时代政企客户的需求特点、电信运营商的能力禀赋，以及电信运营商政企业务在数
字经济时代的生态位选择、市场定位和价值主张，并以商业模式创新为工具，提出了垂直行
业生态化营销策略及实施工具；第 3 章—第 10 章详细阐述了政企数字化项目的营销全过程，
以及每个营销环节的目标、任务、方法、工具、技巧和实战案例。

　　本书适合各类面向政府及企业市场提供数字化服务的营销人员阅读，也可以作为政府及
企业进行相关培训的参考用书。

　◆　著　朱 华　王 琳
　　　责任编辑　张国才
　　　责任印制　彭志环
　◆　人民邮电出版社出版发行　　北京市丰台区成寿寺路 11 号
　　　邮编 100164　电子邮件 315@ptpress.com.cn
　　　网址 https://www.ptpress.com.cn
　　　北京虎彩文化传播有限公司印刷
　◆　开本：700×1000　1/16
　　　印张：17.75　　　　　　　　　　　　　　2022 年 5 月第 1 版
　　　字数：250 千字　　　　　　　　　　　2025 年 5 月北京第 13 次印刷

定　价：79.00 元

读者服务热线：（010）81055656　印装质量热线：（010）81055316
反盗版热线：（010）81055315

专家赞誉

本书内容覆盖了当下政企数字化业务的市场分析、营销策划、营销执行及具体政企营销项目全过程的赢单方法，既为政企营销部门的管理人员提供了分析策划参考工具，也为一线营销人员提供了一幅完整的攻坚赢单"作战"地图和大量实用的营销方法、模型、工具及实战案例。我相信，无论是电信行业的政企营销及管理人员，还是其他同样以政府和企业为主要客户的 IT 软硬件厂家、互联网企业的营销及管理人员，都能从本书中获益良多。

——**黄勇军**　国务院特殊津贴专家
中国电信广州研究院原副院长

5G 技术的到来，加快了数字经济时代建设的步伐。在新的数字化时代背景下，政企市场要加快转型，快速适应市场发展，是三家运营商的主攻课题。本书为政企业务转型提供思路，用实际案例指引发展，让我受益颇深。这是一本数字经济时代政企市场拓展指南，值得推荐。

——**叶丽**　中国移动通信集团贵州有限公司
安顺分公司政企部行业总监

政企营销是一门高智商、高情商的实践艺术。政企营销人员需要充分准备、洞察秋毫和及时应变。每个政企项目签单，表面看似瓜熟蒂落、水到渠成，但内里每一步无不渗透着精妙的功法。政企营销攻坚赢单的每一步有哪些精妙的法门，我相信本书会给你很好的启发和收获。

——**邢燕**　中国联通广东省分公司政企事业群高级副总裁
兼工业互联网中心总经理

通读此书，我的收获很大！在数字化转型的要求下，本书对我们政企行业人员非常实用且有帮助。本书对运营商政企市场营销数字化转型进行了充分研究和精准定位，并给出了操作性很强的政企营销新战术，是理论与实践的完美结合，也是运营商政企市场所有人员必备的宝典。

——**李治**　中国联通河南省洛阳市分公司副总经理

中国铁塔在加快数字化转型。在从"通信塔"向"数字塔"转型的过程中，加快政企行业拓展具有重要的意义。本书的"新七步成诗法"具有很强的实战性，是行业拓展经理们攻坚赢单的利器。

——**蔡彦平**　中国铁塔广东省分公司行业拓展部原总经理

数字化已经成为社会变革的强力引擎。电信运营商作为信息基础设施的建设者、通信服务的提供者，深谙这一变革的伟大意义，正在努力向社会提供全方位的数字化服务。然而，其中也会碰到许多营销和管理方面的问题。本书对于我们认识和解决这些问题，可以说是恰逢其时。作为在电信运营商和 IT 企业从事过政企客户营销的我，真心地推荐您读读它。

——**智爱民**　中国联通学院教授

作者是电信行业培训的先行者和大咖。本书不仅是政企大客户营销领域的专著，更是贴近数字经济时代、贴近政企营销实战的优秀培训教材，是各级政企营销管理人员、政企业务单元行业总监、政企小 CEO、政企大客户经理们快速提高营销战斗力的利器,值得细心研读。

——**李璐** 中国联通智慧客服南方二中心总经理
广东省分公司培训交流中心原主任

近年来,各运营商已经在政企数字化业务上开始积极创新,并已在自身科技研发能力上开始发力,希望能够取得数字技术融合创新排头兵的位置,获得更多的市场竞争优势和毛利空间。本书以本地垂直行业前向生态化营销实施图为牵引,展示了攻山头、控平台,运营行业数字化生态圈的思路,既有战略性又接地气,非常值得学习推广!在为政府行业主管部门建平台的投入上,运营商甚至可以视同网络基础建设固定资产投资一样,担当作为数字基础设施国家队角色,积极投入建设,牵头打造行业数字经济生态圈。

——**朱李** 中国联通湖南省分公司政企事业群副总裁

数字化转型成为全社会的共识,联通云以其强大的计算能力成为行业数字化的底座。作者对行业数字化转型有比较深入研究,本书也为提升联通云的市场份额提供了实用的营销工具。

——**李岚** 中国联通江苏省分公司政企事业群云计算中心总经理

本书涵盖政企营销的新内容,提炼业界新特征,把握业界新趋势,融道法术为一体,集学研用于一家,可谓提要勾玄探规律,言简赅指迷津。本书有理论、有实践、有数据、有案例,值得我们学而时习之。

——**闫聪** 中国联通吉林省吉林市分公司政企事业群副总经理

朱华老师凭借多年的运营商服务经验和高度敏锐的行业洞察,在本书中运用行业认知和实操经验,构建了具有前瞻性的政企营销战略之道、营销之法、实战之术，帮助企业的政企业务营销站在业界前沿。

——江婵　中国联通广东省分公司人力资源部高级业务总监

行业数字化业务与基础通信业务差别很大，无论是产品研发、方案设计、营销签单还是交付运营，都面临着很多新课题，需要多方面的创新突破和能力建设。本书内容从市场实践中来，既有理论体系创新，又有实用方法工具，对于营销线和支撑交付线都很有帮助。

——罗晓良　联通（广东）产业互联网有限公司副总经理

感谢作者为行业数字化发展贡献的智慧和力量。本书内容既高屋建瓴又高度实战，对于培养中国铁塔公司行业拓展队伍的营销能力很有帮助。

——刘华孜　中国铁塔广东省分公司人力资源部总经理

我通读本书获益良多。本书讲述的均是成功的营销实战案例，不仅适合通信及 IT 企业营销战线的同行们学习，也可作为其他面向 B 端市场的企业培养优秀营销人才的培训教材。

——李凤仙　深圳康普盾科技股份有限公司人力行政部负责人

通信行业发展到了无人区。如何把泛在的、冗余的网络能力转化为行业应用，在消费互联网向产业互联网转型中实现增长，成为全行业的痛点。作者在通信行业浸淫多年，不仅理论功底深厚，更有丰富的通信从业经验和管理实践。作者结合 20 多年的深厚积淀和与时俱进的前瞻思考，深入浅出，为泛通信与互联网行业的从业人员、观察者提供了系统的思考方法论与工具包，不容错过！

——熊智辉　中广联合会微视频短片委员会副秘书长

中国网络视听国际传播委员会常务副秘书长

数联领航董事长

智屏时代创始人

推荐序一

朱华在 20 世纪 90 年代末读研究生时，我是他的指导老师。他在写作硕士论文时，令我惊讶地选择了"互联网经济学"这个当时的前沿课题。完成硕士论文《网络经济学规律初探》后，我本以为他会留校继续进行研究，没想到他一头扎进了电信行业，从基层技术部门和营销部门干起，做到区县级分公司总经理、省级公司部门经理，在企业管理实践中摸爬滚打了 20 多年。

他拿出这本专著时，我发现他 20 多年来也没有放弃学术钻研。通览本书，我感觉他又抓住了"数字经济"这个前沿课题。以数字技术和知识为关键生产要素的数字经济已经改写了工业时代的生产函数，正在推动社会经济发展全面进入新阶段。数字化转型已经成为几乎所有企业管理者的共识。但企业数字化转型不只是 IT 部门的事情，真实企业有诸多复杂的管理实践领域，如战略规划、产品研发、生产制造、营销服务、财务管理、人力资源、企业文化等。数字化转型如何在这些企业管理实践领域落地？如何总结企业数字化转型的丰富实践，迭代发展企业管理理论，以指导未来数字经济时代的管理实践？理论与实践如何互相启发、共生共长？这些问题既是企业管理实践中迫切需要解答的疑惑，也是管理理论研究有可能取得创新突破的领域。

本书从政企市场营销的角度切入企业数字化转型领域，因为面向的读者群体主要是企业数字化业务营销及管理人员，所以全书很注重可操作性的实践内容。同时，书中不少原创性内容对于企业数字化转型理论研究也具有一定的参考价值。我听说作者还在研究数字化企业管理和数字化领导力等方面的课题，希望作者再接再厉，为数字经济时代大潮做出更多贡献。

周裕新

华南理工大学工商管理学院教授

推荐序二

　　没有人会是一座孤岛。群居产生的大量信息分享加速了人类的进化。通过信息分享，人类对世界的认知超越了自然个体。通过信息分享，知识持续不断地在群体间传播、在历史中积淀，这才让人类迅速进化为智慧生物。

　　现在，信息分享已经扩展到了万物互联，不仅人与人之间需要信息分享，大量的机器设备之间也需要信息分享，从电脑、手机、智能手表，到智慧屏、无人机、医疗设备、智能家居、智能汽车甚至工业设备。信息分享把人与人、人与物、物与物连接起来，融合成一个可互操作的系统。这在人类发展史上是一个重要的里程碑，它将大大提高社会效率、降低社会成本、提升社会能力，有力地促进人类社会的发展。这张万物互联的智能互联网正在加快向社会各行各业延伸。智能互联网除了服务于消费侧之外，更重要的是服务于供给侧，让传统企业的效率更高、能力更强、成本更低，并且更加智能化。这件事如果做好了，对于提高社会生产效率和长期发展能力具有至关重要的意义。

　　数字化转型是万物互联时代的必然趋势。数字化能力对于传统企业是革命性的，会为传统领域带来质的改变。以电力行业为例，这是一个庞大的领域，支撑着整个社会的正常运转，与每家企业、每个家庭都密切相关。电力行业有发电、输电、变电、配电、用电等多个环节，从技术、安全到效率提升都有诸多需要解决的课题。电网数字化转型意味着整个电力系统全面从物理世界电网向数字世界电网转变。这种转变将深刻地改变技术路线、生产运作和最终用户的体验。

但是，上坡之路从来不轻松。要把信息行业和传统行业结合起来形成新的突破，还有很多新型能力需要建设，很多新型模式需要探索。数字化服务商需要帮助传统企业转变观念，变革生产经营模式。这是一件前人没有做过的事情，当然会非常困难。虽然前路依然艰难，但数字经济为未来构建的逻辑体系正在逐渐清晰。这个属于未来社会的体系，正通过建立万物互联的通信底座，打造强大的云计算平台，构建开放的生态系统，深入传统产业领域，加快IT与OT的融合，逐渐撬动传统行业的数字化转型。打破边界，点亮未来，数字经济的美好图景一定会"红日初升，其道大光"。

本书两位作者都是活跃在政企营销和数字化转型领域的专家，我很高兴看到他们在数字化服务商的商业模式、营销战略及销售赢单战术等领域的创新探索和成果积累，相信对于包括电信运营商在内的各类数字化服务商的业务发展都会有很大帮助。

中国通信业知名观察家

智能互联网研究专家

柒贰零（北京）健康科技有限公司董事长

拿到本书，格外亲切。一是电信运营商是华为最重要的客户群体，华为的成长壮大伴随着电信运营商的成长成熟。二是政企业务是华为的核心业务，"一线呼唤炮火"的说法为大家熟知，华为正是通过 LTC 流程（从线索到回款）和铁三角阵型成长为政企行业的领导者。三是政企客户特别是各级政府和大型企业正是我在华为企业 BG 中国区 ICT 规划咨询团队时的主要客户群，我带领的团队即以华为流程信息化与数字化转型的最佳实践为政企客户提供咨询服务。

细读本书，欲罢不能。作者胸怀万象、字字珠玑，为读者展开了宏大的数字经济图景和数字化"作战"路径。书中既有对数字化服务商 B2B 营销战略及策略的分析，又有针对具体项目赢单的实战工具包，令人收获颇丰。

数字经济的典型载体是平台经济。平台经济的底层逻辑是从行业生态的视角思考整个行业的价值最大化，这超越了传统的单一企业视角和能力域，需要专门的数字化服务商组织专业力量推进数字化平台建设、创建平台规则、持续提炼并优化平台价值。

电信运营商拥有的基础网络资源、渠道服务能力和公信力是政企数字化的沃土。各级党政部门和各类企业的信息化、数字化系统无不构建在运营商的各种网络、技术和服务之上。当电信运营商再次把政府、企业、用户、带宽、算力和数据融合成新基建基础设施时，也就意味着支撑数字经济的技术架构和动态工具进入了专业化阶段。伴随着新基建的稳步推进，我们有理由相信数字经济时代新的巨无霸企业一定会出现。

但是，面对巨大且迫切的政企数字化服务需求，运营商坐拥独特的企业形态、能力禀赋，如何确定自身在数字经济中的最佳生态位，如何提出让政企客户广泛认可与信任的价值主张，如何指导政企营销人员以新的理念、方法和工具开展工作，在理论体系和工具方法上取得突破，就显得尤为重要和紧迫。

理论来自实践，并在实践中不断发展。本书作者深入研究了电信运营商的企业形态、业务特征和政企数字化业务发展规律，系统地对新时期政企营销进行了卓有成效的探索。作者的不懈努力为政企数字化业务的营销理论与方法体系的发展揭开了崭新的一页，为渴求数字化服务精髓的政企营销人员和关注数字经济运行规律的读者提供了全新的立体化的工具套件。

耳闻之不如目见之，目见之不如足践之。愿每位拿到本书的读者敞开胸怀拥抱数字经济，即刻启程，以数据塑未来。

孙少忆

前华为 ICT 规划咨询部专家

阿里巴巴数据中台和业务中台专家

浙江大学中国数字贸易研究院特聘专家

前言

　　数字经济在全球风起云涌，数字化转型席卷神州大地，这是人类社会发展不可逆转的大趋势。对于所有企业而言，数字化转型已经不是可选项，而是必做题。因为几乎在每个行业中，传统的产品设计、材料工艺、制造技术等都已经登峰造极，可提升的空间越来越狭窄。企业与企业之间的竞争越来越体现在对客户信息、市场信息、供应链生态信息、设计制造过程信息、营销信息、产品使用信息等信息资源的自动化采集加工和最大化利用，具备信息优势的企业都将强者越强。企业数字化转型的目标是利用各种数字化技术，依法自动化采集与企业生产经营管理有关的全量数据，构建以数据为核心要素、以人工智能为处理手段、覆盖企业生产经营全域事务的"数字孪生＋元宇宙"企业系统，并以此系统为主要载体，以数字化方式实现企业生产经营管理全领域覆盖及全过程闭环的自动化、智能化、柔性化、自适应和自进化。供应链企业的"数字孪生＋元宇宙"企业系统之间以多维网状方式上下纵横相联结，构成行业数字化生态圈。依靠能力越来越强大的"数字孪生＋元宇宙"企业系统和行业数字化生态圈，数字化企业可以做到最大程度预知客户需求、压缩成本和效率浪费、避免决策失误风险、应对市场变化风险及利用数字化技术快速创新。

　　各级党政部门作为社会治理的责任单元，也需要顺应和借助数字化转型的大趋势。人类社会的生产、生活、管理等活动，既涉及地域广大、变化无常的自然环境，又涉及数量众多、须臾不可缺失、可靠性又做不到百分之百的人造环境，还涉及数以亿计的需求迥异、想法不同、知识分散、具有自主行动力的社会个体。传统的社会治理方法主要关注自然环境、人造环境、社会个体及各种社会活动的表面现象和表面过程，预见性、精细化、可控性严重不足，往往需要耗费大量的人力、物力和时间，效果还差强人意。毫无疑问，社会治理需要数字化转型。社会治理数字化转型的目标是利用各种数字化技术，依法自动化采集与人类社会活动有关的全量数据，构建以数据为核心要素、以人工智能为处理手段、覆盖人类社会活动全域事务的"数字孪生＋元宇宙"社会系统，并以此系统为主要载体，以数字化方式实现社会治理全领域覆盖及全过程闭环的预知、预判、预警和科学决策、及时响应、精准执行、无阻运行，以实现全社会的高效和谐运行与所有社会个体的最大福祉。

近年来，我们一直专注于党政部门和企事业单位数字化转型的咨询、培训和服务，发现无论是各级党政部门还是各类企事业单位，都无法仅仅依靠自身力量完成数字化转型。因为他们毕竟不是专业的 IT 企业，他们对自身业务的运营管理非常娴熟，但并不擅长于规划、建造、维护及运营上述日益复杂的"数字孪生＋元宇宙"系统。全社会数字化转型的大潮呼唤专门的政企数字化服务商快速成长，为各级党政部门和各类企事业单位提供专业的数字化转型及数字化运营服务。

在所有的数字化服务厂商队伍中，电信运营商是一支有深度潜力的力量。因为数字化的前身是信息化，而电信运营商一直在为过去的信息化和现在的数字化提供必不可少的网络基础设施。更重要的是，帮助各级党政部门和各类企事业单位进行数字化转型，其本质是提供服务，而不仅仅是卖设备、卖软件、卖系统，而电信运营商最擅长的业务模式恰恰就是提供服务。因此，电信运营商是政企客户数字化服务商天然的最佳候选人。

我们在辅导电信运营商及其他数字化服务商为各级党政部门和各类企事业单位提供数字化产品、服务和方案的过程中发现，具体政企数字化服务项目的营销推广、交付实施中存在很多现实的问题和困惑。对于电信运营商来说，与语音电路专线等基础通信业务相比，数字经济时代的政企业务涉及的新技术种类更多、技术含量更高、应用系统更复杂、与客户自身业务流程及管理流程贴合得更紧密。这给政企营销部门提出了很多艰巨的课题：电信运营商在数字经济中的能力禀赋和最佳生态位是什么？如何构建数字经济时代的新型政企营销战略？如何把新型政企营销战略落地到一城一池的数字化项目营销战役中？对于有客情基础但没有具体商机的政企客户，如何挖掘商机线索？有没有一套能够实践操作的"作战"地图可以指导一线政企客户经理们把一个个商机线索变现为合同订单？

基于以上现实问题，我们深入一线做了大量的调研，包括调研政企客户、一线客户经理及技术支撑人员，并广泛地研究了各行各业的数字化转型方案和国内外各种 B2B 市场营销理论，在总结了上百个政企数字化项目营销案例的基础上开发了与本书同名的培训课程。截至目前，该课程在全国各地已讲授 300多场，几乎遍及全国所有省份。在咨询、培训和营销指导实践中，我们坚持以营销实战为导向，持续优化、迭代、创新课程内容。每次课程中及课程结束后，我们都会收到很多学员的好评。大家反映课程很好地响应了数字经济时代政企营销转型的需要，为开展数字化业务营销提供了很多好用且有效的理念、策略、方法和工具集。数字化转型是当下全社会的共识，各类政企数字化服务商正在蓬勃崛起。有鉴于此，我们抽取了培训课程中的主要内容，加以模型化、体系化和文字化，在此基础上写作了本书，希望能为政企数字化营销同行们提供有益的启发和参考。

致谢

本书的很多内容来自于我们近年组织及参与的众多政企数字化营销咨询项目和培训项目，已对所有资料进行了信息脱敏。对于所有咨询客户和培训学员，我们在这里一并表示真诚的感谢！

本书的写作及出版得到了西安集优企业管理咨询有限公司及很多同事的大力支持，我们在此也一并表示真诚的感谢！

本书从选题到成书出版得到了人民邮电出版社的全力支持；出版社的张国才老师不厌其烦地审改稿件，文风严谨而细致，不仅为本书添光增色，更令我们受益匪浅。我们在此也向张国才老师和出版社其他工作人员表示真诚的感谢！

本书写作过程中还得到了华南理工大学周裕新教授、广东外语外贸大学龙文滨教授、中国通信业和互联网知名专家项立刚先生、前华为ICT咨询专家及阿里巴巴数据中台专家孙少忆先生、中国电信广州研究院原副院长黄勇军先生、中国移动贵州省安顺分公司政企部行业总监叶丽女士、中国联通广东省分公司政企事业群高级副总裁邢燕女士、中国联通河南省洛阳市分公司副总经理李治先生、中国铁塔广东省分公司行业拓展部原总经理蔡彦平先生、中国联通学院智爱民教授、中国联通智慧客服南方二中心总经理李璐女士、中国联通湖南省分公司政企事业群副总裁朱李先生、中国联通江苏省分公司政企事业群云计算中心总经理李岚先生、中国联通吉林省吉林市分公司政企事业群副总经理闫聪女士、中国联通广东省分公司人力资源部高级业务总监江婵女士、联通（广东）产业互联网有限公司副总经理罗晓良先生、中国铁塔广东省分公司人力资源部总经理刘华孜女士、深圳康普盾科技股份有限公司人力行政部负责人李凤仙女士、智屏时代创始人熊智辉先生等众多师长及朋友的指导和帮助，我们在此一并表示真诚的感谢！

本书虽经前后半年多时间、十余次修改才最终定稿，但因为自身才疏学浅，书中难免有不足之处，恳请广大读者批评指正。

目 录

| 第 1 章 |

政企营销新战场

1.1 行业困境与数字经济崛起

1.1.1 基础通信市场饱和与行业微利化

近年来,全球电信行业几乎都走入了低谷,基础通信业务更是陷入了增长困境。从 2013 年开始,我国电信行业收入增速一直低于同期的 GDP 增速,2014 年和 2015 年电信行业收入增速甚至跌到了 −1.6% 和 −2.0%。在全球范围内,2020 年全球大多数电信运营商的业务收入都是负增长,仅有少数几个发展中国家的电信运营商还能保持正增长。

基础通信业务陷入增长困境的主要原因是市场饱和。工业和信息化部的统计资料显示,截至 2021 年 7 月末,我国移动电话用户总数达 16.19 亿户,固定互联网宽带接入用户总数达 5.14 亿户。而 2021 年 5 月公布的第七次全国人口普查数据显示,我国总人口为 14.1178 亿人、全国共有家庭户 4.9416 亿户。简单计算可知,我国移动电话市场渗透率为 115%,家庭宽带的市场渗透率为 104%,电信行业的两个主要市场都已经饱和了。

饱和市场很容易发生过度竞争,而长时间的过度竞争又会导致整个行业微利化。2019 年上半年,三大运营商移动业务的 ARPU 值仅为 50 元 / 人月左右(见图 1-1),低于在北、上、广、深等大城市一次滴滴打车的费用。

比 ARPU 值更难看的是 ARPU 值占用户每月可支配收入的比例。这个比例相当于"钱包份额",代表一个行业的赚钱能力。以中国移动为例,2001 年的移动业务 ARPU 值占用户每月可支配收入的比例超过了 15%,而 2018 年的这个比例跌到了 1.5% 以下,如图 1-2 所示。

如果说 20 年前的"钱包份额"15% 的确有些高了,那么现在的这个比例只有 1.5%,就又太低了。我们可以参考的数据是,目前,日本、韩国的这一比例

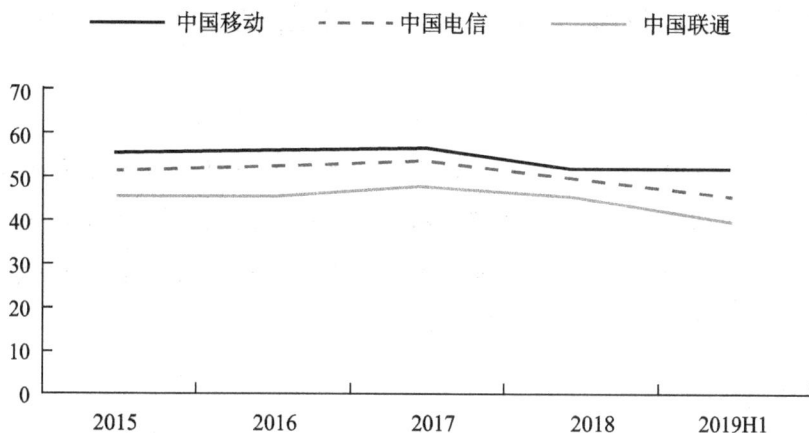

图 1-1　电信运营商移动业务 ARPU 值（元 / 人月）[①]

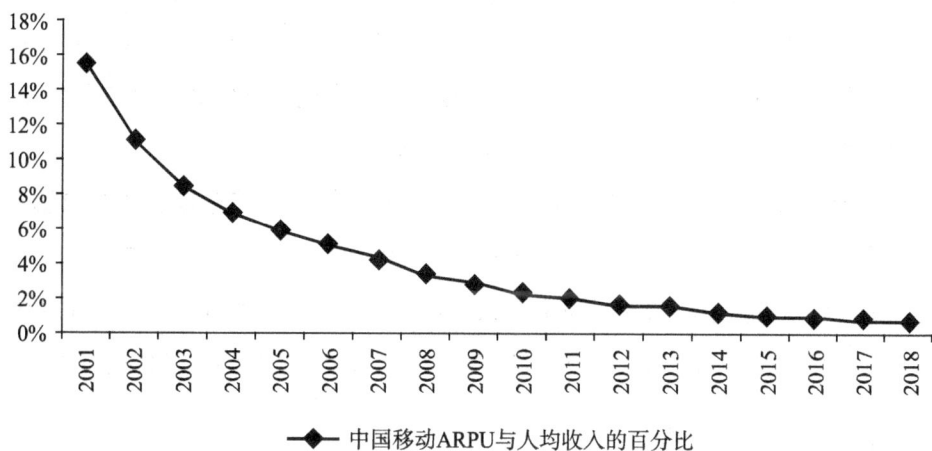

图 1-2　中国移动移动业务 ARPU 与人均收入的百分比变迁图[②]

是 7% ~ 8%，欧洲、北美的这一比例是 5% ~ 6%，就连亚非拉等发展中国家的这一比例也普遍在 3% 以上。"钱包份额"不到 1.5%，说明电信行业在我国已经是彻头彻尾的微利行业了。不是用户没有消费能力，而是电信行业现在无法赚到用户的钱了。同时，不到 1.5% 的"钱包份额"也说明，降低套餐资费对用户已经失去了吸引力。

---

① 数据来源：三大运营商年报综合分析。

② 数据来源：中国移动年报综合分析。

1.1.2　新冠肺炎疫情的流行要求数字经济更快发展

2020年初，突如其来的新冠肺炎疫情严重影响了经济发展，但2020年5月国际知名咨询公司麦肯锡推出的报告《快进中国：新冠肺炎疫情如何加快五大经济趋势》却指出，新冠肺炎疫情爆发以来最大的变化是"数字化——数字化工具越来越普及，从B2C延伸到B2B领域"。麦肯锡公司敏锐地察觉到新冠肺炎疫情按下了数字经济发展的加速键。

数字经济的定义

中国信息通信研究院在《中国数字经济发展白皮书（2020年）》中给出了数字经济的完整定义："数字经济，是指以数字化的知识和信息作为关键生产要素，以数字技术为核心驱动力量，以现代化信息网络为重要载体，通过数字技术与实体经济深度融合，不断提高经济社会的数字化、网络化、智能化水平，加速重构经济发展与治理模式的新型经济形态。"

据中国信息通信研究院的研究，2020年我国数字经济总量已达39.2万亿元，占当年GDP的比重已高达38.6%。我国数字经济的增速一直是当年GDP增速的2倍以上。从世界范围来看，数字经济也已经成为发达国家的经济主流。统计数据显示，美国、英国、德国的数字经济比重甚至超过了GDP的60%。

数字经济"四化模型"

中国信息通信研究院在《中国数字经济发展白皮书（2020）》中进一步把数字经济分为四部分，分别是数字产业化、产业数字化、数字化治理和数据价值化。

（1）数字产业化：为数字经济提供数字技术、装备和基础设施，包括基础电信、电子信息制造、软件及服务、互联网四个细分行业，基本上属于原来"信息产业"所涵盖的内容。

（2）产业数字化：应用"数字产业化"提供的数字技术、装备和基础设施，改造传统经济的三大门类，即第一产业农牧业、第二产业制造业、第三产业服务业。这是数字经济的重头戏，也是数字经济想象空间最大的部分。目前，这部分的发展非常迅猛，第三产业中数字经济的渗透率已经达到了40.7%，第一产业、第二产业中数字经济的渗透率也提高得很快。

（3）数字化治理：即各级政府利用数字技术，提高社会治理和服务的效率及效果，降低社会治理和服务的各项成本。近年来，我国各级政府不断推广"循数治理"的理念，大力推进数字化，在提高治理效能和服务效能等方面取得了显著的效果。数字化治理的建设热点主要集中在智慧城市和数字政府两个领域，这两个领域的超级巨单也是频频出现。

（4）数据价值化：着重解决如何实现数据价值回报的问题，这也是数字经济中最有魅力的地方。实体资产经数字化后会产生"数据资产"，"数据资产"拥有者可以通过多种方式变现。当然，变现的方法和途径必须合法。

📋【案例 1-1：数据价值化】

2020 年初新冠肺炎疫情爆发后，全国各地迅速使用健康码进行防疫管理。但由于各地各自开发本地健康码管理系统，出现了万"码"奔腾的混乱局面。为了加强疫情管控，方便全省居民出行，南方某省卫健委与本省一家电信运营商合作，建设并运营维护全省统一的个人健康码管理平台。该平台为全省卫生防疫部门有效管控疫情发挥了重要作用，也方便了全省居民的工作、生活和出行。同时，系统承建商——该省某电信运营商在拓展政企业务时发现，很多政企客户也有数字化防疫的迫切需求。在征得省卫健委同意后，该电信运营商开发了全省统一个人健康码平台的 API 接口，政企客户数字化系统通过 API 接口对接该平台，通过系统后台程序就可以实时查验本单位员工、顾客、合作伙伴员工等人员的健康码状况。这大大提高了实际防疫工作中查验健康码环节的效率和准确率，得到了政企客户的好评。该电信运营商也凭借这一独特的产品，赢得了不少政企客户的ICT 项目。

1.2 新战场：数字化服务市场

1.2.1 数字化服务市场应运而生

新冠肺炎疫情爆发后，各级政府和各类企业都面临加快数字化转型的紧迫任务，都需要进行"全范围、全过程、全要素"的数字化转型，即充分利用数字化技术和工具进行全方位的流程改造和重构，以重塑竞争优势、促进业务发展、加强内部管理、降低运营成本、控制运营风险等（见图1-3）。正如一位互联网风险投资者所说的，"一切都值得重做一遍"，一切生产过程、产品、服务、业务流程、管理流程等都将被数字化改造，这就催生了巨大且需求迫切的政企数字化服务市场（包括数字化转型服务和数字化运营服务）。

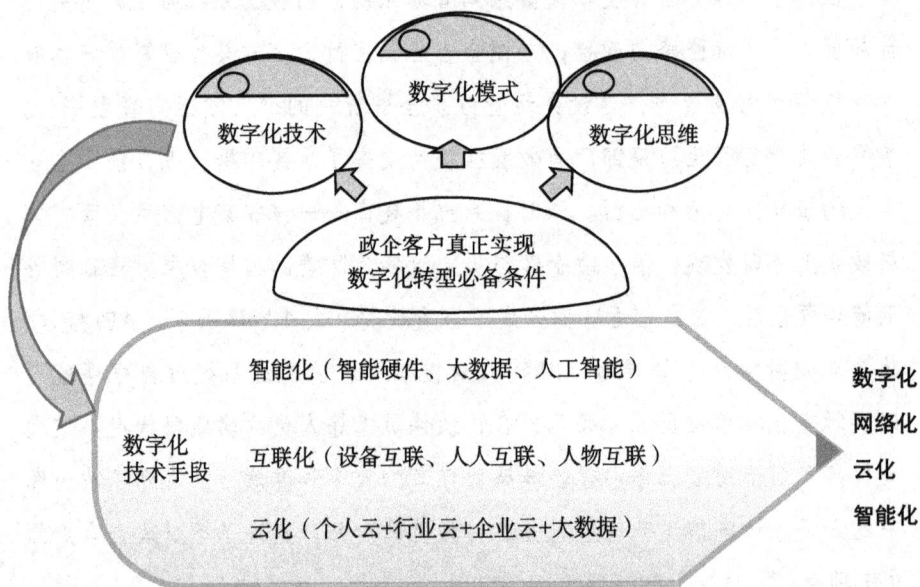

图 1-3 政府和企业数字化转型内容示意图

1.2.2 电信运营商在数字化服务市场的能力优势

电信运营商具有进入数字化服务市场的先天有利条件。

首先，电信运营商具备进入数字化服务市场的业务优势。电信运营商一直在售卖网络资源。政企客户采购电信运营商的网络资源的用途是什么呢？答案是建造并使用数字化业务系统。所以，电信运营商只要沿着网络资源的深加工继续延伸业务，自然就会进入政企客户的数字化系统建设和运营服务领域。

其次，电信运营商具备进入数字化服务市场的技术优势和资源优势。倘若将数字化（广义）的过程打开，就会发现数字化（广义）过程包含6个子过程，它们分别是数字化（狭义）、网络化、信息化（狭义）、云化、智能化及自动化，如图1-4所示。

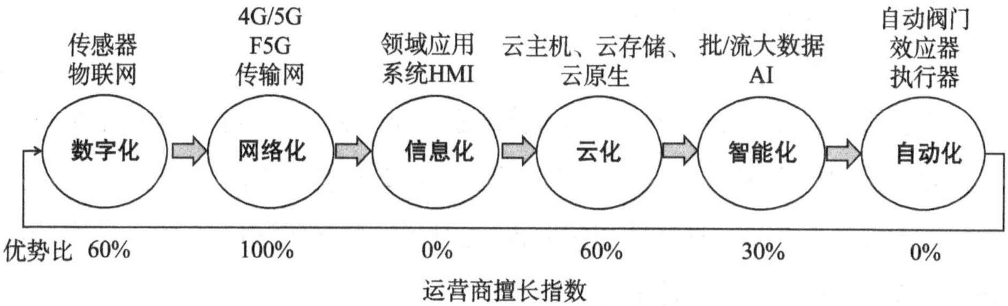

图1-4　广义的数字化过程

（1）数字化（狭义）

数字化（狭义）是指将来源于物理世界的原始信息从模拟信号转变为二进制信号，即模数转换。模数转换的目的是为了对原始信息进行加工和传输。这个子过程主要依靠传感器、变送器、信息采集终端、物联网等技术和设备实现。

（2）网络化

网络化是指转变为二进制信号的信息通过有线网（宽带、电路、光纤等）、无线网（4G、5G、Wi-Fi等）等传送出去，这个子过程主要依靠电信运营商的各种通信网络实现。

（3）信息化（狭义）

信息化（狭义）是指二进制信号重新转变为模拟信号的过程，即数模转换。数模转换的目的是为了人类能够理解和处理信息。这个子过程主要依靠应用软件、显示终端及其他终端设备来实现。

（4）云化

云化的目的是为了完成信息的汇集，其依靠的技术和设施是云主机、云存储、云原生等。信息不守恒，信息具有汇集、加工、增值的天然趋势。云计算的发明为各种信息的汇集和加工提供了物理条件。

（5）智能化

信息汇集到云端的目的是要实现信息增值；信息要增值就要对汇集的各类信息进行处理。这个子过程依靠的主要技术手段是数据库统计分析、大数据及流数据分析、人工智能处理等。

（6）自动化

信息汇集和加工处理产生了高价值的新信息，如预测信息、预警信息、解决方案、行动指令等。这些高价值的新信息需要再次回到物理世界，去监控、优化、干预物理世界，这样才能实现人类的目的。这个子过程依靠的技术和设备是效应器、机器人、自动化阀门等。

在上述数字化（广义）的 6 个子过程中，电信运营商至少在 4 个子过程上有一定的技术优势和资源优势。

数字化（狭义）这个环节主要使用物联网，电信运营商有 60% 的优势。

在网络化这个环节，电信运营商有 100% 的优势。

在云化这个环节，电信运营商有 60% 的优势。虽然目前电信运营商还不是主导云服务商，但因为云计算业务属于资源型业务，电信运营商遍布全国各地的机房资源"摇身一变"就可以成为云机房，电信运营商要在"云化"这个环节创造主导优势并不困难。

在智能化这个环节，电信运营商也有 30% 的优势，这主要得益于电信运营商掌握的用户流量大数据。

在上述数字化（广义）的 6 个子过程中，电信运营商只在 2 个子过程不具备技术优势：信息化（狭义）和自动化。对于这两个不具备技术优势的子过程，电信运营商可以采取与相关厂家合作的方式来解决。

1.2.3　从旧三大市场到新三大市场

用"数字化服务"的新视角重新审视电信行业三大市场，就会发现市场已经迭代升级了。虽然客户没有变化，三大市场的客户群还是原来的客户群，但客户的需求却与以前大相径庭了。

三大市场的需求原来主要是通信和上网，如今已经全部升级为数字化服务，形成了新三大市场——个人数字化服务市场、家庭数字化服务市场、政企数字化服务市场，如图 1-5 所示。

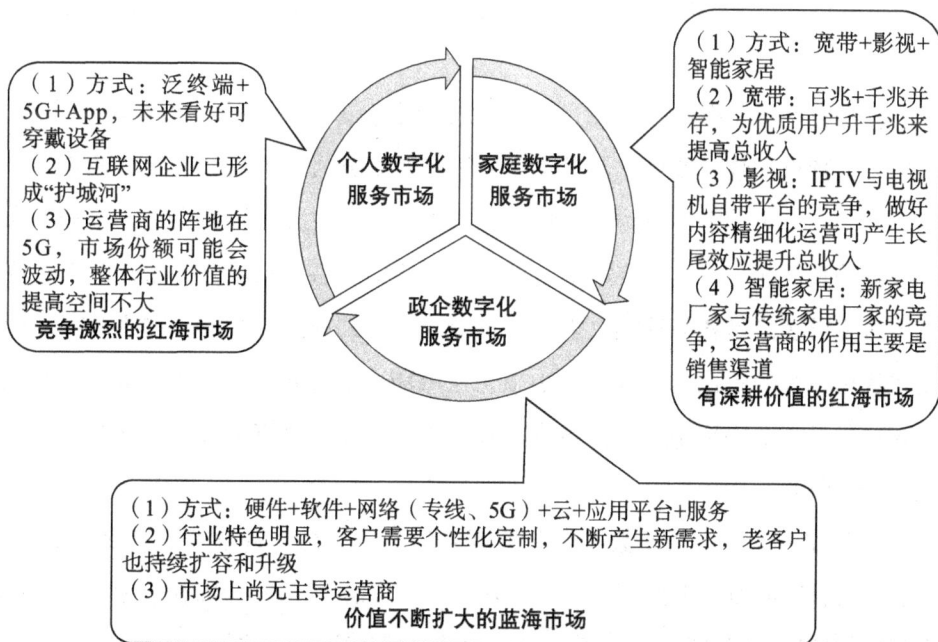

图 1-5　数字化服务视角下的电信行业新三大市场

新三大市场中的个人数字化服务市场、家庭数字化服务市场仍然是激烈竞争的红海市场，电信运营商的优势不明显；政企数字化服务市场对电信运营商来说则是一个广阔的新蓝海市场。

政企数字化服务市场具有以下特点：

（1）政企客户的数字化服务需求是一种综合需求，包括硬件、软件、网络（专线、5G）、云、应用平台、安全、服务等丰富的内容，不是某个单一厂商所能提供的；

（2）政企客户的行业特色明显，客户往往需要个性化定制产品和服务，并且还会不断产生扩容和升级的新需求；

（3）目前整个政企数字化服务市场还没有产生主导厂商；

（4）最关键的一点是，受数字化转型的驱动，政企数字化服务市场的总需求在持续扩大。

政企数字化服务市场成了电信运营商在数字经济时代的新蓝海。如同互联网行业进入了下半场一样，电信行业也开始进入下半场——政企数字化服务市场。

政企数字化服务市场容量巨大、细分行业众多，呈现行业碎片化的特点。根据需求特点，政企数字化服务市场可以初步划分为 3 个细分市场：大政务市场、大企业市场和中小微企业市场（见图 1-6）。大政务市场的主要客户是各级党政机关及事业单位，主要需求是社会数字化治理系统的建设与服务；大企业市场的主要客户是各类规模以上工矿制造业及公共服务业企业，主要需求是产业数字化系统的建设与服务；中小微企业市场（运营商称之为商企市场）的主要客户是各类中小型制造业、零售业及服务业企业，目前主要需求是营销数字化工具与服务。

每个政企细分市场的数字化服务需求都非常广泛，覆盖了区域社会治理、企业经营管理的每一个方面，可以小到一次微信推广、一个 SaaS 应用，也可以大到智慧工厂、智慧医院、数字政府、智慧城市建设等。

以中小微商企市场为例，其数字化服务需求体现在以下 3 个方面。

（1）基础业务：固定电话、双线、政务网、员工5G
（2）ICT业务：政务云、智慧城市、数字政府、雪亮工程、智慧××（智慧交通、智慧环保、智慧法院、智慧监狱、智慧安监、智慧医院、智慧校园……）、互联网+政府服务、OA、视频会议……
（3）大数据业务：政府大脑、互联网+监管、交通优化、防疫大数据……
（4）×类业务：智慧党建、钉钉、云章、智慧短信、来电名片、数睿广告、视频彩铃……

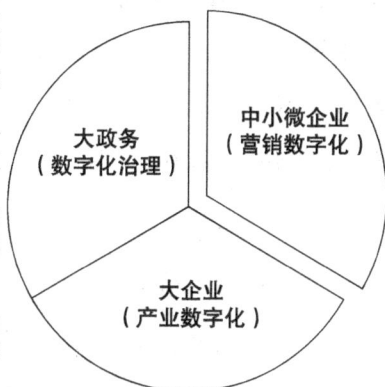

（1）基础业务：固定电话、宽带/互联网专线、员工5G
（2）云SaaS业务：云备份、云会计（好会计）、云库存（用友U8）、营销云（电商及私域运营）、云客服
（3）×类业务：云OA、云视频、云犀、云章、智慧短信、数睿广告、附近推、企微管家、沃家神眼……

大政务
（数字化治理）

中小微企业
（营销数字化）

大企业
（产业数字化）

（1）基础业务：固定电话、互联网专线、员工5G
（2）ICT业务：云主机/云灾备、5G+智慧种养殖、5G+智慧矿山、5G+智慧工厂（MES、设备监控）、安防消防监控……
（3）物联网业务：NB-IoT（四表）、5G+智慧管网、智慧物流、人员定位、能耗监控、环保监控……
（4）×类业务：云OA、云视频、云犀、云章、视频彩铃……

图1-6　政企数字化服务市场的三个细分市场

（1）电商与非电商界限消融，零售服务业中"私域运营＋直播"全面爆发，需求内容是直播系统＋电商小程序＋企业微信＋云（主机/存储）＋网（专线）＋集成服务。

（2）在线办公热潮持续，需求内容是钉钉＋视频会议＋云化IT办公系统＋云（主机/存储）＋网（专线）＋集成服务。

（3）云计算在疫情面前展现了强大的实力，云+SaaS成为中小微企业数字化标配，需求内容包括云（主机/存储）＋网（专线）＋各类企业管理SaaS平台＋集成服务等。

1.2.4　进入新市场需要凤凰涅槃

数字经济为电信行业走出"管道危机"提供了千载难逢的良机，可以帮助电信运营商从单纯的售卖网络资源走向以网络资源为基础的数字化服务的新蓝海市场。但是，进入数字化服务市场并不会一帆风顺，会面临新需求、新业务、新市场、新竞争等困难局面，需要新的市场定位和理念、新的营销策略、新的产品体系、新的全栈能力体系、新的队伍组织机制及战法。

进入数字化服务市场，意味着需要进行整个营销体系的重塑，我们可将其形象地比喻为"换脑、换手、换脚"，如图1-7所示。

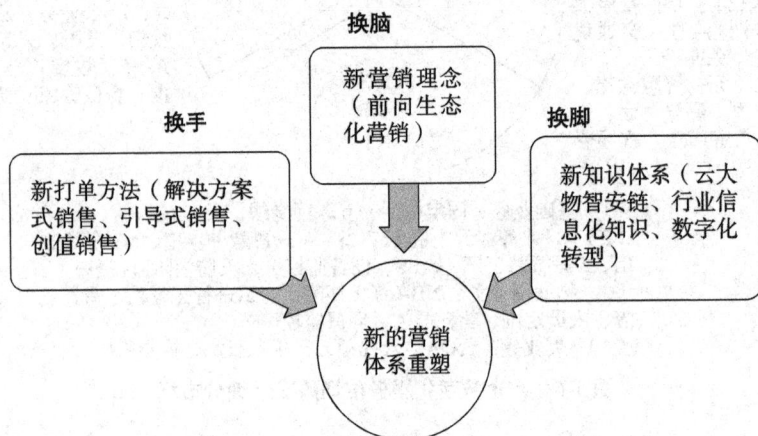

换脑

新营销理念
（前向生态
化营销）

换手

新打单方法（解决方案
式销售、引导式销售、
创值销售）

换脚

新知识体系（云大
物智安链、行业信
息化知识、数字化
转型）

新的营销
体系重塑

图1-7 电信运营商转向数字化服务商的营销体系重塑

电信运营商在向数字化服务商转型的过程中还需要秉持以下3个原则。

（1）坚持躬身入局的原则：深入政企客户的业务和流程中，直面挑战，解决政企客户面临的实际问题。

（2）坚持专业主义的原则：政企数字化服务市场高度碎片化，不同行业的业务、流程、面临的问题和解决方法都差别巨大，作为数字化服务商，从企业到个人都需要具备高度的专业化能力，这样才能获得政企客户的信任和青睐。

（3）坚持长期主义的原则：数字经济是人类社会的一种新形态，数字化转型是政企客户的一项长期任务；而数字化服务商自身的能力建设也需要长期不懈地积累，这就要求电信运营商改变以往追求短期效果的做法，在部署产品研发、能力打造、队伍建设、市场拓展、客户服务等环节都要立足于长期效果去计划和实施。

| 第 2 章 |

政企营销新战略

2.1 最佳生态位选择与价值主张

我们通过第 1 章的分析可以发现，一方面电信行业自身陷入了增长困境，另一方面社会经济加快向数字经济转型又为电信行业创造了一个新蓝海——数字化服务市场。但是，这个新蓝海市场也充满了激烈的竞争。在政企数字化服务市场已经活跃着三支如狼似虎的力量：传统 IT 软硬件厂家、互联网巨头企业和本地科技集成公司。电信运营商凭什么与其竞争？政企客户为什么要与电信运营商合作？换句话说，电信运营商要以怎样的模式和定位，以及什么样的产品和服务，进入政企数字化服务市场，才能得到政企客户的认可并赢得订单呢？要回答这些问题，我们必须到政企客户那里寻找答案。

2.1.1 政企客户的数字化服务需求分析

在数字经济的推动下，政企客户的需求已经从传统的通信服务转向了以算力网络（通信网络＋云计算）为基础的综合数字化服务。政企客户的综合数字化服务需求具有以下特点。

（1）政企客户虽然现在仍需要通信网络服务，但通信网络服务已经退为基础服务，其支出预算在政企客户整个数字化预算中的比例持续下降。

（2）不同于过去相对简单的通信网络服务需求，政企客户现在需要的是实时、可信、智能的网络和算力资源，如光传送网（Optical Transport Network，OTN）、时间敏感网络（Time Sensitive Networking，TSN）、核心云、边缘云（Mobile Edge Computing，MEC）、人工智能（Artificial Intelligence，AI）算法平台、区块链平台等。

（3）政企客户还需要一体化整合的、有行业深度的数字化应用及服务，如多系统、多设备、多厂家的综合集成方案，囊括集成、维护、运营、安全等内容的综合服务，以及本地化行业大数据平台的建设与运营等。

2.1.2　政企客户数字化服务需求的特点

在数字经济的推动下，政企客户数字化服务需求具有以下 5 个显著的特点。

（1）地理与行业广泛性

地理上的广泛性：数字经济已经席卷了世界各地，从繁华的国际大都市到偏远的小山村都在进行数字化转型，都需要数字化服务。

行业上的广泛性：数字经济同样席卷了社会上的每一个行业，深入到了社会生产、生活、管理的每一个角落，从国家部委到街道上的早餐摊档都在进行数字化转型，也都需要数字化服务。

（2）单一应用集成性

每个数字化应用系统都涉及各种复杂的硬件、软件、网络、云服务、应用系统、人机界面、信息安全等。每个数字化应用系统都是复杂的"5+1"架构，都是多系统、多部件、多产品、多厂家的复杂系统，如图 2-1 所示。

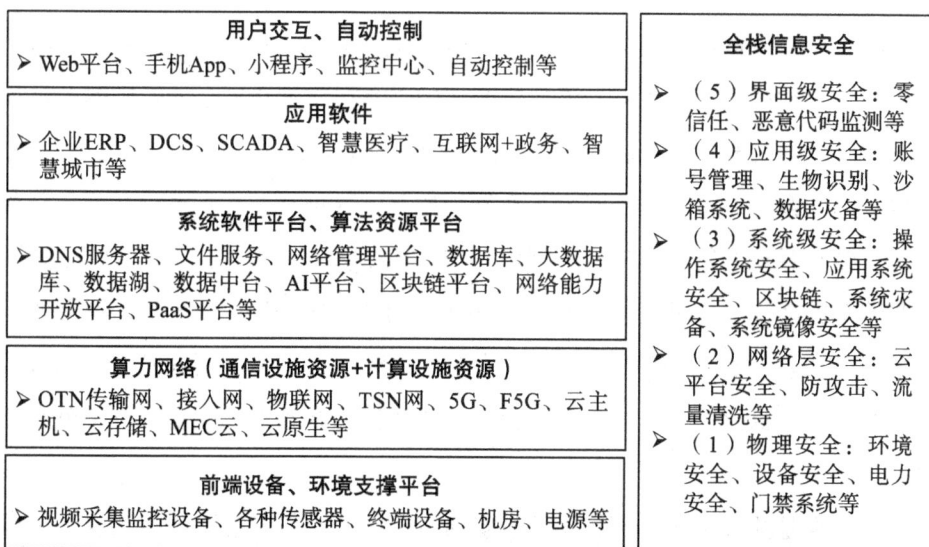

用户交互、自动控制 ➤ Web平台、手机App、小程序、监控中心、自动控制等	**全栈信息安全**
应用软件 ➤ 企业ERP、DCS、SCADA、智慧医疗、互联网+政务、智慧城市等	➤ （5）界面级安全：零信任、恶意代码监测等 ➤ （4）应用级安全：账号管理、生物识别、沙箱系统、数据灾备等
系统软件平台、算法资源平台 ➤ DNS服务器、文件服务、网络管理平台、数据库、大数据库、数据湖、数据中台、AI平台、区块链平台、网络能力开放平台、PaaS平台等	➤ （3）系统级安全：操作系统安全、应用系统安全、区块链、系统灾备、系统镜像安全等
算力网络（通信设施资源+计算设施资源） ➤ OTN传输网、接入网、物联网、TSN网、5G、F5G、云主机、云存储、MEC云、云原生等	➤ （2）网络层安全：云平台安全、防攻击、流量清洗等
前端设备、环境支撑平台 ➤ 视频采集监控设备、各种传感器、终端设备、机房、电源等	➤ （1）物理安全：环境安全、设备安全、电力安全、门禁系统等

图 2-1　政企客户数字化系统的"5+1"架构

（3）OICT 系统一体化整合

政企客户内部的数字化应用系统可分为 4 类，如图 2-2 所示。

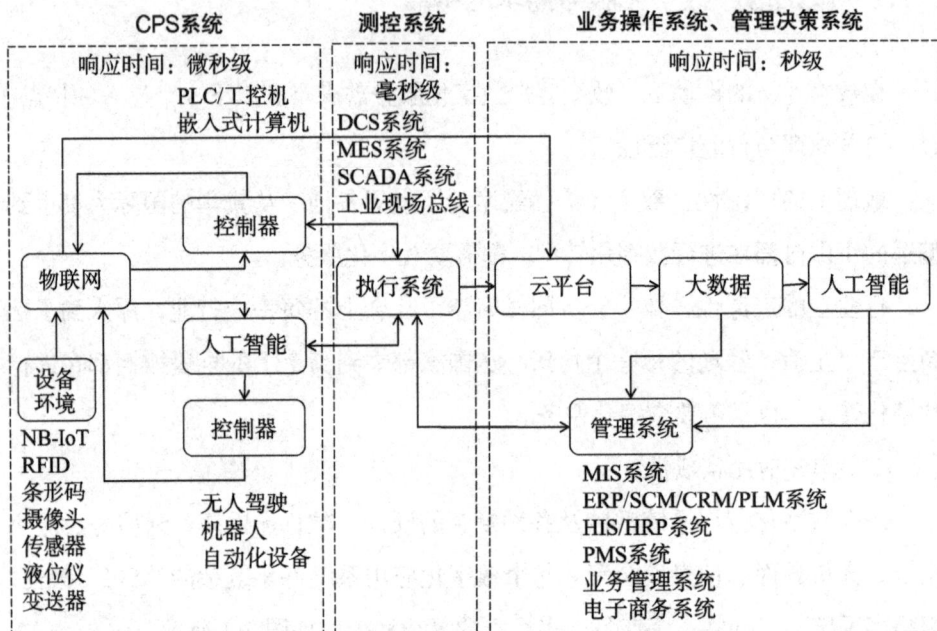

图 2-2　政企客户内部的四类数字化系统

第一类是信息物理系统（CPS）。CPS 系统一般用来控制单台设备，如用于采集数据的传感器、变送器、液位仪等，用于执行自动化指令的效应器、自动化阀门、机器人等，用于控制复杂设备运行的可编程逻辑控制器（PLC）、工控机等。CPS 系统中也可以加载人工智能，如无人驾驶汽车、自动化车床、机器人等。CPS 系统的特点是信息处理单元与物理机械单元合二为一，目的是为了满足苛刻的系统响应时间的要求。因为很多 CPS 系统控制的机械运动部分处于高速运动状态（如无人驾驶汽车、自动化车床等），系统响应时间甚至要求微秒级。为了实现这么短的响应时间，CPS 系统的信息处理单元和物理机械单元必须合二为一。

第二类是测控系统。测控系统一般通过采集、分析某些物理指标或化学指标来控制多个 CPS 系统的正常运转。常见的测控系统有聚散控制系统（DCS）、制造执行系统（MES）、系统监控与数据采集系统（SCADA）、工业现场控制总线系统及车联网系统（或网联汽车、车路协同系统）等。测控系统的响应时间一般要求毫秒级。测控系统可以部署在边缘云上，5G + MEC 可以满足响应时间的要求。

第三类是业务操作系统。这类系统一般是给员工使用的，用于业务操作或业务管理，如企业管理信息系统（MIS）、企业资源计划系统（ERP）、医院信息管理系统（HIS）、PMS 系统[①]、电子商务系统、流数据处理系统，以及电信行业的 BOSS 系统、CBSS 系统、运维管理系统等。这些系统的使用者是人，响应时间在秒以下就能满足要求，业务操作系统上云完全没有问题。

第四类是管理决策系统。这类系统一般是给管理者使用的，用于业务分析、业务预测和决策支持，如经营分析系统、数据仓库系统、大数据批处理系统等。这些系统的使用者也是人，响应时间在秒以下就能满足要求。但管理决策系统往往需要分析、处理海量的大数据，无论是数据存储量还是分析计算量都比较大。所以，管理决策系统往往需要上云来满足海量存储和算力要求。

在传统模式下，以上政企客户内部的四类应用系统往往独立运行，互相之间不进行互操作。CPS 系统、测控系统一般归属于生产自动化领域，被称为生产运营技术（Operation Technology，OT）系统。业务操作系统、管理决策系统一般归属于企业信息化领域，被称为信息技术（Information Technology，IT）系统。在各系统内部及各系统之间进行信息、数据交换的是通信系统，被称为通信技术（Communication Technology，CT）系统。

但在数字经济下，这四类系统正在加快一体化整合。一体化整合的动力来自于两个方面：一方面，数字化信息需要逐级自动化上传，以实现全量数据的自动化采集、汇集和加工；另一方面，数字化指令需要逐级自动化下达，以提高整个系统的运作效率和效果。

例如，在智慧交通系统中，CPS 系统是无人驾驶汽车，测控系统是车联

---

① 用于电力行业时指工程生产管理系统，用于酒店行业时指酒店管理系统。

网，业务操作系统是交通局的交通运行监测调度中心（Transportation Operation Coordination Center，TOCC）系统，管理决策系统是市政府的城市大脑智能运营中心（Intelligence Operation Center，IOC）系统。信息逐级上传的需求是无人驾驶汽车需要把地点、车况、驾驶员、目的地等信息传给车联网，车联网需要把道路及车辆等交通信息传给 TOCC 系统，TOCC 系统需要把全市交通状况信息传给城市大脑 IOC 系统。指令逐级下达的需求是城市大脑 IOC 系统需要把应急指挥调度指令下达给 TOCC 系统，TOCC 系统需要把交通调度指令和交通诱导信息下达给车联网，车联网则需要把交通调度指令和交通诱导信息下达给无人驾驶汽车。这就需要双向信息闭环，这种双向信息闭环的需求促使四类应用系统加快一体化整合。

CPS 系统、测控系统、业务操作系统、管理决策系统一体化整合，就构成了一个新系统——OICT 系统。整合的方向是最后形成数字孪生系统和元宇宙系统。

（4）安全保障重要性和及时性

一方面，因为新的 OICT 系统实现了 OT、IT、CT 三类系统的高度融合，政企客户的主营业务和关键流程都搬到了 OICT 系统上运行，这样 OICT 系统的运行保障就变得特别重要。OICT 系统的非正常宕机，轻则会导致业务停顿，重则会导致安全事故，甚至会产生重大社会灾难。所以，政企客户要求 OICT 系统能够提供"本质安全"，系统要做到"0"宕机。即使系统万一出现故障，也必须能够迅速修复、迅速恢复正常，这就要求数字化服务商提供高水平、高响应的维保服务。

另一方面，OICT 系统由 OT、IT、CT 三类系统融合而成，往往难以避免地具有多种多样的网络接口，这等于将整个 OICT 系统暴露在全球黑客面前。而历史上 OT 系统的技术长期封闭式发展，安全防护能力先天不足，导致 OICT 系统的网络安全风险特别高，这就要求数字化服务商提供强大的网络安全防护服务。

（5）行业生态圈云化、平台化

随着数字经济在政府、企业、家庭、个人等各类社会单元中的快速推进，人们发现不只是某个政府部门、某家企业、某些家庭或个人在上云和数字化，而是社会经济形态中整个垂直行业中的所有参与者都在上云和数字化。在传统运营管理模式中，本地垂直行业内部的各种参与者之间本来就存在多种多样的行业信息交换、汇集和应用的需求。现在既然大家都上云和数字化了，自然希望通过网络和数字化方法来更快、更好地实现。这种需求就催生了一种新型互联网应用——本地垂直行业平台。这些新型本地垂直行业平台往往只覆盖某个地域范围内（城市或区县）的一个或几个相关垂直行业，平台各类用户的主营业务强相关且交互频繁，如互联网＋医疗平台、全域旅游平台、智慧交通平台、工业互联网平台等。

行业生态圈 4 种平台类型如图 2-3 所示。

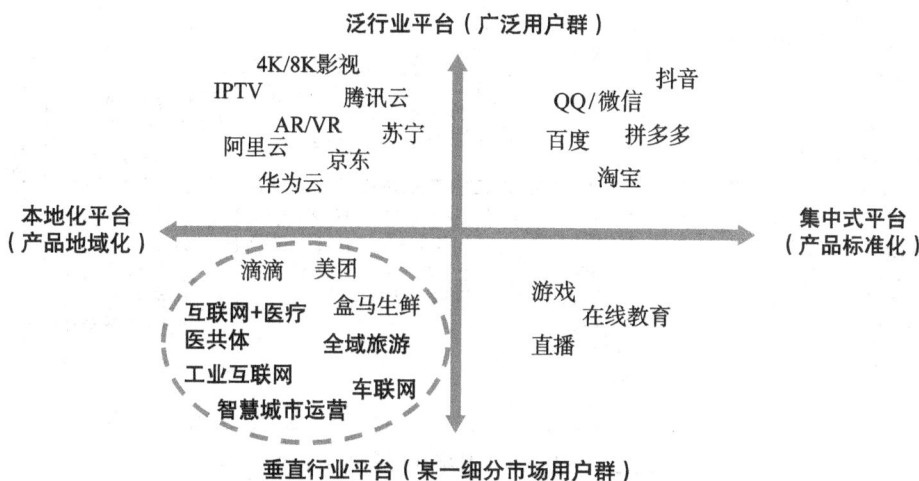

图 2-3　行业生态圈 4 种平台类型

本地垂直行业平台是指图 2-3 中第三象限（本地化平台—垂直行业平台）中的平台类型。这类平台在运营服务方面与互联网行业集中式平台的差别较大。互联网行业集中式平台的网络资源、IT 资源、应用及内容资源、业务运营队伍等往往集中在公司总部，产品比较标准化，营销及服务主要通过互联网渠道进行。而本地垂直行业平台的网络资源、IT 资源往往需要部署在本地最靠近用户的地方，产品讲究本地化，应用及内容资源需要体现地域特色，营销及服务需

要线上线下相结合 (Online Merge Offline，OMO)。本地垂直行业平台对企业资源本地化和营销服务 OMO 化的要求，与电信运营商的资源和组织特点正好高度契合。

2.1.3 政企客户数字化服务的需求链

通过对政企客户数字化服务需求的分析，我们可以勾画出政企客户数字化服务的需求链，如图 2-4 所示。

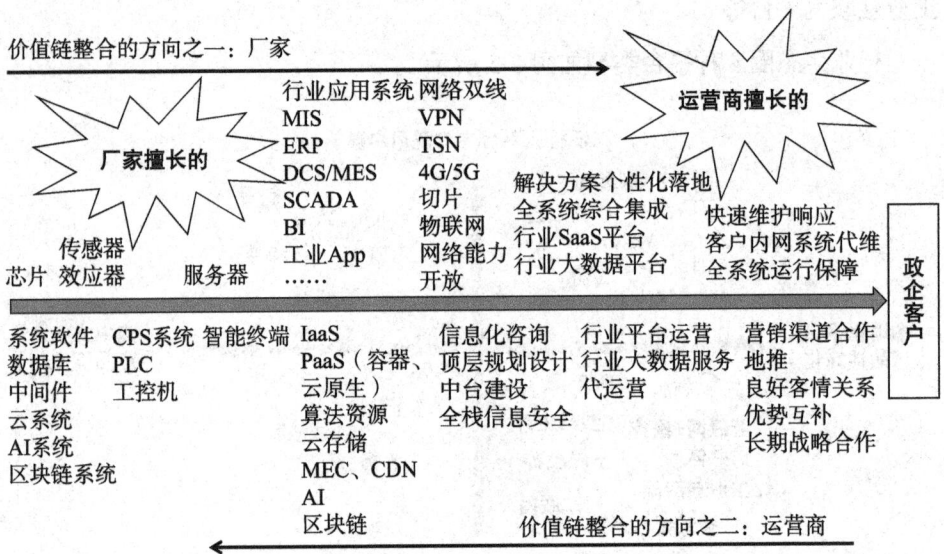

图 2-4 政企客户数字化服务的需求链

在这条漫长的需求链上，有些内容是 IT 企业及互联网公司擅长的。例如，硬件制造（包括芯片、电子元件、传感器、效应器、工业机器人、PLC、工控机、服务器、各种智能终端等），以及软件研发（包括数据库、AI 系统、区块链、数据中台、云系统等系统软件，MIS、ERP、DCS、MES、BI、工业 App 等应用软件）。

但也有很多内容是电信运营商擅长的。例如，通信网络（包括电路、互联网专线、VPN、TSN、4G/5G、切片、物联网、网络能力开放等）、云服务（包括 IaaS、PaaS、云原生、MEC、CDN 等）、售前及交付（包括数字化咨询、顶层规划设计、个性化解决方案、全系统综合集成等）、运维保障（包括快速维护响应、客户内网系统代维、全栈信息安全防护、全系统运行保障等）、运营支撑（包括行业大数据平台、行业 SaaS 平台、平台运营与大数据服务、营销渠道合作、优势互补、长期战略合作等）。

IT 企业及互联网公司可以从软硬件产品出发，正向整合政企客户数字化需求链；电信运营商的能力优势更靠近客户，可以从客户出发，反向整合政企客户数字化需求链。

2.1.4 电信运营商的企业形态与能力禀赋

IT 企业与电信运营商几乎是两类完全不同的企业类型。IT 企业属于研发制造型企业，电信运营商则属于运营服务型企业，这两类企业各自具有鲜明的特点，如图 2-5 所示。

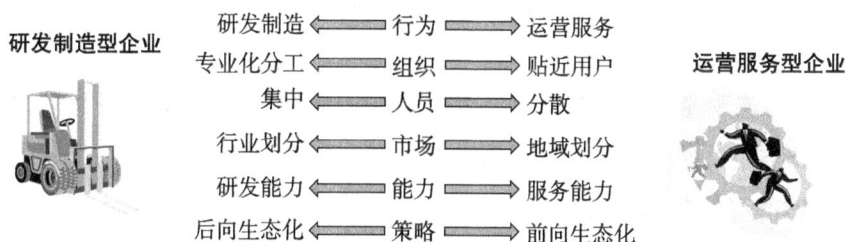

图 2-5 数字经济中的研发制造型企业与运营服务型企业

（1）研发制造型企业的关键行为是研发制造，运营服务型企业的关键行为是运营服务。

（2）为了保障企业关键行为的效果，研发制造型企业需要进行高度的专业化分工，而运营服务型企业则需要努力贴近用户。

（3）研发制造型企业需要将大部分员工都集中起来，才能进行高度的专业化分工，并克服专业化分工带来的沟通问题；而运营服务型企业则需要将大部分员工都分散下去，才能更好地贴近用户、了解用户需求，并为用户提供高满意度的服务。

（4）研发制造型企业的组织架构是按行业划分、按专业划分，而运营服务型企业的组织架构是按地域划分、按客户群划分。

（5）在核心竞争力方面，研发制造型企业需要持续打造前沿研发能力和精益制造能力，而运营服务型企业则需要持续投资于更强大的运营能力和服务能力。

（6）建设并拓展生态圈是数字经济中企业打造自身核心竞争力的重要方法，但这两类企业生态圈建设的方向却不同。研发制造型企业适合采用后向生态化方法建设自身生态圈，即与更多的供应厂商结成联盟，以弥补自身在某些研发制造能力方面的不足。例如，华为公司生态圈建设就是典型的后向生态化建设。运营服务型企业则更适合采用前向生态化方法建设自身生态圈，即用数字化方法为各种不同类型的客户结网，帮助各种不同类型的客户更方便地获取、汇集及交换行业数据，并利用行业数据驱动自身业务发展。

2.1.5　电信运营商在数字经济中的生态位选择

生态位本来是生态学的概念，指生态系统中的种群在时间和空间上所占据的位置及与相关种群之间的功能关系与作用。一个生物种群的生态位往往决定了这个种群可以获得的食物和空间的总量，它是影响动植物种群分布的主要因子。

企业界的情况与生物界类似，不同的企业也都有自己的生态位。那么，电信运营商在政企数字化服务市场该如何选择既符合自身优势又具有充足空间的生态位呢？

从更长的时间轴来看，数字经济的发展方向是以泛在网络为载体构建高度智能化的"云脑"，为整个人类社会的生产、生活和管理提供无处不在的高度智能服务。设备厂商、软件厂商、互联网厂商和电信运营商都是构建人类社会"云脑"不可或缺的力量。但是，依据企业自身的能力禀赋差异，上述各类企业在数字经济中的最佳生态位也不同。设备厂商（华为、浪潮、小米等）可占据"云＋硬件"的生态位，软件厂商（东软、用友、金蝶等）可占据"云＋软件"的生态位，而互联网厂商（阿里巴巴、腾讯、百度、京东等）可占据"云＋大数据"的生态位。通过对政企客户数字化服务需求的内涵、特点及需求链的分析，以及对电信运营商企业形态及能力禀赋的分析，我们可以发现电信运营商在数字经济中的最佳生态位是在云网融合的基础上为政企客户提供优质的"运营＋服务"，如图 2-6 所示。

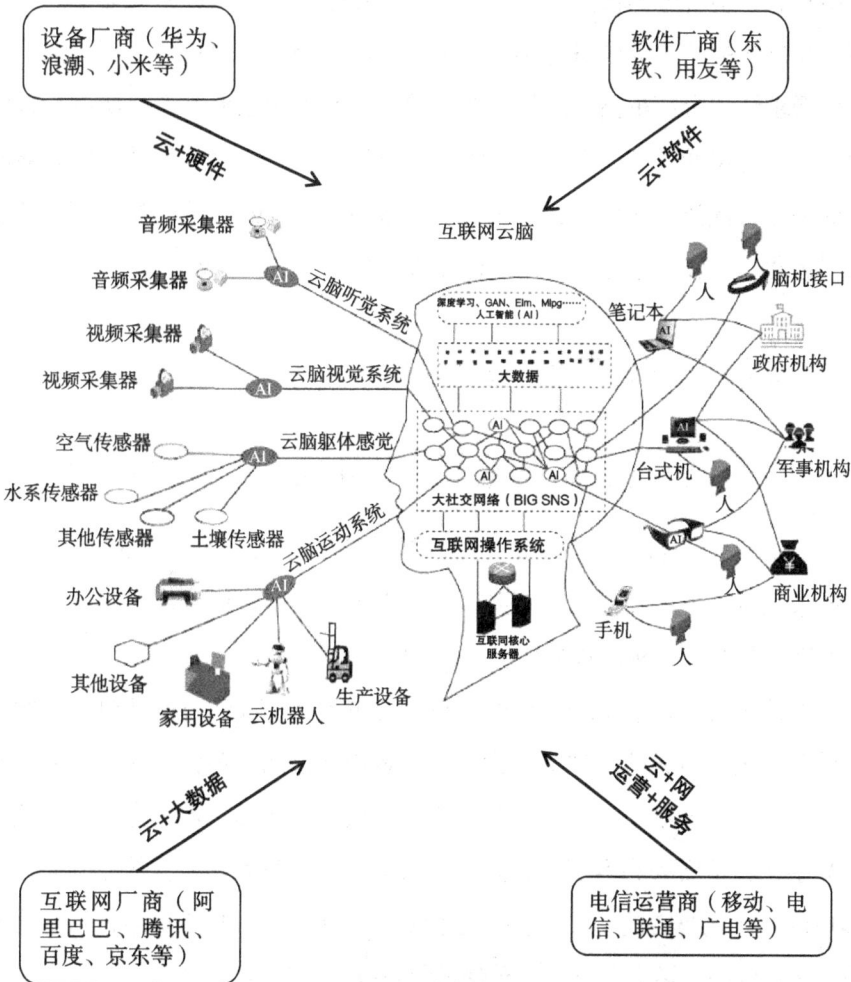

图 2-6 电信运营商在数字经济中的最佳生态位选择

电信运营商在数字经济竞争中"运营＋服务"的最佳生态位选择并不意味着回到"管道"的传统模式，而是电信运营商商业模式的一种螺旋式上升，是用"运营＋服务"这个旧瓶去装"数字化服务"的新酒。对于"运营"而言，电信运营商原来运营的对象只是"网络"，但现在运营的对象则需要扩展为"网络＋云＋平台"；对于"服务"而言，原来的服务内容只是"本地网服务"，而现在的服务内容则需要扩展为"本地化数字化综合服务"。

最佳生态位选择为什么不选择"云网融合"呢？虽然在云网融合中，电信运营商具有以网合云的优势，但云网融合仍然是管道类或资源类业务，在数字化服务需求链中的价值含量并不是最高的，对政企客户的黏性也不够强。数字化服务需求链中价值更高的是解决方案价值、数据化服务价值。所以，云网融合适合做生态位的基础，而以"运营＋服务"作为最佳生态位既可以彰显电信运营商的能力优势，又可以占据政企客户数字化服务需求链的高价值环节，并通过"运营＋服务"建立牢固的政企客情关系。

2.1.6 电信运营商的市场定位与价值主张

电信运营商在政企数字化服务市场的市场定位

确定了最佳生态位选择，就可以根据最佳生态位推导出企业的市场定位。合适的市场定位能够凸显企业自身的资源能力优势，还能够通过其中的价值主张引发客户的共鸣，从而获得认可。

从电信运营商在数字经济中的最佳生态位出发，我们可以将电信运营商在政企数字化服务市场的定位描述为：政企客户身边的数字化专家，以通信网络为基础，专注于为本地各行各业政企客户提供本地化的、覆盖全业务全流程的综合数字化转型服务和运营服务。综合数字化转型服务和运营服务具体是指政企客户的一体化整合的 OICT 数字化系统的顶层设计、系统规划、系统集成与建设、运行维护、运营服务及安全保障等业务。

这里需要解释在定位描述中为什么要把电信运营商的服务范围扩展到"各

行各业"，而不是聚焦于某一个或某几个行业。这是因为电信运营商的业务是强地域限制的。前面在分析研发制造型企业与运营服务型企业的差异时，已经发现研发制造型企业需要聚焦于某一个或几个行业，而运营服务型企业需要聚焦于某一个地域。事实上，电信行业的组织架构正是按照地域划分的，从集团公司到省（分）公司、市州分公司，一直到区县分公司。电信运营商的每一个区域分公司只能在各自划定的地域范围内发展业务，而不能超出这个范围到其他分公司的地域发展业务。这种强地域限制必然会导致电信运营商的每个分公司只有努力覆盖自己地域范围所有行业的需求，才能有饱满的业务量。

电信运营商在政企数字化服务市场的价值主张

上述市场定位可以产生两个效果：第一，将电信运营商与 IT 软硬件厂家、互联网公司区分开，后者只提供某一方面的硬件、软件、系统或产品，而电信运营商则提供覆盖政企客户全业务全流程的"综合数字化服务"；第二，可以在价值主张方面引发政企客户产生共鸣，这种共鸣表现在以下 4 个方面。

（1）集成价值

电信运营商应该开门见山地向政企客户阐明，在数字化系统建设方面，自己的优势在于系统综合集成，而不在于某一项软硬件产品的研发制造。对于政企客户来说，系统综合集成也是高价值的，至少包括 4 个方面。

①把部件整合成系统。政企客户数字化系统的建设涉及多种多样的终端、硬件、软件、网络、云平台、AI 系统、区块链、信息安全等，政企客户需要有人帮他们把这些复杂的部件、子系统有机地整合成一个统一、完整、高性能的数字化应用系统。

②多厂家优选。如果政企客户直接向某个厂家采购，该厂家肯定会向政企客户大力推荐自家的产品。但向电信运营商采购就不同了，因为电信运营商既不制造硬件，也不制造软件，它可以在全国甚至全世界范围为政企客户选择最

合适的软硬件产品。

③多系统一体化整合。政企客户内部往往建设了多种数字化应用系统。例如，三甲医院的各种医疗信息系统、数字化诊疗系统、物联网管理系统，大型制造企业的研发设计系统、生产管理系统、安全生产系统、仪表控制系统、营销服务系统、物流仓储系统等。众多数字化系统在一体化整合的过程中往往很困难。因为很多厂家往往是竞争对手，谁也不愿意自己的系统被竞争对手整合，于是谁也不肯开放接口，多系统一体化整合的工作就无法进行。但电信运营商与所有厂家都是合作伙伴关系，由电信运营商作为独立的第三方整合各个数字化软硬件厂家的产品则名正言顺，遇到的阻力也会小很多。

④全系统优化。电信运营商可以站在政企客户的立场，帮助政企客户对整个系统的"端—边—网—云—台—智—安"等不同子系统进行统一的功能优化和性能优化，这样既能保证整个系统造价最省，又能保证在同样造价下功能和性能最优，不遗漏重要的建设内容。

（2）服务价值

如果各种社会SI公司（科技公司、系统集成公司等）也能提供集成价值，那么服务价值就是只有电信运营商才能提供了。电信运营商在数字化服务方面能为政企客户提供的服务价值包括3个方面。

①本地化服务。电信运营商的分支机构遍布全国各地，甚至深入每一个乡镇街道。政企客户的数字化应用系统在运行中出现任何故障或问题，电信运营商的维护人员都能在短时间内到场。但是，软硬件厂家/互联网公司大多在北、上、广、深等一线大城市或沿海发达地区，政企客户数字化系统发生故障后，他们往往不可能迅速派人到现场维护；如果应政企客户要求长期派出驻场人员，则成本费用相当高昂。电信运营商的维护人员到达现场后，虽然不可能马上解决所有问题，但根据维保经验，90%以上的故障都是小问题，如终端坏了、板卡烧了、网线断了，甚至可能是插线板坏了、开关跳闸等。对于这些小问题，维护人员到场后基本都能解决。剩下9%左右的复杂问题可由厂家技术人员远程指导电信运营商维护人员解决，最后剩下1%的困难问题再由

厂家技术人员远程登录解决或亲自到政企客户现场解决。电信运营商本地化维护服务既满足了政企客户及时响应的要求，又为软硬件厂家节省了系统维保的成本。

②投资转服务。这些年，国家一直在鼓励各地政府向社会购买服务。同时，在新冠肺炎疫情的影响下，不少地方政府的财政也比较困难，难以一下拿出一大笔资金进行数字化系统建设。电信运营商可以代替地方政府进行数字化系统建设，地方政府每年只需要向电信运营商支付当年的使用费、服务费即可。这对于地方政府和电信运营商都是两全其美的好事。

③长期可靠服务。电信运营商在本地的分支机构必须长期扎根在本地经营与服务，而不能随便撤销或搬走，这种模式相当于农耕模式。而软硬件厂家／互联网公司、社会 SI 公司等在本地往往没有分支机构，或者只有临时性项目机构，他们的组织和人员是全国调度的，哪里有项目就调到哪里，做完一个项目就去追逐下一个项目，这种模式相当于渔猎模式。农耕模式的电信运营商由于无法退出本地市场，承担的数字化服务项目一旦失败，就会损失巨大，所以必须确保每一个数字化项目都要获得成功。而渔猎模式的软硬件厂家／互联网公司和社会 SI 公司一旦遇到项目失败或亏本，他们可以退出当地市场，甚至扔下烂尾工程一走了之。

（3）安全与合规价值

电信运营商在数字化服务方面能为政企客户提供的安全与合规价值包括三个方面。

①从网络侧加固确保信息安全。新型数字化系统一般都需要与互联网相连，这就等于将政企客户原来封闭的 IT 系统、OT 系统暴露在全球黑客面前。政企客户需要购买最先进的防火墙、DDOS 防护工具和最新的杀毒软件等，以建立牢固的网络安全边界。然而，再安全的防护工具直接暴露在全球黑客的攻击下也是危险的。电信运营商可以通过在政企客户的互联网专线接入公网之前额外增加更先进的防护工具，进一步将政企客户数字化系统与互联网恶意流量隔离开，以加强系统安全。

②党建统领信息安全。这一点主要是为了防范内部高级技术人员的安全风险。政企客户数字化系统的安全风险不仅仅来自外部互联网黑客的攻击，掌握了系统最高权限的管理员账号、超级用户账号往往也是重大安全风险的来源。对内部高级技术人员的信息安全防范，除了完善的信息安全管理制度以外，还要依靠人员队伍的思想作风建设。各类软硬件厂家／互联网公司、社会 SI 公司很多是民企或外企，其公司内部既没有系统的党建工作，也没有规范的思想作风管理，来自内部高级技术人员的风险隐患就会比较大。而电信运营商内部有规范的党建工作制度，在网络信息安全方面也有严密的管理制度和丰富的经验，可以有效杜绝来自内部高级技术人员的风险隐患。

③商务及流程合规性。电信运营商内部不仅有系统规范的党建工作制度、严密成熟的信息安全管理制度，还有完善的法律事务部门可以保障与政企客户签订的各种数字化服务合同经得起上级机关的各种纪检和审计检查。

（4）运营价值

电信运营商在数字化服务方面能为政企客户提供的运营价值包括两个方面。

①建设本地垂直行业平台。电信运营商因为立足于本地发展经营，且已经通过基础通信业务覆盖了当地的各级党政机关、大型企业、中小微企业、公共事业单位、各类家庭和个人消费者等广泛的群体，所以有能力建设本地各类垂直行业平台，为本地范围内各个垂直行业的所有参与者提供信息获取、汇集和交换服务。

②运营本地垂直行业平台。本地垂直行业平台要想对数字经济发展发挥良好的作用，不仅需要复杂的系统集成建设，更需要长期的精细化运营。而电信运营商则是最佳的平台运营候选人，原因有以下 3 点。

第一，各类软硬件厂家／互联网公司和社会 SI 公司不适合做垂直行业数字化平台的运营者，因为他们的赢利模式是售卖更多的设备、部件或系统，争取全部货款快速回笼，以便集中资金争夺下一个数字化建设项目，而通过长期运营缓慢赢利显然不是他们的初衷。

第二，政府主管部门也不适合做本地垂直行业数字化平台的运营者。这一方面是因为政府主管部门有严格的编制限制，没有专门人员运营平台；另一方面也是因为垂直行业平台要想可持续发展就需要进行商业化运营，使平台具备造血功能，而政府主管部门不能进行收费服务，就限制了平台商业化运营、可持续发展的可能。

第三，因为本地垂直行业数字化平台中有各类同行企业的运营数据，平台还可能具备消费者流量引导功能，让行业内某家龙头企业运营该行业平台，其他同行企业就会有很大意见。例如，某地区的全域旅游大数据平台，如果让该地区的某家景区公司运营，必然会导致该景区利用全域旅游大数据平台的便利拼命为自家景区吸引游客，而该地区的其他景区肯定会不满。综合分析，只有电信运营商才是本地垂直行业平台的最佳运营者。

电信运营商选择"运营＋服务"的最佳生态位，确立"专注于为本地各行各业的政企客户提供本地化的、覆盖全业务全流程的综合数字化转型服务和运营服务"的市场定位，既可以凸显自身在政企客户数字化服务市场的优势，又可以通过价值主张获得政企客户的认可。

2.2　本地垂直行业前向生态化营销策略

2.2.1　以商业模式创造独特的客户价值

软硬件厂家／互联网公司可以举公司之力聚焦在某个行业或某个技术节点上，而电信运营商需要将公司之力合理分配到各个业务区域，这就决定了电信运营商在技术上很难全面超越软硬件厂家／互联网公司。但政企客户选择服务商的终极依据是为客户创造价值的能力，而不仅仅是技术能力。如果电信运营商能够为政企客户创造独特的、软硬件厂家／互联网公司都不能提供的价值，那就可以靠这些独特价值牢牢吸引政企客户。

电信运营商能够为政企客户创造独特价值的领域包括整合多系统、多厂家、多产品的综合集成，随叫随到的本地化技术服务，垂直行业数字化商业模式创新，等等。在这些领域中，垂直行业数字化商业模式创新最引人注目，也产生了不少成功案例。

政企客户的数字化项目中往往包含特定的商业模式。依据数字化服务项目的交付内容不同，政企客户数字化项目的商业模式可分为以下4种。

（1）资源模式

在这种模式中，电信运营商向政企客户交付的是"各种数字化资源及产品"，既包括网元出租、电路、互联网专线、固定宽带、移动宽带、4G/5G号卡、流量、通信增值产品等基础通信产品，也包括物联网连接、5G切片和专网、云主机、云存储、云灾备、MEC等数字化创新产品。

（2）集成模式

在这种模式中，电信运营商向政企客户交付的是"全套数字化系统"，包括第一种商业模式中的所有数字化资源及产品，也包括第三方厂家的各种数字化软硬件产品，还包括顶层设计、系统规划、综合集成建设、维修保养等服务内容，如智慧医院项目、智慧工厂项目、ICT项目等。

（3）平台模式

在这种模式中，电信运营商向政企客户交付的是"垂直行业数字化平台"，包括第二种商业模式中的全套数字化系统，还通过该数字化系统为政企客户建设覆盖某个垂直行业的信息汇集、交换、交易及管理平台。但是，该平台的所有权归政企客户所有，该平台的推广、运营、管理也由政企客户自己负责；电信运营商不主导该平台的推广、运营、管理等工作，一般只承担协助者的角色。这类平台一般是政府监管类垂直行业平台，如智慧消防、智慧环保、雪亮工程、智慧交通TOCC等。

（4）运营模式

在这种模式中，电信运营商向政企客户交付的是"垂直行业数字化服务"，包括第三种商业模式中的"垂直行业数字化平台"。但是，该平台的所有权属于电信运营商，电信运营商主导该平台的推广、运营、管理等工作。这类由电信运营商主导的垂直行业平台一般是可商业化运营的垂直行业平台，如全域旅游大数据平台、互联网＋医疗平台、工业互联网平台等。

当然，这里无论是平台模式，还是运营模式，所指的平台都是前文讨论过的本地垂直行业平台。只有本地垂直行业平台才与电信运营商的能力禀赋最匹配。

2.2.2　构建本地垂直行业数字化生态圈

政企客户数字化项目的 4 种商业模式不是彼此排斥的，而是可以根据政企客户的需求和垂直行业的特点进行多重组合。

通过 4 种商业模式的组合，电信运营商有能力覆盖本地某个垂直行业生态圈内各种参与者的数字化服务需求。在底层数据互联互通的基础上，电信运营商可以通过 4 种商业模式的灵活组合，将本地某个垂直行业的各类参与者（包括政府客户、大型企业客户、中小微企业客户、家庭客户、个人客户等）通过数个数字化服务平台深度组织起来，从而构建出本地区该垂直行业的数字化生态圈。在构建覆盖本地垂直行业所有参与者的数字化生态圈的过程中，电信运营商自然而然就成了这个数字化生态圈的圈主。

这种通过数字化服务进行商业模式创新、构建本地某个垂直行业数字化生态圈，把本地该垂直行业所有参与者都组织起来以获得在该垂直行业市场上最大营销效果的方法，被称为垂直行业前向生态化营销，如图 2-7 所示。

本地垂直行业前向生态化营销策略成功的关键在于本地垂直行业数字化平台的建设与运营，而本地垂直行业数字化平台成功的关键则在于交易、监管、运营三大功能。没有监管功能，运营商就无法获得政府行业主管部门的支持；没有交易功能，运营商就无法吸引垂直行业的各类参与者；没有运营功能，运营商则无法确立圈主地位并创造各种营收点。

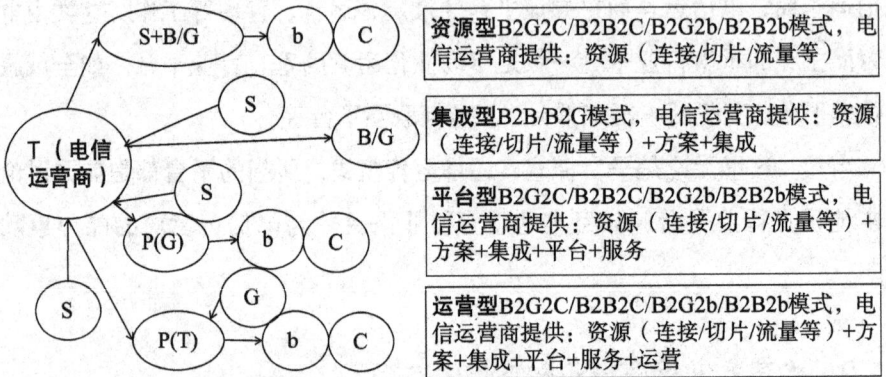

图例：T-电信运营商、S-方案提供商、P-平台运营商、G-政府客户、B-大企业客户、b-中小微企业客户、C-家庭及个人客户

图 2-7　通过商业模式组合构建本地垂直行业数字化生态圈

如果在本地各个垂直行业都推进前向生态化营销策略，通过各种本地垂直行业数字化生态圈的不断叠加，电信运营商就能构建一个以自身为中心的本地数字社会生态圈，如图 2-8 所示。

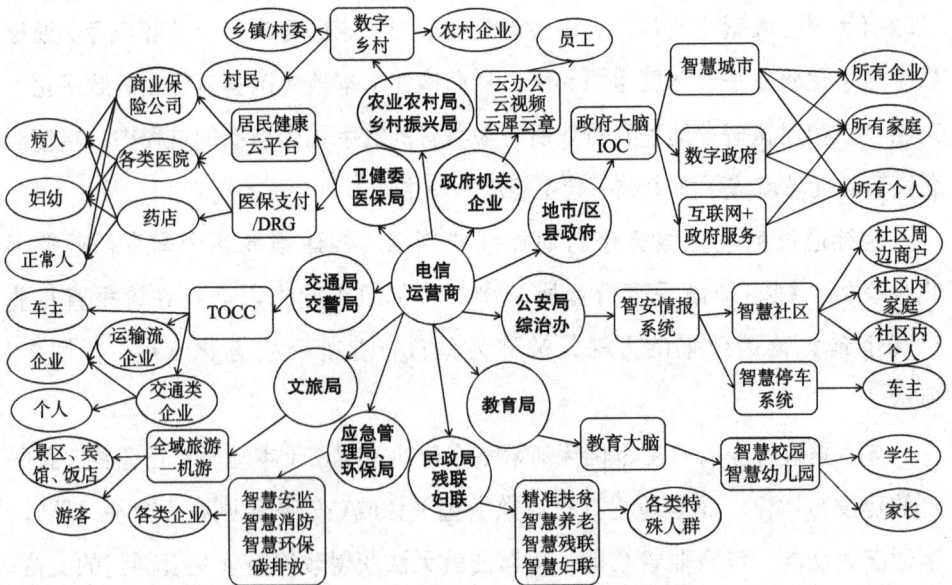

图 2-8　通过垂直行业数字化生态圈叠加构建未来数字社会生态圈

本地垂直行业前向生态化营销策略的实施，意味着电信运营商的角色定位在

不断进化。从单纯的管道资源提供商到数字化工具 / 方案提供商，再到本地垂直行业数字化交易服务商、本地垂直行业数字化生态圈运营商，乃至未来数字社会生态圈运营商的持续进化，为电信运营商揭示了一条数字经济蓝海的康庄大道。

2.2.3 本地垂直行业前向生态化营销策略的工具

本地垂直行业市场的行业生态分析框架

垂直行业前向生态化营销的理念是聚焦本地某个垂直行业所有参与者群体的数字化需求及他们之间的信息获取、汇集与交换需求，通过通信网络、数字化产品、垂直行业大数据监管平台、垂直行业交易与服务平台、运维及运营服务等，把本地区该垂直行业的所有参与者群体都囊括其中，力争满足他们的全部数字化服务需求。

这就要求电信运营商政企营销人员在研究政企市场时既要见树木又要见森林。为了更好地研究本地垂直行业市场，电信运营商政企营销人员可以使用以下政企垂直行业市场的行业生态分析框架，具体如图 2-9 所示。

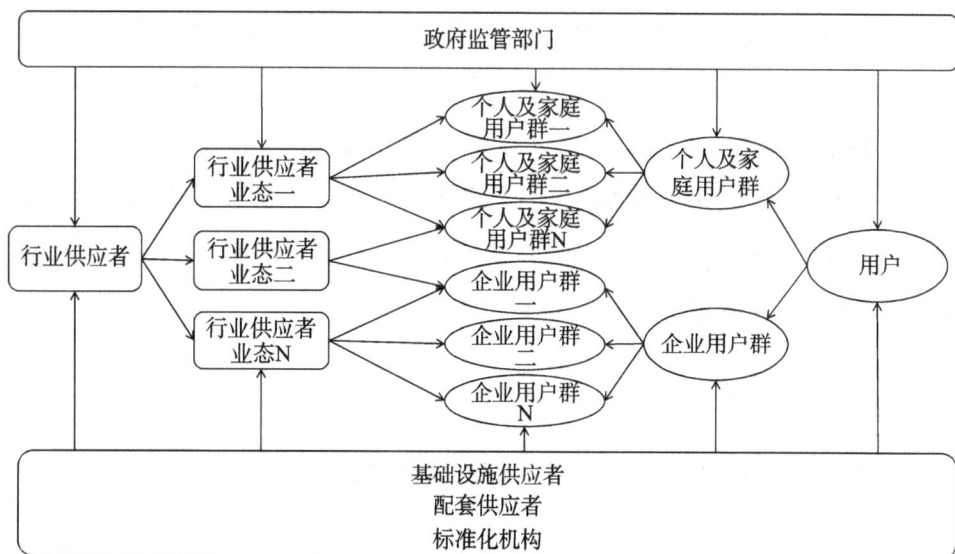

图 2-9 政企垂直行业市场的行业生态分析框架

任何一个垂直行业市场存在的前提条件都是存在最终用户。所以，用户就是垂直行业分析的起点。用户又可以分为个人及家庭用户群、企业用户群，这两大用户群体因为需求的差异性进一步裂变为更多的用户群体，即不同的细分市场。在商业本能的驱动下，有需求就会有供应，有用户就会产生行业供应者。因为用户群体已经裂变为多个细分市场，为了满足不同细分市场的用户需求，行业供应者也开始裂变为不同的业态。一群相似而又有差异的最终用户群体，一群为满足不同用户群体而存在的相似而又有差异的行业供应者群体，就构成了一个垂直行业市场行业生态的基本架构。

在"用户—行业供应者"结构的基础上，还需要增加其他角色。

（1）需要增加政府行业监管部门的角色，任何一个行业都存在政府监管部门。

（2）本行业的用户和供应者的某一方或双方可能还需要一些配套业务，这些业务不是本行业的主要交易内容，但却是必不可少的，这就产生了配套供应者。

（3）本行业的用户、供应者、配套供应者及政府监管部门可能都会用到一些业务，这些业务不只本行业需要，可能其他行业也会需要，而且往往作为社会基础设施独立出来，同时为多个行业服务，这就是基础设施供应者。

（4）随着本行业的规模越来越大，行业参与者越来越多，行业工具、行业工艺的标准化就很重要，因而就会产生行业标准化机构。

综上所述，垂直行业市场的行业生态主要由7类角色构成，分别是个人及家庭用户群、企业用户群、各种行业供应者、政府监管部门、配套供应者、基础设施供应者、标准化机构。

【案例 2-1】

用政企垂直行业市场的行业生态分析框架分析文旅行业，如图 2-10 所示。

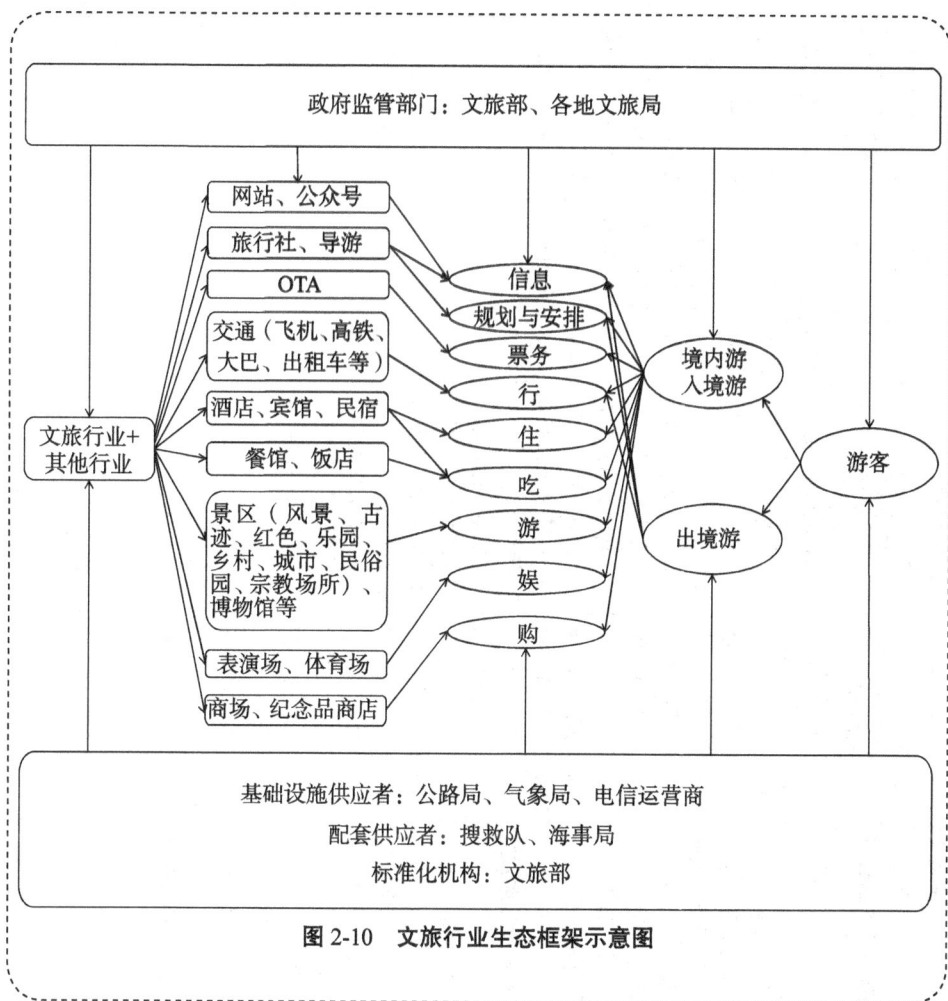

图 2-10 文旅行业生态框架示意图

本地垂直行业市场的数字化需求分析模板

在对某个本地垂直行业进行需求分析时，首先需要把这 7 类行业角色都找出来，然后逐一分析每类角色的数字化需求，以及各类角色之间的信息汇集和交换需求。我们可参照以下模板来分析，如表 2-1 和表 2-2 所示。需要注意的是，模板中每个项目的具体内容应针对不同行业、不同角色具体分析确定。

表 2-1 本地垂直行业各类角色的数字化需求分析模板

政府监管部门	标准化机构	基础设施供应者	行业供应者（不是厂家）	配套供应者（不是厂家）	个人及家庭用户群	企业用户群
（行业角色列表）	（行业角色列表）	（行业角色列表）	（行业角色列表）	（行业角色列表）	（行业角色列表）	（行业角色列表）
（1）部门职责 （2）行业发展规划 （3）行业信息化发展规划 （4）设定的目标与任务 （5）政策支持 （6）资金支持 （7）安全要求 （8）禁止内容 （9）行业监管方法 （10）行业监管大数据	（1）国外、国内标准化机构 （2）体系架构标准化 （3）关键技术标准化 （4）关键设备器件标准化 （5）应用标准化 （6）元数据标准化 （7）互联互通标准化	（1）服务对象 （2）传统基础设施 （3）传统基础设施数字化改造 （4）IT基础设施 （5）基础服务提供的技术、方式与流程 （6）基础设施运营监控与管理 （7）使用者监控与管理 （8）安全监控与管理 （9）满足监管要求 （10）响应服务对象需求变化 （11）关键成功因素 （12）基础设施行业变革 （13）当下痛点及难点	（1）服务对象 （2）所供应的产品或服务形态 （3）研发及生产的技术、方式及流程 （4）营销及服务的技术、方式及流程 （5）内部物流及行业间物流 （6）安全监控与管理 （7）满足监管要求 （8）响应服务对象需求变化 （9）关键成功因素 （10）供应者行业态及行业变革 （11）当下痛点及难点	（1）服务对象 （2）所提供的产品或服务形态 （3）研发及生产的技术、方式与流程 （4）营销及服务的技术、方式与流程 （5）内部物流及行业间物流 （6）安全监控与管理 （7）满足监管要求 （8）响应服务对象需求变化 （9）关键成功因素 （10）配套行业变革 （11）当下痛点及难点	（1）需要的产品或服务形态 （2）接受服务的方式与过程 （3）接受或使用过程中的其他需求 （4）需求的变化	（1）需要的产品或服务形态 （2）接受服务的方式与过程 （3）接受或使用过程中的其他需求 （4）需求的变化

表 2-2　本地垂直行业各类角色之间的信息汇集和交换需求分析模板

行业角色之间的信息需求	政府监管部门—行业角色列表	行业供应者业态—行业角色列表	个人及家庭用户群—行业角色列表	企业用户群—行业角色列表	基础设施供应者—行业角色列表	配套供应者—行业角色列表
政府监管部门—行业角色列表	—					
行业供应者业态—行业角色列表		—				
个人及家庭用户群—行业角色列表			—			
企业用户群—行业角色列表				—		
基础设施供应者—行业角色列表					—	
配套供应者—行业角色列表						—

　　电信运营商在深入分析本地垂直行业的生态框架、各类角色的数字化需求、各类角色之间信息汇集和交换需求之后，就可以对本地垂直行业复杂的数字化需求进行统一梳理，建立优先重点顺序，并依据政府行业主管部门的规划和各类政企客户的具体数字化需求，开展政府引导、市场需求推动的本地政企垂直行业数字化生态圈的构建和运营工作。

2.2.4　本地垂直行业前向生态化营销策略的实施要点

　　在实施本地垂直行业前向生态化营销策略时，以下 3 个实施要点很关键。

　　（1）帮助行业监管部门以引领行业

　　每个本地垂直行业都有一个或多个政府监管部门，每个政府监管部门都有对该垂直行业进行大数据监管的职能。电信运营商政企营销部门首先要把该垂直行业的政府监管部门作为第一客户，与政府监管部门共建本地垂直行业大数据监管平台，以此取得引领该垂直行业各参与者的机会和地位。

（2）建设行业生态以引领单一客户

尽管取得了政府行业监管部门的支持，但垂直行业数字化生态圈的构建仍然是一种商业行为，该垂直行业各类参与者是否加入和使用都只能依靠自愿。电信运营商需要构建本地区垂直行业数字化交易与服务平台，通过平台上的商机和便利吸引该垂直行业本地各类参与者加入。

（3）培育客情关系以引领厂家

尽管本地垂直行业政府监管部门、垂直行业大部分参与者群体都加入了电信运营商构建的本地垂直行业数字化生态圈，电信运营商还需要通过日常的优质服务和良好的平台运营管理，为本地垂直行业数字化生态圈的各类参与者创造不可替代的独特价值，从而利用这种牢固的客情关系获得引领数字化软硬件厂家的主导权。

2.2.5 本地垂直行业前向生态化营销策略的实施路线图

本地垂直行业前向生态化营销策略的落地实施可参考如图2-11所示的实施路线图。

本地垂直行业前向生态化营销在实施部署中有3场关键的营销战役，分别是平台型产品营销、平台型产品运营、长尾产品拉动营销，如图2-12所示。

（1）平台型产品营销

这个阶段的营销对象是政府行业监管部门、基层政府单位及有服务管理职能的社会组织等，营销产品是"互联网＋服务平台"和"互联网＋监管平台"，核心营销技巧是本书将要重点讲解的解决方案式销售、引导式销售和创值销售。

分析本地垂直行业市场，选择目标市场	与监管部门签订合作协议	行业平台建设与初始化	行业平台运营与推广	依靠平台拉动政府和企业业务	依靠平台拉动个人和家庭业务	持续生长，形成数字化生态圈
（1）分析本地政府和本地产业经济特点 （2）分析企业内外部成功案例 （3）选择GBbCH关联度大、信息交换多的垂直行业 （4）设计行业数字化平台（融合+服务+交易功能） （5）寻找企业内外部技术方案提供者	（1）与政府监管部门建立客情关系 （2）拜访政府监管部门负责人 （3）与政府监管部门进行方案交流 （4）共同协商确定行业数字化平台的商业模式 （5）与政府监管部门签订行业数字化平台共建共营合作协议	（1）与政府监管部门成立联合项目组或协调小组 （2）详细需求调研 （3）建设行业数字化平台（含网络、硬件、软件、终端等） （4）政府监管部门制定推广文件和计划 （5）行业数字化平台数据初始化 （6）行业数字化平台小范围试用及迭代完善	（1）行业业务数字化运营（业务顺畅、用户技术支持、故障维护、运行监控、安全保障等） （2）与政府监管部门合作在行业内推广，提高本地该行业各类用户上线率 （3）为政府和政企客户提供大数据分析 （4）平台持续迭代优化	（1）拓展平台客户和政府客户的固话+移网业务专线 （2）拓展平台客户和企业客户的ICT业务 （3）拓展平台企业客户的云+x创新业务	（1）拓展平台个人客户和家庭客户的5G、宽带、智家业务、创新业务 （2）拓展平台企业客户员工、客户的5G、宽带、智家业务、创新业务	（1）行业数字化平台持续运营，持续数据迭代进化 （2）与本行业其他及关联行业数字化平台业务数字化业务打通业务和数据，开展一体化运营 （3）发现其他行业和新的数字化平台需求 （4）多样化平台一体化运营构筑前向数字化生态圈

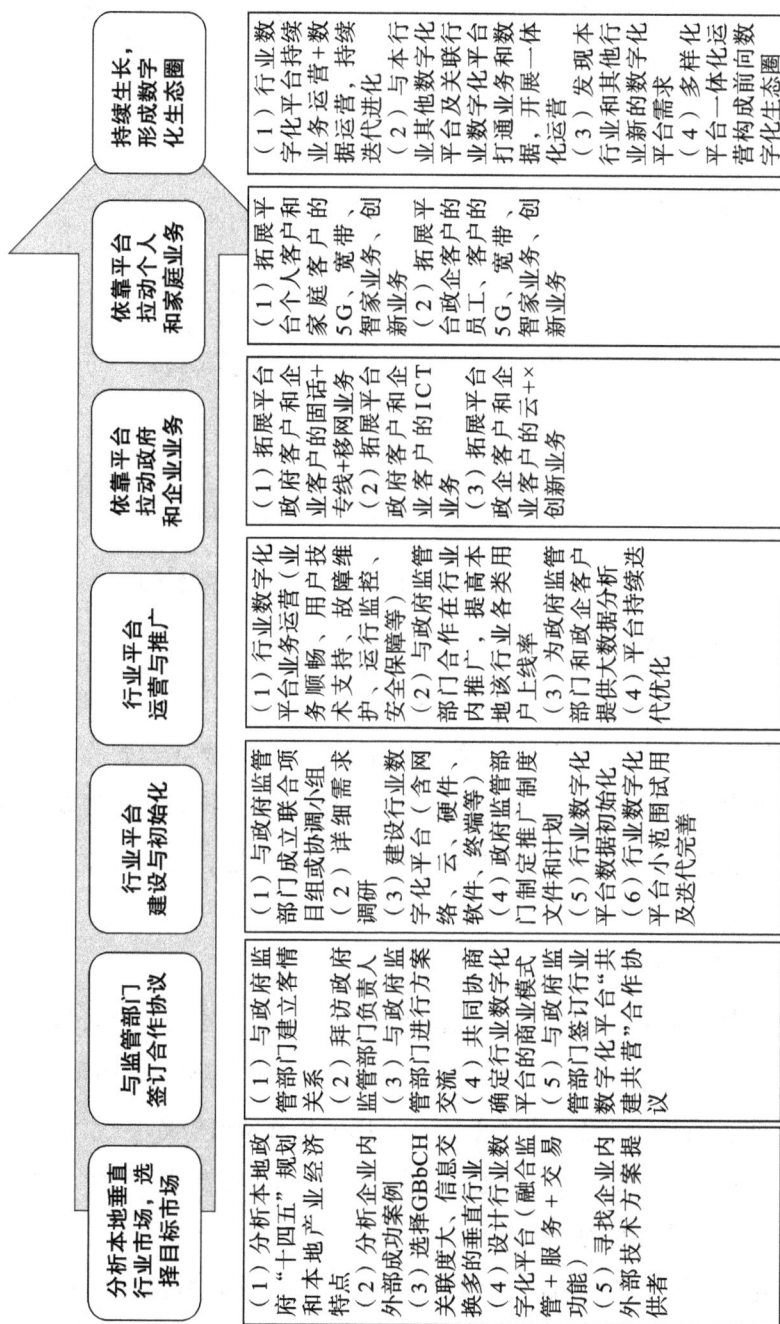

图 2-11　本地垂直行业前向生态化营销部署路线图

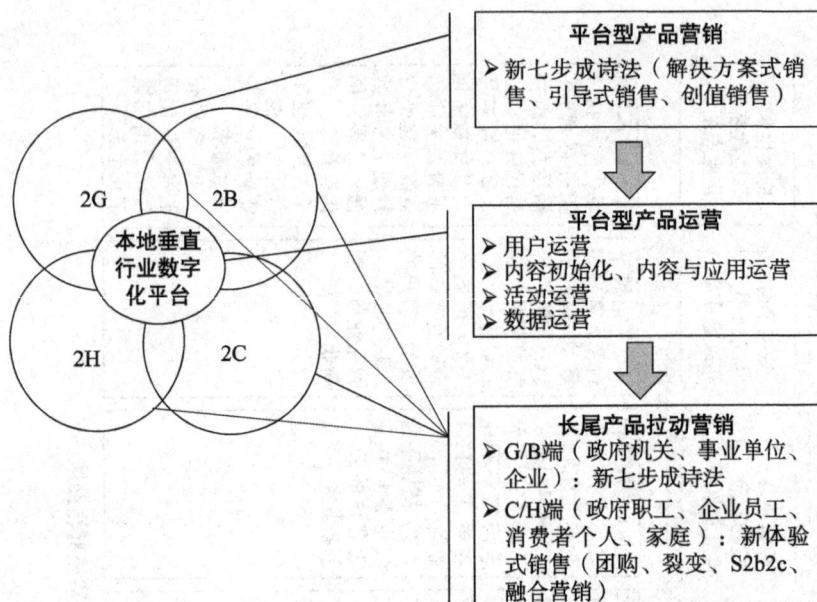

图 2-12　本地垂直行业前向生态化营销实施部署中的 3 场关键战役

（2）平台型产品运营

这个阶段的任务是本地垂直行业平台型产品的初始化、上线运行和运营推广，包括用户运营、内容与应用运营、线上线下活动运营、数据运营等。本地垂直行业平台型产品成功的关键在于运营。如果没有运营，平台型产品就是一个空架子，无法发挥构建本地垂直行业数字化生态圈的功能，也没有能力拉动更多长尾产品的销售。

（3）长尾产品拉动营销

这个阶段的营销对象多种多样，包括政府部门、企业、家庭、个人等所有接入本地垂直行业平台型产品的行业参与者。这个阶段的营销产品也多种多样，包括电信运营商基础通信业务、各类数字化应用和各种增值服务等所有产品。针对政府部门和企业等政企客户，核心营销技巧也是本书将要重点讲解的解决方案式销售、引导式销售和创值销售。针对家庭和个人等公众客户，核心营销技巧则是新体验式销售（如 OMO、团购、裂变、S2b2c、私域营销、直播等）。

| 第 3 章 |

政企营销新战术

3.1　传统销售方法在新战场上失灵

所有的营销战略都必须体现为营销战术。令人遗憾的是，政企营销人员以往行之有效的产品推销模式在政企数字化服务市场却频频失灵。失灵的原因有二：一是政企市场营销与公众市场营销的差异性；二是政企客户数字化服务需求认知的复杂性。

3.1.1　政企市场营销与公众市场营销的差异性

产品推销模式源于公众市场营销。如果仔细考察政企市场营销与公众市场营销的理论及方法，就会发现这是两个完全不同的类别，二者的差异如表 3-1 所示。

表 3-1　政企市场营销与公众市场营销理论及方法的差异

对比维度	政企市场营销	公众市场营销
购买动机	摆脱痛苦	占有的快乐
思维模式	理性	感性
营销导向	痛点思维	产品思维
购买产品	个性化解决方案	标准化产品
购买流程和时间	长	短
购买决策人	一群人	一个人
购买者水平	专家＋领导	非专家＋普通人
购买心理	保守的	先锋的、保守的
营销切入	找准客户痛点	夸大产品优势
销售关键点	展示痛点、能力证明	引流、促单

政企市场营销与公众市场营销理论及方法上的分道扬镳始于客户购买动机。客户购买动机是客户购买行为的出发点，也是一切营销理论及方法的出发点。公众客户的购买动机指向人类占有美好事物的快乐。为了迎合公众客户的购买

动机，公众市场营销人员需要努力夸奖自己的产品以赢得客户的青睐。这就是公众市场上最基本的营销导向——产品思维，即从产品优点出发寻找卖点，通过对产品卖点的大力宣传促进产品销售。

然而，产品思维放到政企市场就不灵了，原因是政企客户的购买动机不是为了"占有美好事物的快乐"，而是为了"摆脱自身的痛苦"。职场上每个人都有自己才最清楚的痛苦：政府官员的痛苦可能是施政目标实现不了、发生事故要担责等，企业老板的痛苦可能是市场竞争太激烈、公司经营要亏损等，管理人员的痛苦可能是生产系统太落后、生产或工作效率太低、考核指标完不成等。为了消除这些痛苦，就需要购买先进的工具、设备、系统、服务等。既然政企客户的购买动机是"摆脱痛苦"，那么营销导向就必须切换到"痛点思维"。政企营销人员需要改变原来推销产品的套路，转而发现及揭示政企客户的痛点，并证明本公司能解决客户的痛点，才能赢得政企客户的订单。

3.1.2 政企客户数字化服务需求认知的复杂性

在营销过程中，买卖双方各自对购买需求的认知程度是否一致，往往决定了双方能否顺畅达成销售结果。根据买卖双方对需求的认知程度，营销过程可分为以下 4 种情况。

（1）买卖双方都清晰了解需求内容

成熟产品市场经常会发生这种情况，如基础通信业务市场。此时只要营销人员能取得客户的信任并把产品优势讲清楚，销售过程就能顺畅进行。客户是否购买取决于客户自己对卖方产品价值的判断。但这样的市场是竞争激烈的红海市场，如果卖方产品没有独特优势就会落入价格战的窠臼。

（2）买方清晰了解需求内容，但卖方不了解

当电信运营商进入一个新的数字化服务市场时就会发生这种情况。此时营销人员要做的不是详细介绍卖方产品的优势，而是先技巧性地引导客户清晰而准确地表达购买需求，再针对性地介绍卖方产品。

（3）卖方清晰了解需求内容，而买方不了解

这种情况的产生是由于虽然大部分政企客户现在都能认识到数字化转型的必要性和迫切性，但落地到数字化转型的具体实施方案时却往往莫衷一是。这说明很多政企客户对数字化转型并没有清晰全面的认识，同样对于数字化服务需求也没有清晰全面的认识。这种情况下，营销人员在详细介绍卖方产品优势之前，需要技巧性地诱导并培育客户的购买需求。

（4）买卖双方都不了解需求内容

当一种新数字化技术刚出现时，数字化服务商和政企客户虽然都对新技术充满了期待，但对于新技术能解决哪些问题、具体如何应用、能获得什么效果却没有成功案例和经验可以参照，这时就会出现这种情况。这种情况下，营销人员需要与政企客户充分协作，共同探索新数字化技术与政企客户现有业务流程相结合的各种可能方案，从而逐步清晰客户需求的内涵和边界。

可以看出，只有在第一种情况下产品推销模式才是有效的。由于买卖双方对需求内容的认知都很清晰且一致，此时的销售方法实际上是一种"告知式销售法"。

但是，政企客户的数字化服务需求经常处于第二种、第三种或第四种情况。买卖双方对客户需求内容的认知呈现模糊、不一致等复杂情况，产品推销模式自然也就失灵了，政企营销人员需要寻找新的、更有效的销售方法。

3.2　新战场需要新销售方法

3.2.1　两种新销售方法

政企营销七步成诗法

政企数字化服务项目的销售周期比较漫长，能在 3 个月内签单的项目都是

比较快的项目，很多项目往往要拖上半年、一年甚至两年以上的时间。为了防止政企营销人员被这样漫长的过程拖垮，就需要把整个政企销售项目流程化，即把整个销售过程分割为比较清晰的若干个阶段，对每个阶段进行精细化的过程管理，以"每一步都做对"的精细化管理保证整个项目做对，确保最后的签单瓜熟蒂落、水到渠成。

政企销售流程的管理工具是"政企营销七步成诗法"，如图 3-1 所示。

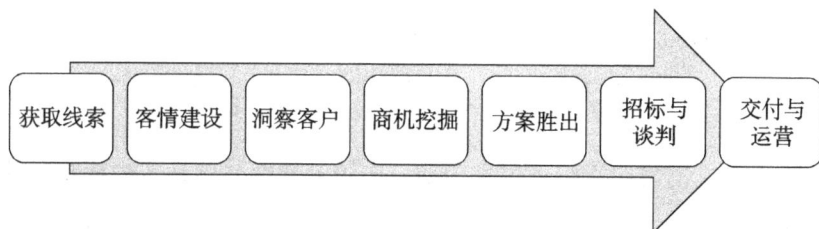

图 3-1　政企营销七步成诗法

顾名思义，政企营销七步成诗法是把政企销售项目的全过程分为 7 个步骤，每个步骤都有自己的目标、任务和检验标准。

政企营销七步成诗法对政企营销人员有很现实的指导价值。对于每一个政企销售项目，政企营销人员都要能清晰地把握该销售项目会经历哪些阶段，目前正处于哪个阶段，在本阶段要完成哪些任务、实现哪些目标，本阶段做到什么程度就可以向下一个阶段推进了，什么情况下不能贸然往下推进而需要采取补救行为……对于这些内容，政企营销人员要能了然于心。

启发式销售法

启发式销售法用于提升政企营销人员在政企数字化营销项目中的沟通与影响能力。

启发式销售法与告知式销售法相对应。告知式销售法适用于买卖双方对需求内容的认知清晰且一致的情况，启发式销售法则适用于买卖双方对需求内容的认知模糊、不一致的情况。启发式销售法的沟通重点不在于对卖方产品优势的详尽介绍，而在于促使买卖双方对需求内容的认知逐步清晰并达成一致。

为了促使买卖双方对需求内容的认知逐步清晰并达成一致，启发式销售法有 3 个核心工具，分别是解决方案式销售、引导式销售和创值销售，如图 3-2 所示。

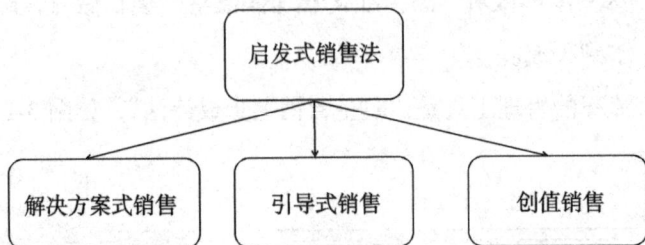

图 3-2　启发式销售法的核心销售工具

解决方案式销售用于销售过程前期，作用是揣摩并验证客户痛点、获得商机。引导式销售用于销售过程中期，作用是改变客户理念、帮助方案胜出、实现控标。创值销售则用于销售过程后期，作用是实现客户价值最大化，最终赢得签单。

3.2.2　解决方案式销售

什么是解决方案式销售

掌握解决方案式销售的第一步是理解政企营销到底在卖什么。

政企营销人员会卖给政企客户各种各样的东西，包括通信网络、云主机、终端硬件、系统软件、SaaS 软件、大数据系统，以及维保服务、运营服务等。然而，这些东西都不过是载体而已，政企营销的实质是用这些东西帮助政企客户改善目前的状况、解决问题。可以将政企营销比喻成"摆渡"——此岸是客户当前的状况，彼岸是客户向往的理想状况，虽然目前客户在此岸，但对此岸不满意，想去彼岸，政企营销人员需要把客户"摆渡"到彼岸。

所以，在解决方案式销售中，解决方案是指政企营销人员在"摆渡"政企客户这件事情中的全套行为。要想成功"摆渡"政企客户，政企营销人员需要与政企客户达成以下三个共识。

第一个共识：痛点是什么，即客户的难题是什么。政企营销人员首先必须与政企客户在"痛点是什么"的问题上达成共识，才能激发政企客户"过河"的动机和愿望。

第二个共识：如何解决痛点，即解决难题的方法是什么。"摆渡过河"是买卖双方共同合作的行为，虽然双方对"痛点是什么"达成共识了，紧接着双方还必须在"如何解决痛点"的问题上继续达成共识；否则，政企客户就会端茶送客，然后召唤你的竞争对手。

第三个共识：有什么成效，即难题解决后的利益是什么。即使政企客户同意了政企营销人员"如何解决痛点"的方法，但"过河"是要付摆渡费的，只有彼岸的世界足够美好，"过河"后的收益大于摆渡费，政企客户才会下决心签单。

这三个共识是关系到政企数字化业务能否销售成功的第一步，也是解决方案式销售所要努力促成的事情。

政企营销第一法则：没有痛点就没有销售

在政企营销中，痛点是签单的唯一起点。没有痛点就没有销售，政企营销人员必须不断地深入理解客户的痛点。

【定义】

痛点是指客户主营业务领域的关键业务难题或可能错失的重大机会。

（1）客户

在与痛点相关的人群中，除了客户以外，还有用户和利益相关者两个角色。客户、用户、利益相关者是有明显区别的：客户是指付钱买单的人，用户是指实际使用产品或服务的人，利益相关者是指因为产品或服务投入实际使用而受到影响的人。三类角色可能重合，也可能分离。

政企营销人员在分析政企客户痛点时，应该主要站在客户的立场。如果没有认真区分客户、用户、利益相关者的差别，立场错位，政企营销人员就有可能得到了错误痛点，而依据错误痛点设计的产品和营销策略就会失败。

例如，前几年电信运营商推广的"明厨亮灶"这个产品营销效果不佳，原因就在于没有从客户的痛点出发。这个产品的主要功能是对饭店的厨房进行视频监控，拟解决的主要痛点是饭店食材变质及烹饪过程不卫生等问题。然而，食材变质或烹饪过程不卫生是食客的核心痛点，不是饭店老板的核心痛点；食客是利益相关者，并不是客户。产品设计从利益相关者的痛点出发，就注定了"明厨亮灶"这个产品从诞生之初就命运多舛。如果没有食品药品监督管理局的文件规定，饭店老板们根本不愿意安装。即使由政府文件推动强制安装了，前端摄像头的损坏率也特别高。那么，"明厨亮灶"这个产品有没有真正适合的目标政企客户呢？有，就是机关、学校、企事业单位的食堂。在这些单位的食堂，食材变质或烹饪过程不卫生就是单位领导的一个核心痛点了。"明厨亮灶"应用在单位食堂，解决的就是客户（政企单位领导）的痛点，政企客户就比较容易签单使用。

（2）主营业务领域

痛点存在于政企客户的主营业务领域，而不在通信领域或数字化领域。政企客户内部的事务往往很多，有的是主营业务，有的是辅助业务。例如，医院的主营业务是门诊、住院、手术，学校的主营业务是招生、教学、升学或就业，工厂的主营业务是设计、制造、销售……除非政企客户自己就是数字化服务商，否则无论数字化业务还是通信业务，在政企客户那里都是辅助业务。这就要求政企营销人员应从政企客户单位的主营业务中寻找痛点。基础通信业务和数字化业务都只是解决政企客户痛点的工具，政企营销人员不能把工具当成痛点。

（3）关键难题或重大机会

政企客户的痛点往往有多个，但并不意味着政企客户对每个痛点都会解决。因为解决痛点需要付出成本费用，而政企客户的成本费用有限，他们只能解决痛点列表中的"关键难题或重大机会"。所以，痛点在政企客户心中是有排序的。最重要的、感受最疼的关键痛点会排在痛点列表的最前面，推动政企客户产生购买需求的动力也最大。影响范围广泛的痛点往往会在上下层级之间传递，在水平层级之间蔓延，形成痛点链，因而也会排在痛点列表的前面。另外，可能错失的重大机会也会成为客户的关键痛点，客户一旦错失就会后悔不迭。

客户痛点还有个特点，即痛点必须得到客户的承认，而且消除痛点的代价（成本费用等）是客户可以承受的，客户才会产生购买需求。

解决方案式销售的工作重心和关键技能

解决方案式销售的关键在于寻找政企客户的核心痛点。因此，销售工作重心就需要从售中转移到售前。在售前阶段，政企营销人员需要提前从政策、市场、竞争、技术、运营等多个层面，深刻理解政企客户面临的趋势和机遇、制定的战略和方向、选择的目标和任务，以此更深刻地洞察他们的真实痛点。

政企营销人员的销售技能也需要更新。在售中阶段，政企营销人员要能与客户采购关键人员深度探讨他们遇到的问题和解决方法，要能为客户提供战略性、建设性的指导意见，要能成为值得客户信赖的咨询顾问，如表3-2所示。

表 3-2　解决方案式销售对政企营销人员的技能要求

	产品推销式销售	解决方案式销售
客情关系的内涵	销售人员被看作推销员	销售人员被看作值得信赖的顾问
所需的销售技能	全面准确介绍产品或服务的信息	能与客户探讨其遇到的问题和解决方法
客户的心理预期	物美价廉的产品或服务	提供战略性、建设性的指导意见

3.2.3　引导式销售

为什么需要引导政企客户采购人员

调查分析发现，政企营销人员共有 5 种类型。5 类人员各占全部被调查人员的比例相当，但他们的销售行为却明显不同，如表 3-3 所示。

表 3-3　5 种类型的政企营销人员

类型	勤奋努力型	单打独斗型	关系维护型	问题解决型	主动引导型
占比（%）	约 21%	约 18%	约 21%	约 17%	约 23%
特征	• 总愿意加倍付出努力 • 相信更多的拜访一定带来更多的签单 • 不轻易放弃 • 面对拒绝时善于自我激励	• 个人能力强，非常自信 • 凭直觉做事 • 销售过程主动积极、掌控过程 • 会采用各种手法推动销售进展 • 自主性强，不喜欢公司的条条框框	• 很愿意花时间帮助他人 • 销售过程中很注重细节，并估计客户的感知 • 在客户方、公司内、社会上等各方面的人缘都很好 • 对销售过程的推动力弱	• 行动派，喜欢实干，对事情从不拖延 • 为利益相关者办事情很可靠 • 非常关注细节 • 保证所有问题都会解决	• 对事情的看法总是与众不同 • 对客户的情况非常了解 • 喜欢与客户做深度讨论，并敢于提出与客户不同的意见 • 敢于主动推动销售进展

　　进一步研究还发现，5 类政企营销人员在销售简单产品和复杂产品时的销售业绩也存在明显的差异，如图 3-3 所示。

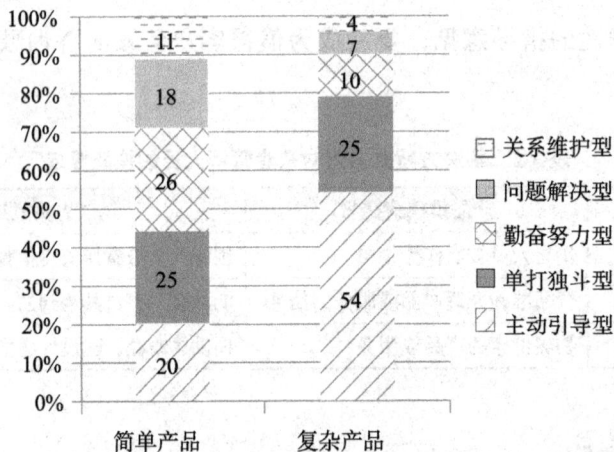

图 3-3　5 类政企营销人员销售简单产品和复杂产品时的销售业绩对比

　　总体来说，在销售简单产品时，勤奋努力型人员的业绩最好；在销售复杂产品时，主动引导型人员的业绩要远远好于其他 4 类人员。

　　为什么在销售复杂产品时，主动引导型政企营销人员的业绩最好呢？这得益于主动引导型政企营销人员超强的引导客户的能力。

因为在采购复杂产品时，政企客户采购人员的内心也是复杂和矛盾的。

（1）因为采购物比较复杂，政企客户采购人员害怕冒风险，他们会比较谨慎，只有有了足够的兴趣和信心才愿意行动。

（2）因为采购物比较复杂，政企客户采购人员会通过各种渠道提前学习、研究与采购物有关的专业知识，在政企营销人员拜访之前，政企客户采购人员的头脑中对本单位的问题、需求、解决方法，都已经有了一定的、先入为主的看法。

（3）因为采购物比较复杂，政企客户采购人员在会见政企营销人员时，也希望能从他们这里学到新知识，以加深对未来采购物的了解和认知。

事实上，当政企客户采购人员答应政企营销人员的拜访请求时，他们的目的并不是为了让政企营销人员能更好地了解自己的需求，而是为了让自己能从政企营销人员的拜访会谈中学到更多关于采购物的知识。

但是，如果政企营销人员没有能力引导政企客户的看法，那就会产生以下可能的结果。

（1）政企客户可能会认为该厂商的产品或方案与他固有的想法不匹配，虽然表面仍然客气，但内心已将该厂商从供应商名单删除了；或者即使暂时将其留下来，但也只是作为陪标者而已。

（2）该厂商即使没有被当作陪标者，但也会被拖入价格战。

（3）政企客户可能会认为问题不大或风险大于收益，不愿意启动有利于该厂商的采购项目。

（4）政企客户可能会继续寻找下一个可以指导他们的新厂商。

无论哪种情况，不能引导政企客户的想法，政企营销人员大概率都会失去订单。

主动引导型政企营销人员的特质

主动引导型政企营销人员在销售复杂产品时的秘诀就是具备超强的引导政企客户想法的能力。深入研究发现，主动引导型政企营销人员具有以下 6 种特质和 3 种能力。

主动引导型政企营销人员的6种特质如下：

（1）能为政企客户提供独到的见解；

（2）能洞察政企客户的业务驱动力和运营模式；

（3）能洞察政企客户采购人员的价值倾向；

（4）具有极强的双向沟通能力；

（5）能掌控、引导与政企客户的会谈；

（6）能主动引导及控制销售项目的进程。

主动引导型政企营销人员的这些特质使他们具有以下3种突出能力：

（1）指导能力：能够为政企客户提供新颖的见解，从而改变政企客户原有的想法，指导其未来的发展、规划和行动路线；

（2）控制能力：敢于表达不同的意见，能坦率地与政企客户讨论方案、风险和价格，积极推动销售项目的进展，并努力争取预期目标，但态度始终诚恳、不会冒犯政企客户；

（3）应变能力：能够根据政企客户的背景和处境调整解决方案，响应政企客户的价值倾向，从而与政企客户产生价值共鸣。

引导式销售技能

（1）独特创见

主动引导型政企营销人员的关键能力是引导式销售技能，其核心是提炼并使用独特创见，通过独特创见引导政企客户。

【定义】

独特创见是指与政企客户的痛点高度相关、能有效帮助政企客户实现价值点的、新颖或出人意料的新见解、新策略、新方法等。这是一种独特的、具有创造性的高明之见，其目的是松动并改变政企客户固有的理念。但是，独特创见中不能出现产品或方案的字样，因为独特创见描述的是政企客户的事情，而不是销售方的产品或方案。

（2）独特创见的使用方法

引导式销售技能的核心工具是独特创见。引导式销售的流程也就是提炼、使用独特创见的流程，如图 3-4 所示。

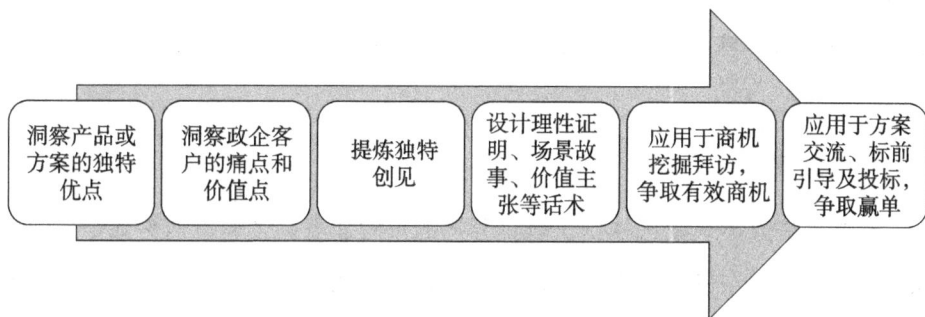

图 3-4　引导式销售的流程

①洞察产品或方案的独特优点。独特创见中虽然不能出现产品或方案的字样，但要能从产品或方案出发并最终落脚到产品或方案中。这个出发点及落脚点就是产品或方案的独特优点。独特优点是销售方的产品或方案特有的、友商竞品不具备、对政企客户又具有高价值的功能、性能或属性。

②洞察政企客户的痛点和价值点。有效的独特创见必须能解决政企客户的痛点、实现政企客户的价值点，否则就无法引起政企客户的兴趣，更遑论引导政企客户了。所以，在提炼独特创见之前需要深入分析政企客户的痛点和价值点。

③提炼独特创见，即发现、提炼、归纳创造性的新见解、新策略或新方法等。这一步需要创新，甚至需要灵感的帮助，可以使用团队头脑风暴来完成。

④设计理性证明、场景故事、价值主张等话术。独特创见只是初步动摇了政企客户采购人员的固有观念，营销人员还需要继续说服他们接受独特创见、改变固有观念。所以，在提炼独特创见后，还需要继续设计理性证明、场景故事、价值主张等话术。

⑤应用于商机挖掘拜访，争取有效商机。这是引导式销售技能最常见的应用场合，用在客户拜访时挖掘商机。

⑥应用于方案交流、标前引导及投标，争取赢单。这也是引导式销售的重要应用场合，通过使用独特创见及相关话术，改变政企客户采购人员不利于销售方的固有观念，创造方案胜出的优势，并最终赢得订单。

3.2.4　创值销售

价值比理念重要

通过解决方案式销售找到了政企客户的关键痛点，也通过引导式销售成功地改变了政企客户的固有理念，政企客户就会顺利签单吗？还不会，因为还缺一味药——创值销售。

为什么已经改变了政企客户的固有理念还不能带来订单呢？因为在一个人的思想体系中，比理念更重要的是价值观。生命的基本特征是生存意志，生命个体需要为生存而奋斗。价值体系被创造出来是直接为生存意志服务的，理念体系则通过为价值体系服务而间接地服务于生存意志。所以，价值体系始终处于思维的最高层次，理念体系只不过是价值体系的工具和借口而已。当价值和理念发生冲突时，人们一般会毫不犹豫地抛弃理念而选择价值。

这就可以解释为什么在同一种文化及同一个人的思想中会有很多互相矛盾的理念。因为这些矛盾的理念不过是价值体系合理化的外衣而已，所以它们才能互相矛盾而又完美地共存于一体。什么时候该用哪个理念，完全看个人的心情和需要。

政企营销第二法则：没有价值就没有签单

（1）客户价值的定义

客户价值是指客户以一定的价格购买某种产品或服务而获得的、可用货币计量的经济、技术、服务、社会等方面利益。客户价值是客户因为付出了价格而获得的利益回报，所以客户价值中不包括价格因素。价格高低不会影响客户价值，只会影响客户的购买意愿。

客户价值又称为买点。公众市场营销中经常讲产品的卖点，但在政企市场营销中一般不讲卖点，而讲买点。打动政企客户的不是产品的卖点，而是政企客户自己的买点。

客户价值最大化是政企客户最后决定与哪个销售方签约的最关键的决策依据。如果政企客户决定与某个销售方签约，其理由一定是该销售方能为客户实现价值最大化。

（2）客户价值的特点

客户价值有以下 3 个特点。

①主观性

客户价值的有无和大小完全以政企客户自己的主观意见为准，客户说有就有，客户说没有就没有。正因为客户价值是客户的主观意见，所以不同客户对价值的认知会有一定的差异。

②可比性

客户价值虽然是主观的，但在客户自己心中却是可以比较的。同一个政企客户可能存在多个价值点，这些价值点依据价值大小在客户心中有高低不同的排序；同时，政企客户还会对不同销售方的产品或方案的价值大小进行评估排序。

③可变性

客户价值会随着时间、地点、条件、客户处境及心境的改变而改变，这就为政企营销人员改变政企客户的价值判断提供了机会。

在分析客户价值时，政企营销人员还必须注意到客户价值既包含业务价值，又包含个人价值。

业务价值是指产品或方案对客户的业务产生的积极影响，如提升效率、降低成本、增加收入、规避风险等。政企营销人员在分析业务价值时，可重点考虑采购决策者的关键业绩指标（KPI）。

个人价值是指基于采购决策者个人的处境、诉求、价值观、职业目标、心理动机等因素形成的个人的综合获得感，如成就感、归属感、摆脱痛苦、避免损失、经济利益等综合结果。

需要强调的是，不能片面地把客户价值点理解为采购决策者的个人好处。在政企客户的全部价值点中，业务价值是主流部分。即使个人价值中经常掺杂着个人经济利益，但个人价值是一种综合获得感，个人经济利益只占其中很小的一部分。

创值销售

创值销售是指在政企数字化业务营销的全流程中，通过帮助政企客户实现价值最大化获得与政企客户的价值绑定，并最终赢得订单的销售方法。完整的创值销售可分为 3 个步骤，如图 3-5 所示。

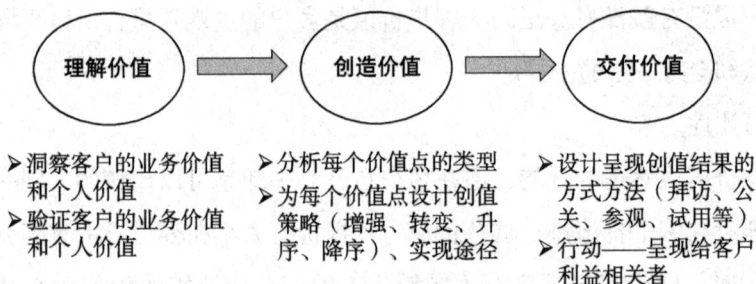

图 3-5　创值销售的流程

（1）理解价值

政企营销人员要深入洞察政企客户的业务价值和个人价值的具体内容与重要性排序，并通过各种机会和方法验证洞察分析结果。

（2）创造价值

政企营销人员在摸清政企客户所有价值点的具体内容与重要性排序的基础上，分析每个客户价值点的类型，并为每个价值点设计创值策略（增强、转变、升序、降序）和具体行动计划，并实施行动计划。

（3）交付价值

在实施价值创造策略和行动计划的基础上，政企销售人员还需要设计为政企客户呈现价值创造结果的方式方法（如拜访、公关、参观、试用等），以把本销售方的价值创造能力完整地呈现给政企客户采购人员。

3.2.5　政企数字化业务销售"作战"挂图：新七步成诗法

七步成诗法与启发式销售法的有机结合

上一节介绍了适合政企数字化业务营销的两种新销售方法：政企营销七步成诗法和启发式销售法。这两种销售方法是密切相关的，启发式销售法中的解决方案式销售可在七步成诗法的前期发挥作用，而引导式销售和创值销售则分别在其中期和后期发挥作用。启发式销售法中还有很多已经工具化的方法和技巧，可以嵌入七步成诗法中，如图 3-6 所示。

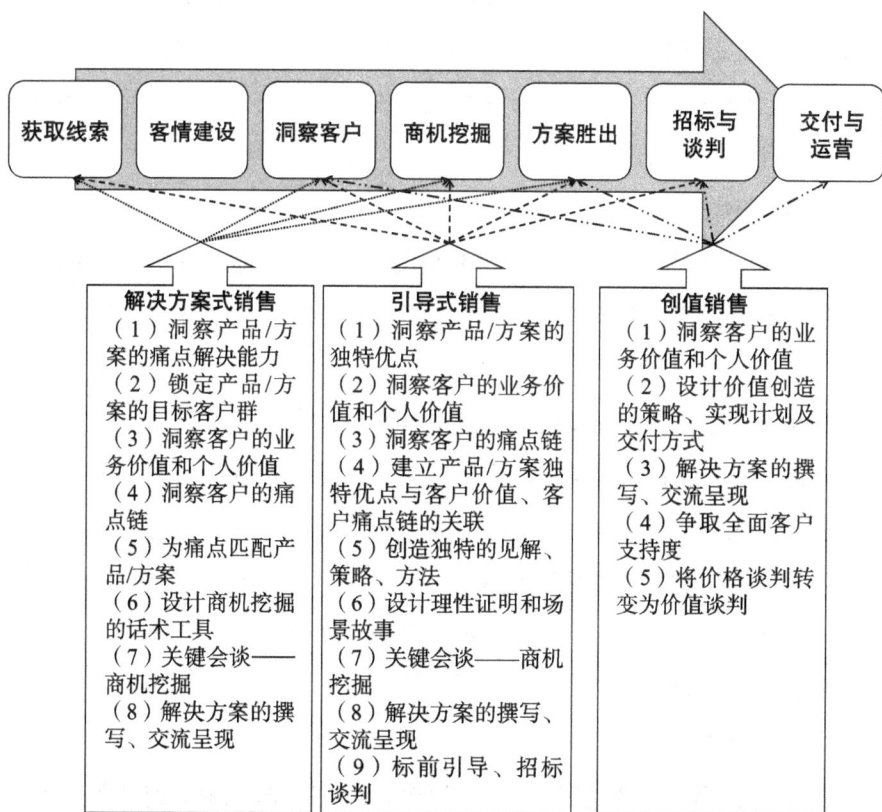

图 3-6　政企营销七步成诗法与启发式销售法的结合

政企营销新七步成诗法概述

政企营销七步成诗法与启发式销售法的完美融合，产生了政企数字化业务营销"作战"挂图——新七步成诗法。新七步成诗法进一步详细规范了每个营销阶段的目标、成功标志和关键任务，并为每个营销阶段提供了必备技能、实用方法和模板化工具，如图 3-7 所示。

新七步成诗法的内容简介如下。

（1）获取线索

本阶段的目标是发现高意向的潜在客户，成功标志是制定了高质量的客户拜访计划。

本阶段有 3 个任务：

①洞察产品 / 服务 / 方案，明确该产品 / 服务 / 方案的潜在客户群；

②建立商机线索情报网，进一步在潜在客户群中发现意向客户；

③分析验证商机线索质量，评估意向目标客户的意向大小，确定拜访优先次序，制定拜访计划。

（2）客情建设

本阶段的目标是与政企客户建立初步的客情关系，成功标志是与该政企客户关键决策链人员建立初步的信任度和亲密度。

本阶段有 6 个任务：

①摸清政企客户的组织架构、关键决策链、人物角色关系；

②与政企客户关键决策链上的重要角色实现关系对接；

③发现并培养高质量的教练；

④制定立体化的客情关系发展策略；

⑤与政企客户关键决策链上的人员建立初步的信任度和亲密度；

⑥确定销售的最佳突破口。

（3）洞察客户

本阶段的目标是对政企客户有比较透彻的了解，成功标志是在深入研究洞察政企客户的基础上提前设计好拜访中的关键话术。

获取线索　客情建设　洞察客户　商机挖掘　方案胜出　招标与谈判　交付与运营

获取线索
（1）洞察产品，完成PMF，明确该产品的潜在客户群
（2）建立商机线索报网，进一步发现潜在客户群中发现意向客户
（3）分析验证商机线索，确定优先次序，制定拜访计划

客情建设
（1）摸清客户的组织架构，关键决策链，人物角色关系
（2）与关键上的重要角色进行关系网对接
（3）发现并培养教练
（4）制定建立客情关系化的客情发展策略
（5）与关键上的人员建立初步的信任和好感
（6）确定销售的最佳突破口

洞察客户
（1）穷举并仔细辨识客户的痛点
（2）针对客户痛点匹配产品，完成MPF
（3）穷举并仔细辨识客户的价值点
（4）仔细考察产品的独特优点，提炼独特卖点
（5）设计拜访话术（参考案例、独特创见、理性证明、场景故事、产品主张、产品介绍）

商机挖掘
（1）私域内容营销
（2）电话预约
（3）拜访客户，主要试用预先设计的话术，引导客户承认痛点，认可我方解决方法，并获得明确的商机信号
（4）评估商机，决定是否继续推进销售流程

方案胜出
（1）小单-体验式销售：为客户演示产品，请客户体验，并提供更多成功案例
（2）大单-销售项目管理：①提供个性化解决方案；②解决方案呈现与交流；③创值最大化；④争取支持度；⑤分析赢单形势，制定并实施赢单策略；⑥获得决定承诺，获得投标权，参与编写采购文件

招标与谈判
（1）小单：①解决异议；②促单；③价格谈判；④签约或款项受理
（2）大单：①编写投标文件；②参与投标；③全过程控标；④中标；⑤合同谈判（价格谈判）；⑥签约

交付与运营
（1）协助公司内部部门和外部伙伴完美交付
（1）协助公司内部部门和外部伙伴提供良好的售后服务
（3）回款
（4）将客户纳入生态圈
（5）编写案例
（6）跟进后续，客户升级、扩容、转介绍

图 3-7　政企数字化业务销售"作战"挂图——新七步成诗法

本阶段有 5 个任务：

①穷举并仔细辨识政企客户的痛点；

②针对政企客户的痛点匹配产品 / 服务 / 方案；

③穷举并仔细辨识政企客户的价值点；

④仔细考察产品的独特优点，提炼独特创见；

⑤设计拜访的关键话术。

（4）商机挖掘

本阶段的目标和成功标志都是获得政企客户明确的商机信号。

本阶段有 3 个任务：

①电话邀约；

②拜访客户，使用预先设计的话术引导客户承认痛点、认可销售方的解决方法，获得明确的商机信号；

③评估商机，决定是否继续推进销售流程。

（5）方案胜出

本阶段的目标是获得政企客户认可、打败竞争对手，成功标志是得到政企客户内定的承诺。本阶段的任务因销售金额大小而有所不同。

①对于小单（指销售金额较小）主要是体验式销售，任务是为客户演示产品、请客户体验、提供更多成功案例。

②对于大单（指销售金额较大）则有 6 个复杂且漫长的任务：提供个性化解决方案；解决方案交流；创值销售；争取最大客户支持度；分析赢单形势，制定并实施赢单策略；获得内定承诺，得到控标权（参与编写采购标准文件等）。

（6）招标与谈判

本阶段的目标和成功标志都是与政企客户签订合同。

本阶段任务因销售金额大小而有所不同。

①小单的任务是解决异议、促单、价格谈判、签约或受理。

②大单则往往需要招投标：编写投标文件、参与投标、全过程控标、中标、

合同谈判、签约。

（7）交付与运营

本阶段的目标和成功标志是完美交付、完美运营，与政企客户建立长期战略合作关系。在政企数字化业务中，签约不是结束，而是开始，本阶段变得非常重要。本阶段的主要任务如下：

①协助公司部门和外部伙伴完美交付；

②协助公司部门和外部伙伴提供良好的售后服务；

③回款；

④将客户纳入垂直行业数字化生态圈；

⑤编写案例，纳入知识库、案例库；

⑥通过后续扩容升级、客户转介绍等途径开拓新商机。

新七步成诗法中的 3 个关键突破

在政企营销新七步成诗法中，有 3 个里程碑式的关键突破：客情突破、商机突破和项目突破，如图 3-8 所示。

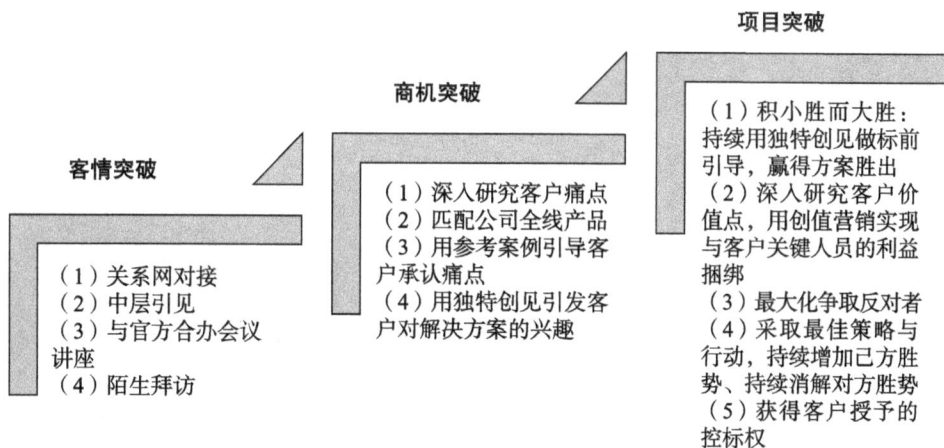

图 3-8　政企数字化业务销售的 3 个关键突破

客情突破是成功营销的入口，标志是约见政企客户关键决策链人员。商机突破是成功营销的开始，标志是获得政企客户数字化服务的有效商机。项目突破是成功营销的结果，标志是最终赢得政企客户数字化服务的订单。新七步成诗法同样为 3 个关键突破提供了丰富的方法、工具、技巧、模板及案例。本书的后续章节将对新七步成诗法的 7 个阶段和 3 个关键突破进行详细介绍。

| 第 4 章 |

获取线索

获取线索是新七步成诗法的第一阶段。本阶段的目标是发现高意向的潜在目标客户，成功标志是制定了高质量的客户拜访计划，关键任务包括以下内容：

（1）洞察产品／服务／方案，明确该产品／服务／方案的潜在目标客户群；

（2）建立商机线索情报网，进一步在潜在目标客户群中发现意向目标客户；

（3）分析及验证商机线索质量，评估意向目标客户，制定高质量的拜访计划，等等。

4.1　向内洞察产品

4.1.1　商机线索

商机线索（Leads）简称"线索"，是指经过初步核实的、某个客户可能购买某种产品、服务或实施某个项目的商业情报。例如，××单位的王主任对云主机很有兴趣，正在考虑将原来的IT系统升级为云主机，可能性约为80%。这就是一条很有价值的商机线索。

商机线索是所有政企销售项目的开始，能引导政企营销人员走向成功签约。英文中用Leads而不是Clue表示商机线索，正是因为Leads有"带领、领路、通向"的意思。

商机线索管理是政企营销管理的重要内容。电信运营商习惯说的"商机摸排"就是指商机线索搜集、验证和管理工作。很多B2B公司都有一个核心业务流程——从线索到现金（Leads To Cash，LTC）流程。LTC流程的前几步也是管理商机线索，包括收集和生成线索、验证和分发线索、跟踪和培育线索等。

4.1.2　跨越 PMF 难题

要想获得优质的商机线索，营销人员需要求助于内，即用"显微镜"去认真、仔细地考察本企业的产品或方案，以解决产品市场匹配度（Product Market Fit，PMF）难题。PMF 难题是指营销人员销售的产品或方案与开展营销活动所在市场目标客户的需求是否匹配的问题。这个难题经常被很多营销人员忽视。

产生 PMF 难题的原因

之所以产生 PMF 难题，原因有以下两个。

其一，企业销售产品或方案的价值主张与开展营销活动所在市场目标客户的未满足需求之间先天存在着鸿沟，导致 PMF 难题。能否成功跨越这个鸿沟，取决于企业的一系列市场行为的效果。例如，企业对目标客户未满足需求的捕捉是否准确，产品或方案在设计和实现时是否准确地实现了这些未满足需求，企业向目标客户群传达的价值主张是否能得到目标客户的共鸣，等等。如果企业不能很好地跨越这个鸿沟，就会产生 PMF 难题，如图 4-1 所示。

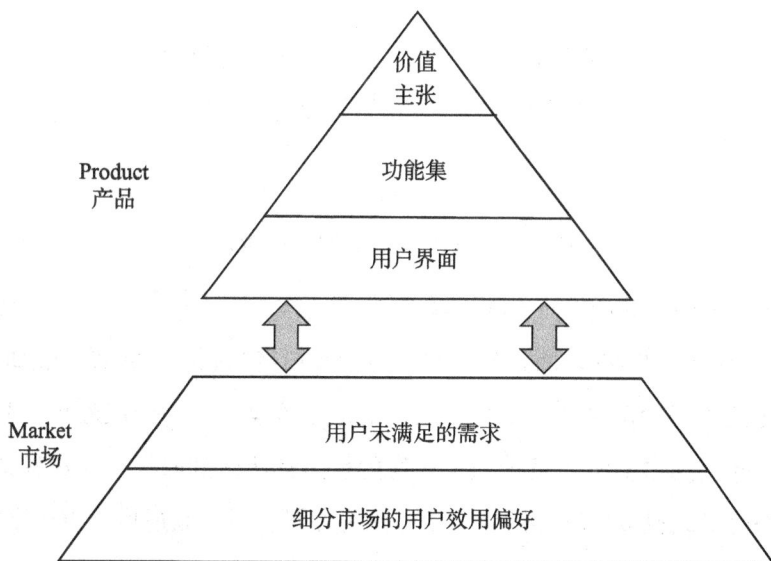

图 4-1 产品或方案的价值主张与目标客户未满足需求之间的鸿沟

其二，企业设计人员对细分市场的选择和营销人员对细分市场的寻找，导致了 PMF 难题。由于客户之间存在购买偏好的差异，一个大市场往往分裂成很多细分市场。不同细分市场的客户需求往往差异很大，甚至互相矛盾，企业的产品或方案往往只能满足个别或少数几个细分市场。这就导致企业的设计人员需要选择到底满足哪个目标细分市场，企业的销售人员则需要寻找在设计时所选择的目标细分市场到底在哪里。如果设计人员选择错误或销售人员寻找出错，都会导致 PMF 难题。

PMF 的 4 种状况

企业产品或方案与目标细分市场的匹配状况有以下 4 种，如图 4-2 所示。

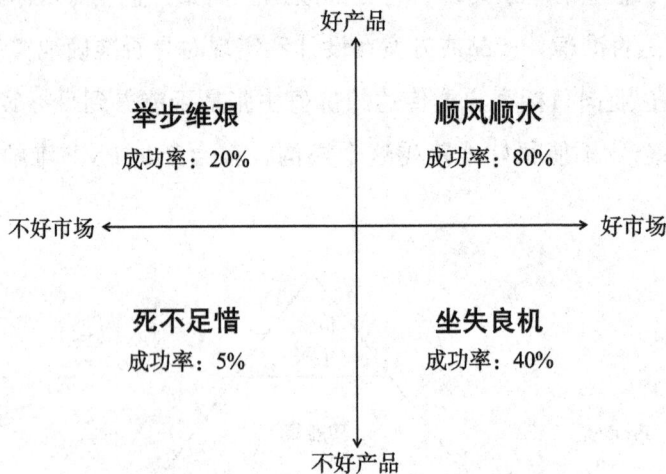

图 4-2　产品—市场的 4 种匹配状态

（1）好市场＋好产品——顺风顺水

这是最理想的状况，所选择的目标市场客户需求旺盛、购买力强劲，产品或方案也能很好地满足目标市场客户的需求。这是一个"顺风顺水"的市场，营销成功率会超过 80%，营销人员所有的努力都能得到回报。在这种情况下，最佳策略是加大投资、增加产能、增加销售力量，尽可能把目标市场中的钱都赚到手。

（2）好市场＋不好产品——坐失良机

这是让人遗憾的状况，所选择的目标市场客户需求旺盛、购买力强劲，但产品或方案却无法满足目标市场客户的需求。这是一个"坐失良机"的市场，营销人员尽管守着一座金矿，却没有合适的采矿工具；尽管用尽浑身力气，营销成功率也不会超过 40%，事倍功半，令人扼腕。在这种情况下，最佳策略是尽快更换产品，别辜负了这块肥沃的"土地"。

（3）不好市场＋好产品——举步维艰

这也是让人遗憾的状况，产品或方案能很好地满足目标市场客户的需求，但所选择的目标市场却需求不旺、购买力不足或客户的消费习惯还没养成。这是一个"举步维艰"的市场，营销人员尽管非常努力，但由于"土地"太过贫瘠，收获与付出不成正比，营销成功率不会超过 20%。在这种情况下，最佳策略是骑驴找马，即一方面稳住现有市场、保证基本口粮产出，另一方面加大力度开拓新市场。

（4）不好市场＋不好产品——死不足惜

这是活该倒霉的状态，所选择的目标市场客户需求不旺、购买力不足或客户的消费习惯还没养成，而且产品或服务也无法满足目标市场客户的需求。这是一个"死不足惜"的市场，失败已经命中注定，不管营销人员如何努力，营销成功率都不会超过 5%。在这种情况下，唯一的策略是尽快止损，以最快速度跳出火坑。

寻找"好市场＋好产品"组合是企业成功的基本原则。但是，不少营销学书籍上耳熟能详的案例却违背了这个原则。

第一个案例是"把梳子卖给和尚"。很多人都把这个案例当成正面的教材，用来激励营销人员勇于克服困难、争取销售成功。这个故事作为心灵鸡汤的效果很好，但如果用 PMF 工具分析，我们就会发现这个案例是"不好市场＋不好产品"的"死不足惜"的情况，成功概率不会超过 5%。这样的鸡汤文不能作为营销案例学习。

第二个案例是"两位销售员到非洲卖鞋"。鞋厂老板计划开发非洲市场，第一位销售员到非洲转了一圈，跟老板说非洲没市场，因为那里的人都不穿鞋。老板不死心，又派了一位销售员过去。第二位销售员到非洲也转了一圈，却跟老板说非洲市场很大，因为那里的人都不穿鞋。很多人也把这个案例当成正面教材，赞赏第二位销售员更有进取心。但如果我们冷静分析一下，这又是一个"不好市场＋不好产品"的案例，成功概率也不超过5%。

这两个故事表明，营销人员拿到公司的产品或方案后，在开展市场营销活动之前，需要先为公司已设计制造出的产品或方案寻找"好市场"。

4.1.3　产品洞察六步法

那么，如何寻找既定产品或方案的好市场呢？新七步成诗法中对应的工具是"产品洞察六步法"，如图4-3所示。通过对产品的洞察分析，可以初步确定每种政企数字化产品的最佳潜在目标客户群。

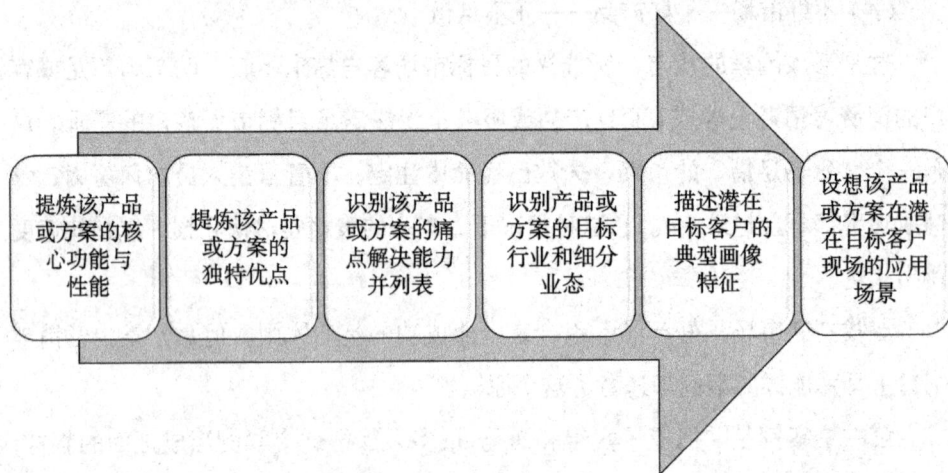

图4-3　产品洞察六步法

（1）提炼该产品或方案的核心功能与性能

政企营销人员虽然不卖产品，但要成为产品专家。拿到公司的产品或方案后，政企营销人员需要深入学习关于产品或方案的知识，全面抽取和提炼产品或方案的核心功能、性能及属性等要素，并一一分项描述。

（2）提炼该产品或方案的独特优点

独特优点是产品或方案的核心功能、性能及属性中，对政企客户价值很高且友商产品或方案中又不具备的内容。独特优点是下一步创造独特创见的土壤，如果发现公司产品或方案有独特优点，等于发现了超级营销利器。

（3）识别该产品或方案的痛点解决能力并列表

这一步分析有一定的难度，营销人员的思维需要从产品跨越到客户。具体做法是针对公司产品或方案的每项核心功能、性能及属性，逐一进行逻辑反推，逐一推敲每项核心功能、性能及属性是为了解决政企客户的什么痛点而设计的，把对所有核心功能、性能及属性的推敲结果汇总，便可得到该产品或方案的痛点解决能力列表。

（4）识别该产品或方案的目标客户行业和细分业态

政企营销人员使用第三步中得到的产品痛点解决能力列表，对照真实的政企客户，看看哪些行业及细分业态的客户可能会有这些痛点（细分业态是指同一个行业中进一步划分的业务形态。例如，教育行业可细分为幼儿园、中小学、中职、高职、高校等细分业态）。可能有这些痛点的政企行业及细分业态，就是该产品或方案的最佳潜在目标客户群。

（5）描述潜在目标客户群的典型画像特征

针对第四步筛选出来的政企行业或细分业态，列出典型目标客户，提取其关键画像特征。

（6）设想该产品或方案在潜在目标客户现场的应用场景

为了加深对该产品或方案与潜在目标客户群关系的理解，并为后面设计关键拜访话术做准备，政企营销人员需要进一步设想若干个该产品或方案在潜在目标客户生产经营活动中的典型应用场景。

使用产品洞察六步法，政企营销人员可以敏锐地发现"好市场＋好产品"的组合，可以提前比较准确地锁定公司产品或方案的潜在目标客户群，使市场营销活动有的放矢。这对于提高营销成功率很有帮助。如果政企营销人员不对产品或方案做深入的分析洞察，就盲目地拜访客户，则很容易遭到拒绝，浪费宝贵的客情关系和时间。

📋【案例 4-1】

"好会计"[①]产品洞察如表 4-1 所示。

表 4-1 "好会计"产品洞察

产品名称	核心功能与性能	独特优点	痛点解决能力列表	具有前述痛点的目标行业和细分业态	潜在目标客户的画像特征	在潜在目标客户现场的应用场景
好会计	自动录入电子发票	（1）云端部署，不需要购买软硬件（2）云端后台 AI 系统（3）有电脑 Web 端和手机 App 端	（1）发票录入烦琐，花费时间多（2）没有专职财务人员录入发票	小微公司	（1）新创立（2）没有专职财务人员（3）地点：工商注册登记公司	（1）每月底集中做账的时候（2）外出追款的时候
	自动合理避税		（1）没有专职财务人员，或财务人员不会合理避税（2）不避税就会影响利润	快消品批发贸易公司	（1）来往发票比较多（2）地点：批发市场、写字楼	
	手机查看应收账款		（1）经常被欠款（2）老板外出追款无法查询准确账款明细	教育培训公司、工程公司	（1）避税需求高（2）欠款风险高（3）地点：写字楼、工地	

📋【案例 4-2】

我曾在一次政企训战类培训课程中陪同一位政企客户经理拜访当地自然资源管理局局长。在与局长讨论完"自然资源一张图"系统的需求后，政企客户经理开始向局长介绍"好会计"产品。因为客情基础很好，局长亲自叫来财务处处长，但这个业务还是被财务处处长当场拒绝。原因就在于"好会计"这个产品与政府部门不匹配，政府部门不是这个产品的潜在目标客户群。

---

① "好会计"是畅捷通公司的财务 SaaS 软件，电信运营商曾与畅捷通公司合作推广过这个产品。

4.1.4　边学边练——产品洞察

学以致用才能取得最好的学习效果。"产品洞察六步法"是一个很实用的工具，为了更好地掌握整个工具，读者可以选择一个自己最熟悉的公司产品或方案，针对该产品做洞察练习，如表 4-2 所示。产品或方案的核心功能与性能的分析不少于 3 条。

表 4-2　读者边学边练——产品洞察

产品名称	核心功能与性能	独特优点	痛点解决能力列表	具有前述痛点的目标行业和细分业态	潜在目标客户的画像特征	在潜在目标客户现场的应用场景

4.2　向外建立情报网络

4.2.1　建立商机情报网络的十大途径

通过向内洞察产品或方案，初步解决了 PMF 难题，锁定了该产品或方案的潜在目标客户群。但是，潜在目标客户群的范围仍然很大，为了进一步提高营销活动的成功率，政企营销人员还需要将潜在目标客户群进一步收窄为"意向目标客户群"。要想获得意向目标客户群，政企营销人员需要向外建立强大的商机情报网络。通过商机情报网络，在潜在目标客户群中搜索对该产品或方案有一定采购意向或计划的政企客户，得到的搜索结果就是"意向目标客户群"。

建立商机情报网络共有十种有效途径，如图 4-4 所示。

图 4-4 建立商机情报网络的十大途径

（1）人际关系信息

电信运营商与 IT 软硬件厂家 / 互联网企业有个不同之处：电信运营商是按地域划分的，IT 软硬件厂家 / 互联网企业往往是按行业划分的。电信运营商的政企客户一定是本地的，而 IT 软硬件厂家 / 互联网企业的政企客户则大部分是外地的。电信运营商政企营销人员在本地人际关系方面比 IT 软硬件厂家 / 互联网企业的营销人员更有优势，因而要充分利用这种优势。

政企营销人员要把经营人际关系作为重要的日常工作去做。人际关系的质量高低取决于以下两点。

第一点，人际关系的规模。

人际关系有以下 3 种来源，政企营销人员需要尽量运用好。

第一种来源是"天"，指来自血缘和姻缘的人际关系。血浓于水，天缘关系的纽带仍然比较强。如果你是本地人，你在本地就可能会有众多的家族成员。另外，婚姻也会带来庞大的社会关系，如配偶的家族关系等。

第二种来源是"地"，指来自共同生活经历的人际关系。在地缘关系中，曾经有过共同生活经历的人往往会感情深厚、信任度高。地缘关系包括同学（可进一步扩展为校友）、同村人（可进一步扩展为同乡）、战友、邻居及以前单位的同事等。

第三种来源是"人"，指来自相同兴趣、爱好或人格互相吸引的人际关系。人缘关系是主动选择的结果，人们往往会比较珍惜。人缘关系类型多样，如喜欢打球的球友、喜欢下棋的棋友、喜欢旅游的驴友、喜欢跳广场舞的团友等。

第二点，人际关系的能量。

人际关系的能量取决于关系网中节点人员的社会能量。以下 3 类人员的社会能量比较强，政企营销人员需要不断把这些能量强大的人员聚集到自己周围，并不断拉近自己与能量强大的节点之间的距离。

第一类人员是政府工作人员。政府工作人员的信息渠道正规、信息准确，其社会能量无疑是比较强的。

第二类人员是专业人士，如医生、教师、律师等。人人都可能会遇到患病求医、子女教育、法律求助等问题，这时以上专业人士就会成为帮助他人解决问题的好帮手。

第三类人员是社会能人。这些人社会交往广泛、门路宽广、消息灵通，具有较强的社会能量。但是，他们的信息往往真真假假、虚虚实实，与他们交往需要带眼识人。

（2）政府信息

我国政府是当前世界上最重视数字化转型的政府，很多数字化建设项目的商机线索就来自政府部门。

第一，政策文件。政企营销人员需要及时跟踪分析各种政策文件及领导讲话的内容，了解政府相关部门的工作任务，从中寻找商机线索。

第二，工商税务信息。在工商税务部门发布的信息中，政企营销人员要特别关注 3 类信息：①新注册企业信息：新注册企业有通信、网络和数字化应用的刚需；②规模以上企业信息：规模以上企业往往是行业龙头企业，效益好，是国家要求数字化转型的重点企业，数字化服务需求较多；③本地区全行业信息：企业之间往往有紧密的供应链关系，关注全行业信息，有助于研究行业内部的交叉信息需求，进而构建本地区垂直行业数字化生态圈。

第三，政府网站、内刊及信息化部门信息。例如，来自各级政府网站、内部刊物、杂志、各级网信办及信息中心的数字化需求信息等。

第四，其他政府单位信息。例如，武警部队、警备区、军分区、消防等特殊单位的数字化需求信息。

（3）媒体及网络信息

第一，本地电视台、本地报纸、本地互联网媒体等。这些本地媒体往往是本地政府的宣传阵地，本地政府的各种政策导向、重要事项、官员任职等信息，都会通过本地电视台、本地报纸、本地网站微博公众号等途径发布，政企营销人员需要密切关注。

第二，潜在目标客户单位网站。通过潜在目标客户单位网站，可收集客户单位的发展战略、重大投资计划、信息化规划等信息，这些信息是分析商机线索的重要来源。

（4）经济组织信息

第一，本地经济开发区／工业园区管委会、写字楼／购物商场物业公司。这些单位掌握着入驻企业或商户的详细信息。通过入驻企业信息可进一步筛查数字化业务的商机线索。

第二，本地各种企业协会和社团。这些企业协会和社团非常了解行业内企业的数字化状况和需求，可以作为商机线索的重点来源。

（5）会议展览信息

在本地举办的各种商务会议、行业展览、技术研讨、市场推介、行业培训、贸易推广等会展活动往往蕴藏着很多高价值的商机线索，是一种高效的商业情报调查途径，可提供很多高价值的信息。

（6）友商信息

第一，竞争对手公司的市场活动。竞争对手公司在推广新产品或方案时往往会邀请某些重点客户参加公关活动，政企营销人员能从中获取很多高价值的商机线索信息。例如，竞争对手公司数字化产品或方案发布会的出席嘉宾、签到信息等。

第二，竞争对手公司的客户信息。从竞争对手公司现有客户群中也能发现商机线索，例如，对友商产品或服务不满意的客户、自身需求有扩展或增加的客户等信息。

（7）合作伙伴信息

第一，电信运营商与合作伙伴的产品和服务往往是互补的，如果合作伙伴满足不了现有客户的数字化服务需求，可以转介绍给电信运营商，由双方一起为客户提供完整的数字化服务。

第二，很多合作伙伴与三大运营商都有合作，政企营销人员可以通过合作伙伴巧妙地了解竞争对手公司的产品动向、客户动向、营销动向，从中发现商机线索信息。

（8）公司市场活动

第一，本公司组织的各种市场活动，如产品发布会、行业研讨会、行业展览会等。

第二，本公司邮寄的广告单页、电子邮件及发布的技术白皮书等。

第三，本公司其他形式的市场宣传，如线下广告、线上广告、促销活动等。

（9）公司客户资源

第一，本公司的老客户信息，如具备二次购买可能的老客户、老客户转介绍与推荐等。

第二，公司 CRM 系统或商机系统挂起的客户需求信息。

第三，客服热线电话转来的客户咨询信息、客户投诉信息等。

（10）客户约访 / 陌拜

据统计，电信运营商的政企业务接近 80% 的商机线索信息都来自于对政企客户的日常拜访。可见，电信运营商的政企营销人员需要高度重视客户日常拜访工作及维持必要的拜访频次。

客户日常拜访的方式有约见拜访（简称"约访"）和陌生拜访（简称"陌拜"）两种，在政企营销中最好采用约访的方式。但是，如果所有方法都用过了也无法成功邀约，或者项目紧急来不及提前建立客情关系，或者目标客户众多无法一一预约，政企营销人员也可以采用陌拜的方式。

4.2.2　9种陌拜的开场白话术

陌拜的关键技巧是说好开场白。针对政企和商企市场，我总结了9种效果不错的陌拜开场白话术，供读者参考使用。

（1）服务式

您好，我是××公司的，近期物业公司/园区管委会向我们反映本大厦/本园区的网络有问题，请问你们单位的情况怎么样？你们单位哪位领导负责这件事？

（2）回访式/测速式

您好，我是××公司的，我们正在进行本大厦/本园区的网络质量用户回访/网络测速，请问你们单位的情况怎么样？请问你们单位哪位领导负责这事？

（3）官方合作式

您好，我是××公司的，我们受工信局/物业管理公司/园区管委会……委托，正在进行企业网络化、信息化需求的调研/网络提速降费……工作，请问你们单位哪位领导负责这事？

（4）打招呼式

您好！我是××公司的，是本楼宇/园区的专属服务经理，这是我的名片。我专职负责这栋楼/园区的通信和信息化服务，包括固定电话、手机、宽带上网、信息化应用、信息安全等服务。您是我们的重要客户，任何通信和信息化方面的服务需求，您都可以直接联系我。

（5）转介绍式

李总/王局，您好，我是××公司的×××。您的老朋友×××总/局长介绍我来找您。×××总/局长是我的老客户了，也是我的老朋友。上周我去拜访他，聊到……时，他特意向我介绍了您，说您在……方面很有研究。

我今天慕名而来，一是向您请教，二是想看看在网络化和信息化方面能否帮到您。

（6）政策引领式

领导/老板，您好！我是××公司的×××，专职负责××街道的网络化和信息化服务。前段时间×××局发布了×××方面的重要文件，鼓励各单位……还专门设置了专项资金补贴。我们公司在这一块正好很有优势，有很多成功案例，希望能帮到你们单位。

（7）异业联盟式

老板，您好，我是××公司的×××，专职负责××街道的网络化和信息化服务。我们正在选择一些优质商户推荐给我们公司的广大用户，使用我们公司的话费积分联合进行市场营销。您是否有兴趣了解一下？

（8）吊胃口式

①陌拜政府部门

王局长/李处长，您好，我是××公司的，有件"重要"事情要向您汇报，只需要3～5分钟时间(停顿)。事情是这样的，我们公司有个很好的产品/服务/方案，能解决××方面的问题，已经在××单位实施了，效果很好，我感觉能帮助您实现××目标。

②陌拜企业

请问哪位是你们老板啊？经理或主管也行。老板/经理/主管，您好，我是××公司的，有件"重要"事情要向您介绍，只需要3～5分钟时间(停顿)。事情是这样的，我们公司有个很好的产品/服务/方案，能解决××方面的问题，已经在××单位实施了，效果很好，我感觉能帮助您实现××目标。

（9）培训讲座式

通过与工信局、园区管委会、物业管理公司等联合举办企业上云用数赋智/两化融合/数字化转型/5G应用/申报小巨人/高峰论坛/管理峰会/行业数字化博览会等会议/培训/讲座，由官方搭台，邀请入驻企业参会。通过这种方法，政企营销人员可以快速获得入驻企业的联系信息，结识参会企业数字化服务关键决策人员，初步了解客户需求，还可以现场组织标准化产品的会销。

4.3　整理商机线索，制定拜访计划

4.3.1　收集更多信息并评估商机线索

补充初步商机线索的关键信息

获得初步商机线索后，政企营销人员需要将所有与该商机线索有关的信息都汇集到一起，看看目前已经有哪些信息，还缺少哪些关键信息，并想办法补充缺少的关键信息。

（1）补充商机线索中属于"事"的关键信息

商机线索中与"事"有关的关键信息是指与未来采购物有关的信息，主要包括以下5类。

①客户战略类信息。政企客户的战略规划、组织架构、企业文化、企业价值观等信息，这些内容往往可以在政企客户的网站上查到。

②客户行业类信息。政企客户属于什么行业，该行业当前的竞争状况如何，该行业的龙头企业有哪些，政企客户在行业中的位置，该行业数字化转型方案和成功案例等信息，这些内容可通过第三方行业白皮书或行业分析资料获得。

③客户产品及业务类信息。政企客户的主要产品及业务是什么，主要产品及业务的存放形态，当前采用的主要生产技术或工艺流程，生产技术或工艺流程的关键环节或难点环节，生产技术或工艺流程的智能化改造方法和案例等信息。

④客户外部信息。政企客户的目标市场是什么、目标客户群有哪些、目标

客户群的需求有什么特点，该政企客户的主要竞争对手有哪些、主要供应商有哪些等信息。

⑤客户采购信息。政企客户重大项目的采购决策流程、目前数字化应用系统的应用状况及与本公司合作历史等信息。

（2）补充商机线索中属于"人"的关键信息

商机线索中与"人"有关的关键信息是指与未来采购过程有关的人员信息。所有的"事"都是"人"在做，因此摸清商机线索中"人"的信息非常重要，主要包括以下 4 类信息。

①决策者信息，即有权拍板做出采购决策的人员。他们控制着政企客户的采购预算规模和支出方向，虽然也会征询倾听各方面的意见，但拥有决策权。重大数字化采购项目的决策者一般是政企客户单位的"一把手"，小颗粒通信业务或 SaaS 应用的决策者也可能是政企客户单位的部门经理。

②方案评估者信息，一般是特定领域的专家。他们未来会参与数字化系统的采购及实施工作，按照国际、国家、行业或企业的各种标准评估销售方的产品或方案。他们一般不使用采购物，也没有决策的权力，但可以从专业角度影响决策者。

③业务使用者信息，即数字化业务系统的最终使用者，往往也是政企客户中数字化需求的发起部门。他们会从数字化业务系统的使用中得益，是政企营销人员天然的支持伙伴。政企营销人员需要特别关注这类人群的需求、感受和体验。

④影响者信息，即能影响采购标准和采购决策的人员。他们可能是政企客户内部人员，但不参与采购决策；也可能不是政企客户内部人员，但能影响采购决策。他们可能成为销售方的支持者，也可能成为销售方的反对者，是政企营销人员需要争取的力量。

评估初步商机线索的有效性

在补充了初步商机线索中与"事"和"人"有关的关键信息之后，政企营销人员可依据以下 4 个条件对初步商机线索的有效性进行评估。

（1）该政企客户是否有明确的需求。

（2）该政企客户是否有明确的项目预算。

（3）该政企客户是否有指定的项目决策小组或项目决策人。

（4）该政企客户项目是否有明确的计划时间表和交付日期。

如果某个初步商机线索具备以上 4 个条件中的 2 个及 2 个以上，即可判定为有效商机线索，政企营销人员在以后的商机线索开发环节中应予以重点关注。只满足 1 个条件或 4 个条件都不满足的商机线索可判定为无效商机线索，政企营销人员需进一步搜集、补充更多关键信息后再做评估。

4.3.2 制定客户拜访计划

获得商机线索只是开始，只有驱动有效商机线索进入后续商机线索开发环节，商机线索才能产生商业价值。商机线索开发环节的关键工作是客户拜访，这就需要根据商机线索制定精准的客户拜访计划。

有效商机线索评估分类

制定客户拜访计划之前，政企营销人员可使用 ABC 分类法，对每一条有效商机线索分别从客情关系、成交期限、项目金额等角度进行评估分类。

（1）A 类有效商机线索的条件

①客情关系比较好，能覆盖到采购关键人员。

②3 个月内有可能成交。

③项目金额估计中等以上（项目金额与政企客户行业和需求产品有关，没有统一标准）。

（2）B 类有效商机线索的条件

①有一定的客情关系基础，但尚未覆盖到采购关键人员。

②或 3 个月内有可能成交。

③或项目金额估计中等以上。

（3）C 类有效商机线索的条件

①目前还没有客情关系。

②或成交期限超过 3 个月。

③或项目金额估计中等以下。

A、B、C 三类有效商机线索在数量分布上可大致满足 2∶3∶5 的比例。

根据评估结果制定客户拜访计划

原则上，政企营销人员可按照有效商机线索的 ABC 类型顺序制定客户拜访计划，即优先拜访 A 类有效商机线索客户，其次拜访 B 类有效商机线索客户。对于 C 类有效商机线索客户，政企营销人员不要急于拜访，应优先进行客情关系突破。

将有效商机线索相关信息和计划拜访时间按照先后顺序填入"政企客户拜访计划表"，如表 4-3 所示，政企营销人员就可以参照该表的内容制定每月、每周及每天的工作计划。

表 4-3　政企客户拜访计划表

序号	客户单位名称	客户所属行业	客户关键人及联系方法	客户主营业务	客户财务状况或经营情况（1～5分）	目前数字化应用状况	已使用我公司的哪些业务	可匹配我公司的哪些产品或方案	有效商机线索内容	客情关系水平（0～5分）	拜访计划（年—月—日）
1											
2											
3											
......											

| 第 5 章 |

客情建设

客情建设是新七步成诗法的第二阶段。本阶段的目标是与政企客户采购人员建立初步客情关系，成功标志是获得了政企客户关键决策链人员的初步信任，关键任务包括以下内容：

（1）摸清政企客户的组织架构、关键决策链和人物角色关系；

（2）与政企客户关键决策链的重要角色实现关系对接；

（3）发现并培养高质量的教练；

（4）制定立体化的客情关系发展策略；

（5）与政企客户关键决策链人员建立初步的信任度和亲密度；

（6）确定销售的最佳突破口，等等。

5.1 理解政企客情关系

5.1.1 理解政企客情关系的意义

客情关系是政企客户需求的基本内容

在政企数字化业务营销中，全面、深入地理解客户的需求至关重要。政企客户的需求包含以下 3 个维度的内容。

（1）技术及系统的需求

这个维度的需求要求销售方提供的解决方案中采用的关键技术先进、成熟，整个系统稳定、可靠，各项性能指标都能满足既定标准（包括国际标准、国家标准、行业标准、企业标准等）的要求，且能与政企客户现有的设备、系统兼容对接，以保护原有投资。

（2）应用及服务的需求

这个维度的需求要求销售方提供的解决方案能有效地解决政企客户的关键痛

点，能满足政企客户的各项需要，功能完整，安装调试及时顺利，操作培训充分到位，故障次数少于合同规定的标准，故障响应及修复时限满足合同规定的要求。

（3）关系及合作的需求

这个维度的需求要求销售方与政企客户建立长期、良好的客情关系，并用证据向客户证明自己愿意且能够为客户提供长期、可靠的服务。

以上 3 个维度的具体内容，有些会白纸黑字地写到政企客户的需求说明书中，如技术及系统需求、应用及服务需求等；而有些需求内容只存在于政企客户的内心希望里，如关系及合作需求。这三个维度的需求内容都会对政企客户的最终采购决策产生重要影响。但是，当各家销售商在"技术及系统需求、应用及服务需求"的满足程度上没有根本性差异时，"关系及合作需求"的满足程度往往决定了哪一家销售商会最终赢得订单。因此，客情关系成了最终赢单的关键因素。

政企客户需要客情关系的原因

几乎所有政企营销人员都会认同客情关系的重要性。但是，政企客户为什么需要客情关系，就没有多少人能说清了。人们平时去超市、网店买东西，并不希望与营销人员建立客情关系。为什么在政企营销中，客户却需要以客情关系为基础呢？

原因在于政企客户采购与公众客户采购有着重要的差别：公众客户采购风险低、政企客户采购风险高。公众客户采购的金额一般不大，采购物大多是生活消费品，即使采购失败，损失往往也不大。然而，政企客户采购的金额一般比较大，采购物往往是客户单位业务运营管理的关键设备或系统；采购成功，就能有力推动客户单位的经营管理及未来发展；而一旦采购失败，就不仅会付出资金代价，还会对客户单位的运营管理及未来发展产生不利影响。同时，政企客户采购的成功或失败还与采购人员的职业前途密切相关。在高风险的压力下，政企客户对于采购过程会特别谨慎。为了最大限度地降低采购风险，限制销售方可能的失信行为，政企客户会要求营销人员提供抵押品，这个抵押品就是双方的客情关系。

所以，要求客情关系其实是政企客户自己的心理需求。客情关系相当于政企营销人员为了得到订单而必须交付的抵押品。通过良好的客情关系，政企客户至少可得到以下 3 种好处：

（1）可限制销售方的失信行为，增强客户方对交易的安全感；

（2）可获得长期交易的保障（如售后服务、后续升级等）；

（3）可产生高水平的互信，便于获得采购物以外的利益。

由此可见，牢固的客情关系是政企营销成功的必要条件。没有良好的客情关系，政企营销人员就无法真正得到客户采购人员的信任，也就无法最终赢得订单。

5.1.2 理解政企客情关系的真相

真相一：客情即人情

人与人之间有两种基本的关系：交易关系和感情关系。这两种关系天然对立，人们往往不喜欢两者在一件事情中并存。

交易关系天然地排斥感情。交易关系是纯粹的经济利益交换，双方围绕商品或服务的价值一手交钱、一手交货。但由于买卖双方的信息不对称，交易价格往往不等于商品或服务的价值。买卖双方的交易过程有时像一场智力博弈，赢的一方会获得更多的利益。为了在博弈中获胜，无论买家还是卖家都要保持高度的理智。为了保持高度的理智，交易过程就必须拒绝感情的介入。

感情关系也天然地排斥交易。在感情关系中，付出方渴望得到的不是经济回报，而是感情回报。如果感情关系中掺杂了交易，往往会使付出方产生强烈的被欺骗感，从而导致感情关系破裂。所以，人们往往会主动避免与亲朋好友交易。

然而，政企客情关系却是交易关系和感情关系兼而有之。原因在于政企客情关系既不是一般的交易关系，也不是一般的感情关系，而是一种介于二者之间的特殊关系——人情关系。处于人情关系的双方往往在同一个社交圈内，双方有一个或多个共同认识的第三方，双方都承诺、暗示或知道会长期进行互助行为。所以，政企客情关系的实质是交易背后相关人员之间的人情关系。

真相二：客情即利益捆绑

人情关系的核心是长期互助行为。所以，虽然人情关系常表现出感情行为，但其内在的实质却是利益关系。只不过人情关系中的利益强调长期性、群体性、互助性和隐蔽性，与交易关系中利益的一次性、个体性、单向性和公开性明显不同。最高明的人情关系是为了实现群体多方利益长期捆绑而进行的复杂又巧妙的关系运作和交易安排。

政企客情关系就是这样一种高明的人情关系运作，其精髓是如何安排并实现各种利益相关者的长期利益捆绑。

【案例 5-1】

我在一次政企营销训战课程中陪同政企客户经理去拜访当地一家三甲医院的信息中心主任。客户在整个接待过程中很客气，但我和客户经理施展了浑身解数，前后试探了超过 15 项医院数字化建设常规痛点，都被该中心主任一一否决。拜访结束后，我与客户经理做复盘分析时判断，原因很可能是客情关系还处于不稳固的阶段。

5.2 政企客情关系建设五连环

在政企客情关系建设方面，有 5 个工具可供读者参考使用：客户组织架构分析、立体化客情策略、连接社会网络、赢得信任度、提高亲密度，称为"客情建设五连环"。

5.2.1 客户组织架构分析

制作政企客户组织架构图

小单位赢单只需要搞定"一把手"即可，大单位赢单则需要搞定整个组织。

政企营销人员要想赢得大型政企客户的订单，除了"一把手"之外，还必须搞定政企客户组织架构中有资格参加"一把手"办公会的人员中的大部分人才行。因为大型政企客户采购时往往实行集体决策。

政企营销人员的第一个任务是要把政企客户内部有资格参与集体采购决策的所有人员都一一找出来，并通过积极的工作得到这些人中的大部分关键人员的支持。识别政企客户内部有资格参与集体采购决策的人员的方法是仔细画出政企客户单位的组织架构图。大型政企客户单位的组织架构可分为决策层、分管层、部门层，如图5-1所示。

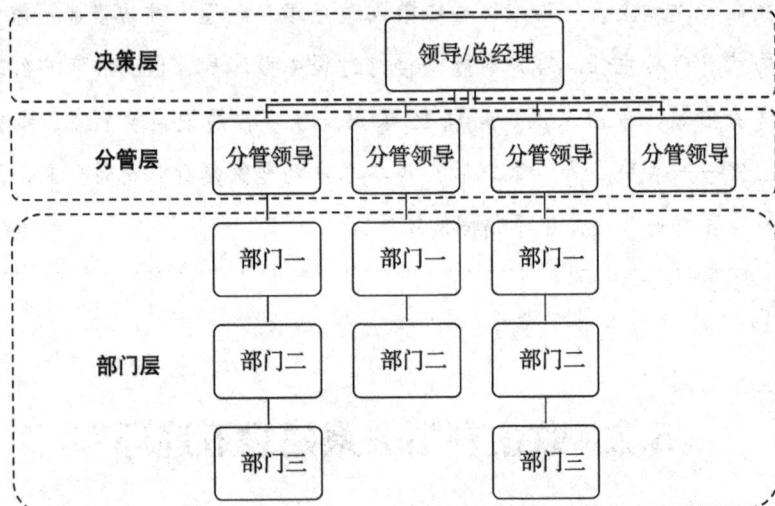

图5-1　大型政企客户内部组织架构图示意

政企客户组织架构图是开展政企营销必不可少的关键工具，相当于战争中的战场地形图，组织架构图中的信息务求准确、全面、清晰和详细，重要的领导信息要在图中标注。出发之前，政企营销人员要确保手里拿着正确且足够详细的组织架构图，这一点很重要。营销人员可通过政企客户单位网站、内部通信录、其他内部资料等方法获得制作政企客户组织架构图的有用信息。如果组织架构图的某些重要局部信息不够详细和清晰，政企营销人员可向政企客户内部的教练（指能向营销人员提供关键信息和行动指导的政企客户内部人员）或人际关系网中的消息灵通人士等人咨询打听。

分析关键决策链和影响链

画好政企客户组织架构图以后，政企营销人员还需要仔细识别、分析政企客户内部数字化产品、服务、系统等采购事务的关键决策链和影响链。

关键决策链是指政企客户内部对数字化业务的采购事务具有直接决策权的管理链条，从负责具体采购事务的员工到拥有决策权的"一把手"，形成一条从下往上的汇报链条和从上往下的指挥链条。

关键决策链只有一条，没有平行线条，也没有分叉线条。关键决策链上的所有节点都是采购关键人员。赢得采购关键决策链上各个层级采购关键人员的支持，是政企营销人员最终能否赢得订单的命门。

📋【案例 5-2】

某高校的组织架构图和数字化业务采购关键决策链示意图，如图 5-2 所示。

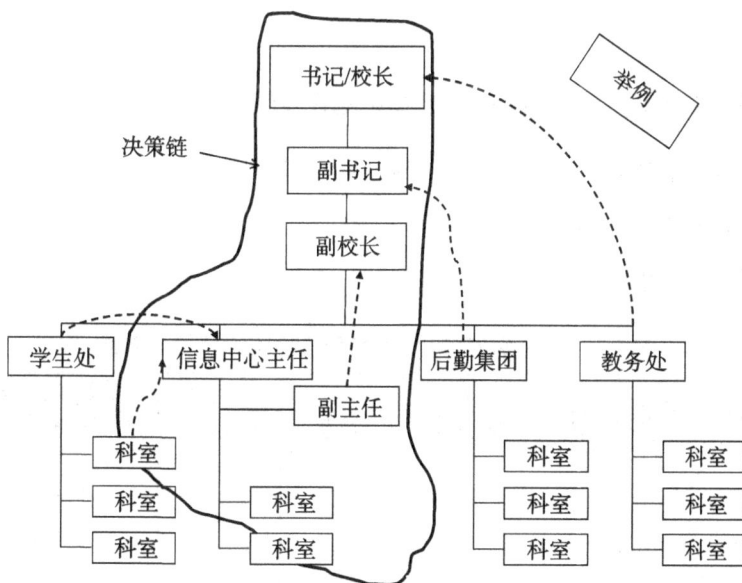

图 5-2　某高校的组织架构图和数字化业务采购关键决策链示意图

采购影响链是指政企客户内部或外部对数字化业务的采购事务没有直接决策权，但有不同程度间接影响力的人员组成的沟通链。关键决策链与影响链的不同在于以下方面。

（1）关键决策链上的所有人员都有或大或小的决策权；影响链上的人员没有决策权，只能通过关键决策链上的人员间接地影响数字化业务的采购决策。

（2）关键决策链上的所有人员一般都是政企客户内部人员；而影响链上的人员可能是政企客户内部的人员，也可能是政企客户外部的人员。

（3）关键决策链是贯穿组织上下层级的管理链条，靠组织的权力系统来维系；而影响链只是一种沟通链条，没有强制性的权力系统，多数情况下靠人际关系来维系。

（4）关键决策链是业务推动的；而影响链有些与业务有关，有些则与业务无关。

（5）关键决策链是单一线性的，没有平行和交叉；而影响链则是多样化的、网状交叉的。

识别全部采购关键决策链和影响链人员及其角色

（1）识别全部采购关键决策链和影响链人员

通过对政企客户组织架构中采购关键决策链和影响链的分析，将有关人员全部识别出来，填入表 5-1 中。

表 5-1　政企客户采购关键决策链和影响链人员信息表

姓名	部门	职务	部门职责	岗位职责	角色类型	参与度（1～5分）	影响力（1～5分）	关系程度（0～5分）

（2）确定全部采购关键决策链和影响链人员的角色类型

在表 5-1 中，"角色类型"是指识别出来的政企客户采购关键决策链和影响链上的各类人员在政企数字化业务采购事务中担任的责任角色。"角色类型"可分为四大类：决策者、应用者、选型者和指导者，并可进一步细分为以下九小类。

①决策者—最终决策者

这是政企客户内部对数字化采购项目有最终决策权的人员。最终决策者对采购决策有最终决策权，对其他人员的采购意见有否决权。根据采购项目的重要性和金额大小，最终决策者可能是政企客户单位的"一把手"，也可能是分管领导或中层管理人员，他们一般不直接与销售方讨论采购的具体内容及细节。

②决策者—提议决策者

这是政企客户内部对数字化采购项目虽然没有最终决策权，但有权向最终决策者推荐最佳销售方的人员。提议决策者一般是最终决策者的直接下级，根据采购项目的重要性和金额大小，一般是分管领导或中层管理人员。

③应用者—直接使用者

这是政企客户内部未来会直接使用所采购的数字化业务的人员。如果采购的是 CPS 系统、测控系统或业务操作系统，直接使用者一般是员工；如果采购的是管理决策系统，直接使用者则是管理人员。

④应用者—应用受益者

这是政企客户内部或外部因为所采购的数字化产品、服务、系统的应用而获得收益的人员，可能是直接使用者所属部门的领导，也可能是其他部门的人员或高层管理者。例如，一家医院建设了移动护理系统后，护士在执行护理医嘱时大大降低了护理差错率，医院的护士长肯定是应用受益者；同时，医患纠纷数量也大幅减少，医患关系科也成了应用受益者。

⑤选型者—标准把关者

这是政企客户内部或外部针对数字化采购项目，负责从技术标准、水平等方面对销售方进行考察的人员。标准把关者一般不会使用将要采购的数字化产品、服务、系统，但他们负责从技术角度确定未来采购物需要符合的标准和规范，并依据这些标准和规范对销售方进行考察及评价。标准把关者没有采购决策权，但有入围批准权和否决权。

⑥选型者—预算把关者

这是政企客户内部或外部针对数字化采购项目，负责采购预算的编制和审批，以及项目完成后支付费用的人员。预算把关者需要遵循政企客户的财务预算计划和国家的财政政策。在政府采购项目中，预算把关者往往是财政厅或财政局人员。

⑦选型者—采购执行者

这是政企客户内部或外部负责数字化采购项目的具体采购过程的人员。采购执行者要遵循的标准是《政府采购法》《招投标法》等法律法规。

⑧指导者—教练

这是政企客户内部能够向营销人员提供关键信息、指导营销人员成功获得订单的人员。教练一般发自内心希望该数字化项目能成功应用，他们基于自身诉求和价值追求给予政企营销人员以内部信息和有效指导。教练和营销人员的合作能带来双赢的效果。教练可以暗中帮助政企营销人员，但不能公开予以支持。

⑨指导者—倡导者

这是政企客户内部或外部公开支持该数字化项目或某个销售商的人员。倡导者公开表达支持意见，但一般不与营销人员直接接触，以避免他人对其立场和动机的指责。

上述四大类、九小类角色与具体人员不是一一对应的关系，而是多对多的关系。某一类角色可能对应多名具体人员，而一名具体人员也可能兼具多类角色。这些具体人员既可能来自政企客户内部，也可能来自其外部。例如，在一个销售项目中，营销人员可能发展了多名来自客户单位内外部的教练；而客户单位信息部经理可能既是提议决策者，同时又是采购执行者和教练。

（3）不同角色类型人员的沟通策略

针对政企客户采购关键决策链和影响链上的不同角色类型人员，政企营销人员需要采取合适的沟通策略。

①决策者：宜采取"支点 + 战略"的策略

其一，决策者很关键，但政企营销人员能见到决策者的机会却不多。在影响决策者时，政企营销人员需要寻找并利用"支点"的力量。"支点"是指政企客户内部或外部能影响决策者的关键人员；其特点是被决策者信任，向决策者提供的信息易被采纳。政企营销人员通过"支点"向决策者传达信息并有效地影响决策者，其效果要好于直接面对决策者。"支点"可以有多个，可选择范围也比较广。客户单位内部"支点"往往是决策者的下属，外部"支点"则可能是决策者的上级、朋友或家人等。理想的"支点"是基于其自身的职责、处境、诉求、价值倾向等因素自发愿意帮助政企营销人员的人。

其二，通过"支点"向客户决策者传话的内容要围绕政企客户发展战略议题，多谈论组织发展、战略实施所需要的资源和能力，少谈具体的产品和功能等。

②应用者：宜采取"需求 + 共创"的策略

其一，应用者是政企客户数字化需求的最直接来源。营销人员应该把客户单位的应用者发展成自己的坚定盟友，多接触各个层面的应用者，充分了解他们的工作内容、处境、感受、改变的动机和期望等，并让他们感受到自己对他们的理解，在此基础上广泛而深入地挖掘应用者的数字化需求。

其二，政企营销人员在理解应用者的现状、问题、期望、需求的基础上，可与应用者一起探讨用什么方法解决，共创应用场景和解决方案，必要时提供专家建议或第三方最佳实践。与应用者结盟商议共创解决方案，往往也是政企营销人员扭转不利的竞争局面甚至虎口夺单的有效手段。

③选型者：宜采取"标准 + 尊重"的策略

其一，选型者往往以各种标准和规范（包括国际标准、国家标准、行业标准、企业标准等）作为自己工作的至高遵循，满足这些标准和规范的销售商才可以入围，不能满足这些标准和规范的销售商就会被否决。政企营销人员需要弄清楚各类选型者分别采用哪些标准和规范，然后把这些标准和规范的要求传回本公司的方案支持团队和交付运营团队，调动公司的产品、方案、能力及资源满足这些标准和规范。

其二，选型者往往是政企客户单位的专业岗位人员或基层管理者，他们在本单位常以专家形象著称，这导致他们特别爱惜自己的专业声望，拥有特别强的专业自尊心，不能容忍他人挑战自己的专业权威。政企营销人员在面对各类选型者时要给予他们充分的尊重，尽量避免在公开场合与选型者发生争论或争辩。因为公开场合的争论或争辩很容易被选型者误解为对他专业技术水平的挑战，损害他们的权威。如果与选型者有不同意见，政企营销人员应尽量采用私下沟通交流的方法解决。

④指导者：宜采取"信息＋协商"的策略

其一，政企营销人员要多从指导者（教练和倡导者）那里了解政企客户单位内部的各种关键信息。对于政企营销人员来说，政企客户单位就像一个黑盒子，其真正的需求和采购倾向如何、项目预算和价格底线是多少、关键决策者的想法有无变化等情况，可能自己都完全不清楚。要想顺利推进销售流程、赢得订单，政企营销人员就需要"手电筒"来"照亮"政企客户内部的这些情况，指导者正是这样不可或缺的"手电筒"。甚至可以说，大项目没有指导者一定输。

其二，政企营销人员还需要与指导者共同协商制定赢单策略、实施方案和行动计划等。因为赢单策略、实施方案和行动计划推进过程中，有可能会触碰政企客户单位内部的一些敏感内容，政企营销人员需要和指导者仔细分析策略与计划的可行性及风险区域，选择效果最佳的路径。

由于客户不同角色类型人员的利益关注点不同，政企营销人员与他们的沟通重点也要跟随对方的利益关注点变化而变化。决策者重视"宏观利益"，利益关注点一般是战略实施、增加收入、降低成本、提升效益、合作前景、公司形象、个人政绩及形象等；应用者重视"解决问题"，利益关注点一般是解决问题、质量可靠、操作简单、交付及时、服务完善、学习简单、安装及时等；选型者重视"技术先进"，利益关注点一般是新技术、超过国际 / 国内标准、产品质量、行业信誉、成功案例、专业成就及形象地位等；指导者重视"职场价值"，利益关注点一般是流程优化、风险降低、个人成就感、好处利益、合作关系、专业形象、行业洞察、深谋远虑等。

（4）对政企客户关键决策链和影响链人员进行评估

在政企客户数字化业务的采购流程中，关键决策链和影响链上各类人员的参与程度和影响力是不同的，销售方与他们的客情关系程度也不同。政企营销人员需要针对每位人员分别进行参与度、影响力和关系程度方面的评估（见表 5-1 ）。

①参与度

参与度是指政企客户关键决策链和影响链人员在整个采购流程中参与的深度和频次，一般与其本人的工作内容、专业度、优先事项等有关，也与政企客户单位的采购决策流程有关，还可能与政企客户单位内部人员关系有关。政企营销人员需要根据多方了解的信息对每位人员的参与度进行评估，1 分表示参与程度最低，5 分表示参与程度最高。

②影响力

影响力是指政企客户关键决策链和影响链人员在整个采购流程中发挥的作用，一般与其本人的职位及职级有关，也与其本人的资历、专业度、个人风格等有关，还可能与政企客户单位内部人员关系有关。政企营销人员同样需要根据多方了解的信息对每位人员的影响力进行评估，1 分表示影响力最低，5 分表示影响力最高。

政企营销人员需要注意，在政企客户关键决策链和影响链人员身上，参与度和影响力往往负相关。例如，基层主办人员的参与度最高，但影响力往往最低；而最终决策者虽然影响力最高，但一般不直接参与采购的细节程序。

③关系程度

政企营销人员还需要对上述各类政企客户关键决策链和影响链人员与本公

司及本人的客情关系现状进行评估，0分表示完全陌生，5分表示已实现长期利益捆绑。

参与度、影响力、关系程度3个指标的评估情况，是制定客情关系建设策略的重要依据。

组织架构图的其他分析内容

（1）采购决策流程及规则分析

该政企客户的数字化需求由哪个部门提出？汇总到哪个部门？由哪些部门的哪些人参与评估需求？

数字化需求如何在政企客户单位内部横向移动？例如，"业务部门—采购执行部门—技术把关部门—预算审批部门—提议决策者—最终决策者"这个流程的具体路径及细节情形如何？

（2）采购决策圈层分析

①核心圈

对本次数字化业务采购有最终决定权和最大影响力的采购执行部门是哪个部门？组织架构图中有哪些人员是采购关键决策链人员？

②影响圈

本次数字化业务采购的影响链涉及哪些部门和人员？业务需求部门、需求评估部门、选型把关部门、第三方合作或评估单位等分别是哪些部门或单位？

③潜伏圈

还有哪些未来可能对采购决策起重要作用，但目前还不在核心圈和影响圈的单位、部门及人员？

5.2.2 立体化客情策略

策略一：发展高质量教练

大项目没有教练一定输。要把发展教练放在客情关系建设策略的第一位，并在政企销售项目的前期就及早物色和发展教练人选。

教练对政企营销人员的帮助主要体现在"提供项目内幕信息""指导营销人员的策略及行动"两个方面。为了实现这两个目标，教练人选应该满足以下 3 个条件。

（1）教练要能接触到与政企客户采购项目有关的内幕消息。教练最好是政企客户采购关键决策链人员或与他们关系密切的其他人员。实际案例中，教练人员往往来自政企客户的信息中心、总经理办公室及采购等部门。

（2）教练的自身利益要与销售方一致，即教练是从自身立场或利益出发，自发地希望销售方能得到订单。

（3）教练与销售方有互信基础。最好的教练候选人包括政企营销人员的亲朋好友、与政企营销人员投缘的人、拟采购的数字化业务对其自身有高度价值的人、认同营销人员所属公司的人及不认同竞争对手公司的人等。

根据教练能给予政企营销人员的帮助的大小，教练可分为五个层级：第一级教练仅能向政企营销人员提供与政企客户采购项目有关的有效信息；第二级教练能向政企营销人员提供与政企客户采购项目有关的独特机密信息；第三级教练能帮助政企营销人员评估政企客户采购关键人员的真实态度和想法；第四级教练能为政企营销人员提供策略和行动建议，指导营销人员更有效地实施营销策略和行动方案；第五级教练能与政企营销人员全面互信，坦诚合作，实现共赢。

教练的人员数量没有限制，一个政企销售项目中往往会发展多名不同层级的教练。

策略二：不同采购阶段寻找不同的关键人员

政企客户数字化采购项目往往流程漫长且穿越客户的多个部门，这要求政企营销人员在项目的不同阶段寻找不同的采购关键人员，如图 5-3 所示。

政企客户的采购流程大约会经历 8 个阶段。每个阶段的目标任务不同，责任部门和人员也不相同，客情关系建设的重点也要随之变动。

1	2	3	4	5	6	7	8
发现问题，使用部门提出需求	项目可行性研究，确定预算	项目立项，组建项目采购小组	建立项目采购技术标准	对外进行招标，初步技术筛选	项目评标，确立首选销售方	合同审核，商务谈判	合同签署
⇧	⇧	⇧	⇧	⇧	⇧	⇧	⇧
使用部门	高层领导	采购小组	技术部门	采购部门	评标小组	采购部门	高层领导

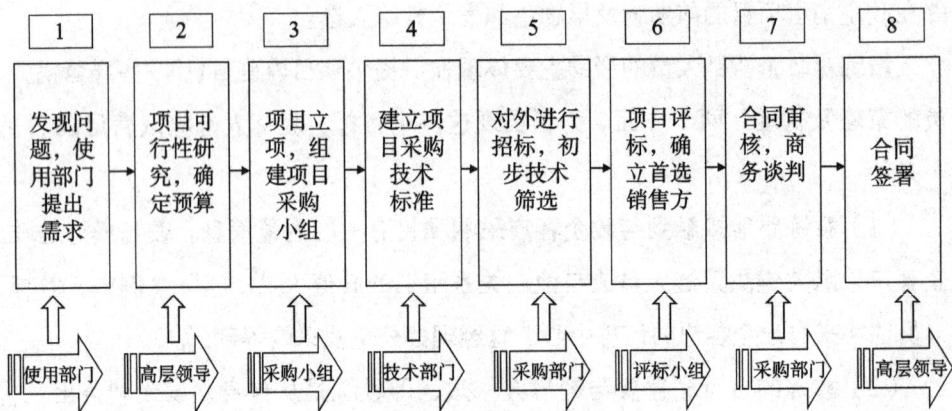

图 5-3　不同采购阶段的关键人员

（1）发现问题阶段，任务是提出数字化业务的采购需求，责任部门是使用部门。

（2）项目可行性研究阶段，任务是确定能否将使用部门提出的采购需求列入资金预算，责任者是高层领导。

（3）项目立项阶段，任务是组建跨部门的项目采购小组、启动数字化业务的采购工作，责任部门是由采购部门牵头成立的跨部门采购小组。

（4）采购标准制定阶段，任务是编制详细的采购需求和技术规范，责任部门是技术部门。

（5）采购招标发布阶段，任务是发布采购公告或招标公告，接收销售方技术方案和商务报价等资料，责任部门是采购部门或招标代理公司。

（6）项目评标阶段，任务是对符合条件的销售方进行筛选比较、确定首选销售方，责任部门是评标小组。

（7）商务合同谈判阶段，任务是与项目评标阶段确定的销售方进行商务合同具体内容条款的磋商谈判，责任部门是采购部门。

（8）合同签署阶段，任务是完成合同签订流程，责任者是高层领导。

策略三：建立覆盖全层次、全流程的立体客情关系

因为政企客户单位内部采购流程涉及的部门和人员较多，所以要建立牢固的客情关系。政企营销人员需要调动全公司的力量，与政企客户采购关键人员建立覆盖全层次及采购全流程的立体化人际关系。而且，政企营销人员要把本公司各级领导当作重要的人际关系资源而善加调度使用。

📋【案例 5-3】

某项政企数字化业务营销案例中的客情关系建设策略如表 5-2 所示。

表 5-2　某项政企数字化业务营销案例中的客情关系建设策略

客户方人员	影响力	和对手的关系	我公司跟进人	和我公司跟进人的关系	客情关系强化对策	执行时间表
总经理	高	无特别关系	总经理	健身运动同好	登门拜访及电话微信沟通	本月登门拜访一次，微信每周至少一次
副总经理	高	无特别关系	政企部经理	无特别关系	登门拜访及电话微信沟通	登门拜访每两周一次，平时电话或微信联系
采购科长	中	同学	政企客户经理	无特别关系	送达账单和发票，沟通服务内容和商务条款	每月一次
信息中心主任	高	无特别关系	技术支撑人员	无特别关系	提供技术情报，沟通服务内容	每周一次

5.2.3　连接社会网络

社会网络的运行规则

（1）社会关系

社会关系中的每个人都以血缘关系为纽带，形成了一个以自己为圆心、逐渐向外扩展的社会关系网络，费孝通先生称之为差序格局。社会关系网络的成员利用互相之间的关系进行互惠互利的交换活动，交换活动的目的是个人及家庭利益最大化。

（2）社会关系的法则

①施报法则。施是施恩，报是报恩。只有维持有恩必报的法则，社会关系中互惠互利的交换行为才能持续循环起来。

②交换法则。社会关系存在的价值，就是为成员之间的互惠互利交换行为提供途径。根据交换物相同或不同，社会关系中的交换可分为同质交换和异质交换。同质交换更能增加关系双方的感情。

③义务法则。对于社会关系中的成员来说，互惠互利交换行为是一种义务。如果一方拒绝履行交换义务，被拒绝者往往会将拒绝者踢出其本人的社会关系，并会通过社会关系败坏、降低拒绝者的社会声誉。

④隐蔽原则。社会关系中的成员发生互惠互利交换行为时，往往采取两者之间心照不宣的隐蔽性行为方式，而不能公开进行或被第三者以上的人员知晓。

与客户采购关键人员实现关系对接

政企营销人员利用社会关系进行客情关系建设时，应当设法与政企客户采购关键人员的社会关系对接。两方社会关系对接的关键是要找到最合适的介绍人作为连接桥梁。介绍人最好满足以下条件：

（1）介绍人本身有一定的社会地位；

（2）介绍人与双方都有良好的关系基础；

（3）介绍人熟悉社会关系的运作规律。

5.2.4 赢得信任度

客户信任度的内涵

（1）信任是政企客户采购关键人员的关键心理需求

政企客户在做出采购决策之前，需要满足以下3种心理需求。

①功能需求

政企客户需要相信销售方所提供产品的功能是合格的，适合客户的应用场景，能解决客户面临的问题，并符合各种标准、规范。

②价值需求

政企客户需要相信销售方提供的各种建议和解决方案是有价值的，能够帮助客户实现预期的目标，产品技术和质量达到了一定的水准，物有所值。

③信任需求

政企客户还需要对销售方有信心，相信自己没有做错决定。政企客户犹豫、拖延等情形往往是对销售方缺乏信心的表现。

在数字化业务的销售中，政企客户对销售方充分信任的心理需求排在其各种心理需求的第一位，原因在于以下两个方面。

①数字化业务的技术复杂性，这导致政企客户往往会感觉自己在数字化业务面前很不专业，在数字化技术方面需要高度依赖销售方。政企客户需要销售方展示足够的实力以证明自己值得被依赖。

② OICT 一体化融合的风险性，由于数字化系统是 IT、CT、OT 三大类系统一体化融合而成，往往具有很高的风险性。一旦采购失败，可能导致政企客户的主营业务遭受重大挫折，采购关键人员的职业生涯也会受到严重影响。

在这种情况下，政企客户不得不把信任度作为考察销售方的第一要素。没有信任，就不会有任何销售。

（2）构成政企客户信任度的四要素

政企客户对销售方的信任度包含以下 4 个方面的内容。

①真诚度：政企营销人员给人诚实可信、不会欺骗客户的感觉。

②有能力：销售方公司实力雄厚，政企营销人员办事能力强，技术人员业务娴熟。

③有抵押：政企营销人员已经与客户采购关键人员建立了良好的关系。

④经过考验：政企客户采购关键人员已经通过一些小事考察了销售方公司及人员的实力、可信度和办事能力等。

政企客户采购关键人员会将以上 4 个要素综合在一起，形成对销售方是否值得信任的综合评价。

（3）有利于赢得客户信任的 3 种能力

为了赢得政企客户采购关键人员的信任度，政企营销人员需要具有以下 3 项能力。

①理解能力：指理解政企客户的业务内容、特点和规律，进而理解政企客户和采购关键人员所面临的问题、需求和价值点的能力。

②专业能力：包括对新型数字化技术的掌握水平、对客户行业数字化解决方案的掌握水平，以及应用数字化技术和数字化解决方案帮助政企客户解决问题的能力。

③沟通能力：包括理解客户特定情况和特定需求的能力、良好的语言表达和说服能力等。

赢得客户信任度的 5 项修炼

赢得客户信任度不是一蹴而就的事情，往往需要政企营销人员持续付出艰苦的努力。借用《孙子兵法》中的说法，政企营销人员在与政企客户采购关键人员的接触过程中，可通过"仁、义、礼、智、信"5 个方面的优异表现来逐步增强客户的信任。

（1）仁：站在帮助客户的角度

在与客户接触交往的过程中，政企营销人员不能只想着如何签单成交，而要把如何帮助客户解决问题、如何帮助客户实现目标放在第一位。政企营销人员要将自己的立场从卖产品转变为帮助客户，并调整自己的语言表达方式、改变推销产品的口吻，以减少推销色彩。必要时，政企营销人员可以先从服务做起，用实际行动表达出帮助客户的愿望，如优先响应客户的服务需求、帮助客户解决一些小问题等。

（2）义：与客户交朋友

在知识层次、价值观、沟通风格等方面，政企营销人员要尽量与客户保持一致。例如，在沟通中多谈论客户关心和擅长的内容，增强自己对不同价值观的包容性，尽可能与客户的沟通风格保持一致，对客户的成就和观点给予更多的赞赏等。

（3）礼：永远尊重客户

政企营销人员应注意必要的商务礼仪，注重自身的仪容仪表和仪态；在与客户沟通的过程中要学会倾听，不打断对方，多认可对方，并努力感悟客户的言外之意。

（4）智：具备较高的专业能力

客户需要销售方和政企营销人员为他们提供良好的专业支撑和保障，这就要求政企营销人员要具备较高的专业能力。例如，要掌握各种新型数字化技术，充分了解本公司的产品、服务、系统，也要多了解竞争对手的相关情况及数字化服务行业发展趋势，思路清晰，有独到见解，具备帮助客户解决问题、实现目标的专业能力。

（5）信：永远做有诚信的人

政企营销人员为人要诚实、做事要可信，说到就要做到，永远不要说假话。当然，做不到的事就不要轻易说，也没必要一次性就把真话讲完。

5.2.5 提高亲密度

产生亲密度的心理效应

亲密度是一种认同、喜欢、希望亲近的心理现象。在人际关系中能产生亲密度的心理效应有像我效应、自我暴露效应和付出效应。

（1）像我效应

亲密度来自于喜欢对方，包括喜欢对方的外表、性格、学识、能力等方面。而喜欢又来自于"像我"的心理感觉。人们喜欢他人，本质上是喜欢自己，是人类自恋情结的间接表达。

人类的心理活动中根植着强烈的自恋情结，这种自恋情结维持着一个人的人格结构的完整性和存在的意义感。自恋情结虽然普遍且重要，但不能在日常生活、工作中顺畅地表达出来，因为个体自恋情结的表达很容易引发群体内部的冲突，群体文化就要压抑个体自恋情结的表达。所以，在很多文化中，自恋自负都是负面行为，而谦虚低调才是优秀品德。个体把被压抑的自恋情结投射到他人身上，就是对"像我之人"的喜欢。当然，有时也会发生互补现象，两个气质相反的人走到了一起，那是人们在喜欢"理想中的自己"。

为了赢得客户采购关键人员的亲密度，政企营销人员可以适当利用"像我效应"，在外表、语言、行为、性格等方面多向政企客户采购关键人员靠拢。

（2）自我暴露效应

亲密度来自于深度了解对方，甚至知晓对方的某些隐私或秘密。在人际交往中，通过主动向对方坦露心迹或某些隐私秘密来获得对方亲密度的方法即自我暴露。

自我暴露的内容具有隐私性。个人在社会交往中可以普遍公开的信息不属于自我暴露的内容，如工作单位、职务、个人兴趣爱好等。

自我暴露的内容具有层级性。暴露的层级越高，产生的亲密度越强烈。第一层级是暴露自己的社会关系，如本人的主要家庭成员、人际关系圈等；第二层级是暴露自己的成长背景，如原生家庭状况、童年往事、求学经历等；第三层级是暴露自己的价值观和政治观，如对社会热点问题的看法、对政治党派及政治人物的批评等。

自我暴露的过程具有交互性。正常情况下，交往双方按照自我暴露内容的层次性，从低到高交替地暴露自己的隐私内容，可实现人际亲密度的逐步升华。但是，如果其中一方过早、过快、过多或单向地自我暴露，反而会让对方对其动机和目的产生怀疑，从而停止深入交往。因此，自我暴露的节奏把握是实际使用中的关键技巧。

政企营销人员可以适当利用自我暴露效应，提高与客户采购关键人员的亲密度。

（3）付出效应

亲密度还可以来自于人们的付出。人们对某人、某物品、某事情付出越多，往往感情越深。例如，养父母对养子的感情、主人对宠物的感情往往来源于长期的精心照料和抚养。在恋爱关系中，如果男生付出了很多努力才追到女孩子，他就会对来之不易的爱情倍加珍惜。艺术家如果千辛万苦才完成了作品，他就会像喜爱自己的子女一样喜爱自己的作品。

付出效应在实际生活中有不少应用。假设你有两个好朋友 A 和 B，关系都一样好。你曾经向 A 借过钱，过后已经还了，借钱还钱的过程中也没有发生不愉快的事情。现在，你又因为紧急事情需要借钱，你有两个选择：可以继续向 A 借钱，也可以向 B 借钱。第二次向谁借钱成功的概率会更高呢？答案是继续向 A 借钱的成功概率更高，其原因正是 A 的付出效应。

政企营销人员可以利用付出效应，在一些小事上请求客户采购关键人员为自己提供力所能及、难度不大的帮助，从而提高与对方的亲密度。

提高亲密度的方法

政企营销人员除了利用像我效应、自我暴露效应和付出效应等方法提高与政企客户采购关键人员的亲密度之外，还可以利用以下实用方法提高亲密度。

（1）提高自身的人际亲和力

政企营销人员自身的人际亲和力有助于提高亲密度。以下方面有助于提高政企营销人员的人际亲和力。

①外貌：整洁的仪容、得体的穿着、高颜值等。

②才能：专业能力、独到的见识等。

③人格品质：诚实、谦逊、主动热情、守信重诺等。

④熟悉性：必要的拜访频次。

⑤个性：双方性格方面的相似性和互补性等。

（2）适应对方性格特质的沟通风格

采用适应对方性格特质的沟通风格也有助于提高亲密度。人格心理学中对个体的心理特质有多种分类方法，营销领域中使用比较多的是"控制—关系"四分法，如图 5-4 所示。

强关系

随和型（鸽子）　　　　　　　表现型（孔雀）

　　　　　　　　　　　　喜爱表现、情绪冲动、
行为谨慎、规避风险、　　注重关系、对人友善
顺从迁就、易于合作

弱控制 ←————————————————————→ 强控制

分析型（猫头鹰）　　　　　　主观型（老鹰）

理性自律、举止谨慎、　　争强好胜、行为果断、
做事认真、独立思考　　　甘冒风险、发号施令

弱关系

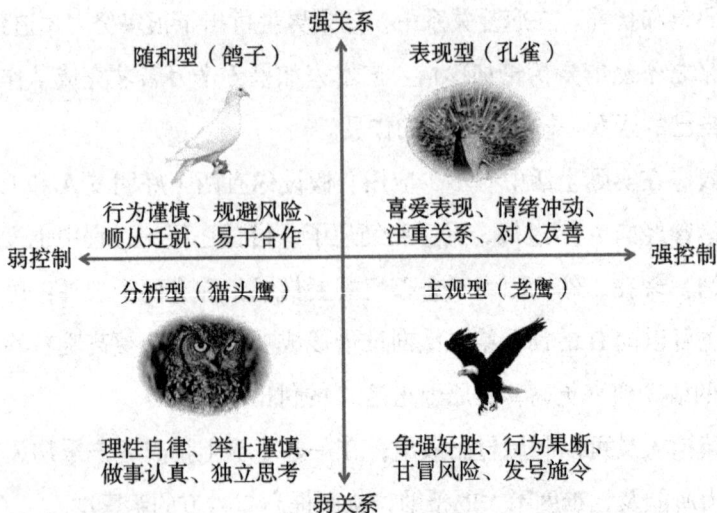

图 5-4　基于"控制—关系"的性格特质四分法

根据人们在人际交往中对控制权和关系重视的强弱，个体的性格特质可以分为以下 4 种。

①表现型：强控制—强关系

既重视控制权，又重视双方的关系；性格特点是喜爱表现、情绪冲动、注重关系、对人友善；形象代表是孔雀。

②随和型：弱控制—强关系

重视双方的关系，但不重视控制权；性格特点是行为谨慎、规避风险、顺从迁就、易于合作；形象代表是鸽子。

③分析型：弱控制—弱关系

既不重视控制权，也不重视双方的关系；性格特点是理性自律、举止谨慎、做事认真、独立思考；形象代表是猫头鹰。

④主观型：强控制—弱关系

重视控制权，但不重视双方的关系；性格特点是争强好胜、行为果断、甘冒风险、喜欢发号施令；形象代表是老鹰。

政企营销人员要善于观察、分析客户采购关键人员是哪种性格特质，并采取适应对方性格特质的沟通方式，如表 5-3 所示。

表 5-3 不同性格特质客户的沟通风格与应对方法

客户沟通风格	表现型	随和型	主观型	分析型
沟通及决策风格	热情，爱表现，说话快，看重关系，会仿效别人进行决策	脾气好，话不多，说话慢，喜欢倾听，决策迟缓，喜欢深思熟虑	强势，想控制，主导欲强，看重目标就不想浪费时间，决策果断，力求实用，对权威、声望、地位感兴趣	冷漠，理智，思考缜密，怕做错误的决定，信息齐全方才定夺
心理需求分析	需要对方认同，渴望被关注	按部就班，感性、信任他人，求稳	向往第一、领导别人、时间第一	守旧、力求准确
性格克星	鸽子（倾听＋给予信心）	老鹰＋猫头鹰	猫头鹰（会建立信任感）	孔雀＋老鹰（高度敏感）
介绍与答疑技巧	让对方多说话，倾听，给予信心、蓝图，适当夸大炫耀	说痛点、场景、应用，慢慢磨对方、耐心介绍、注重细节、不夸大	同理心、赞美、专业、直截了当、利益、蓝图	适度赞美、专业、细致、数据、强调稀缺性
促单成交技巧	多称赞，多建议，利用假设成交法	帮对方做决定，假设成交法	征求意见，让对方做主	引导客户、事实说话、理性说服

（3）适度的赞美

人际关系亲密度具有相互性。对于喜欢自己的人，人们也会报之以喜欢对方。为了获得政企客户采购关键人员的喜欢，政企营销人员可先喜欢对方，并表达出来让客户感觉到。最简单且常用的表达喜欢对方的方法是赏识和赞美对方。由衷的赏识和赞美，既表达内心流露出的喜爱之情，又能够满足对方的自恋情结，对于提高双方的人际关系亲密度可以起到更好的效果。

政企营销人员需要掌握适度赞美的技巧，例如：

①真正发自内心地认同、肯定、欣赏对方，避免虚情假意的赞美；

②从真实具体的细节部分、对方引以为豪的部分、常人难以发现的角度赞美对方，要避免浮夸、空泛、人云亦云的赞美；

③随时随地、见缝插针地赞美；

④赞美缺点中的优点往往效果不错；

⑤赞美要注意适度。

（4）与对方情绪保持同步

如果说信任度来自于理智，那么亲密度就来自于情绪。是否信任某人，是理智分析的结果；但是否喜欢某人，却是情绪共鸣的结果。

情绪共鸣的技巧在心理学中称为"共情"。人们希望用理智说服他人，也希望用情绪感染他人。在人际交往中，当与对方情绪同步时，其实就是在告诉对方"你的情绪已经感染我了，我对你的心情感同身受"。这种深刻的情绪共鸣会让对方产生自己人的感觉，从而大大拉近双方的心理距离。

在沟通中，利用共情能力保持与客户的情绪同步，积极地呼应对方的情绪，让对方感受到双方情绪的相通和共鸣，是提升人际亲密度的有效方法。

（5）善用沟通技巧和身体语言

有意识地利用沟通技巧和身体语言，也有助于提升双方的人际亲密度。

①利用交往距离：人际交往中存在一个心理安全距离。公众距离（公共场合或陌生人之间）为3~5米，社交距离（一般朋友之间）为1.2~3米，私人距离（好朋友之间）为0.5~1.2米，亲密距离（夫妻、恋人、亲子之间）为0~0.5米。为了提高人际亲密度，政企营销人员可以有意尝试进入0.5~1.2米的距离，给对方造成"好朋友"的错觉，但注意不要轻易进入0.5米以内的距离，因为进入这个距离往往会被视为冒犯。

②利用沟通顺序：先微笑，后开口。

③利用身体姿势：注意站姿、坐姿。

④利用头部姿势：专注，眼神交流，点头。

⑤利用面部表情：自然，微笑。

⑥注意事项：手势要少（面对面沟通中手势过多、过大，容易使对方产生被压迫感），声音高低正常、语气自然（过高的音量也会使对方产生被压迫感）。

⑦最重要的一点：像老朋友那么自然。

客情关系既是政企营销起步的门槛，又是最终赢得合同订单的必要条件。政企营销人员需要综合使用以上工具、模型、方法和技巧，在正式拜访客户之前就与客户采购关键人员建立初步信任的客情关系，并依据客情关系水平选择商机挖掘拜访的最佳突破口。在后续的销售推进过程中，政企营销人员需要继续使用上述工具、模型、方法和技巧等，持续地提升政企客情关系水平，为最终赢得合同订单奠定坚实的基础。

| 第 6 章 |

洞察客户

洞察客户是新七步成诗法的第三阶段。本阶段的目标是深入研究政企客户的潜在需求，成功标志是完成了关键拜访话术设计，其关键任务包括以下内容：

（1）穷举并仔细辨识政企客户的痛点；

（2）针对政企客户的痛点匹配产品/服务/方案；

（3）穷举并仔细辨识政企客户的价值点；

（4）仔细考察产品的独特优点，提炼独特创见；

（5）设计关键拜访话术。

6.1 穷举并仔细辨识客户痛点

洞察客户的第1个任务是通过对政企客户痛点的洞察分析，整理出相对完整、准确、清晰的目标客户痛点清单。

6.1.1 痛点的微妙特征与应对之道

政企营销的第一法则是痛点法则，即没有痛点就没有销售。但是，政企客户的痛点又非常微妙。从客户的角度讲，痛点往往有以下三个特征。

（1）政企客户可能自己都不知道有哪些痛点。"不识庐山真面目，只缘身在此山中"，见怪不怪，习以为常了；即使看到了，可能也不会觉得是痛点。

（2）政企客户虽然知道有痛点，但不会告诉营销人员。因为政企客户的痛点往往是负面的内容，可能是工作没做好遗留的不良后果，也可能是个人能力缺失导致的漏洞。如果这些内容被其他人知道，很有可能对自己以后的职业发展带来不利的影响。例如，可能成为职场竞争者攻击自己的把柄，也可能成为上级领导不再提拔自己的借口。总之，这些负面的内容是要藏起来的，当然不会主动告诉他人。

（3）营销人员也不能直接告知或直接询问政企客户的痛点。当面指出或询问客户的痛点，很容易引发客户内心的反感和抵触。

为了有效应对客户痛点的以上微妙特征，政企营销人员可采取以下两种应对策略。

（1）在拜访之前全方位揣摩客户痛点。既然政企客户不会主动告知痛点，政企营销人员也不能直接向客户询问，那就只有在拜访客户之前全方位、深入地研究政企客户，全面揣摩客户可能存在的各种痛点。这正是本章要着重介绍的内容之一。

（2）在拜访客户时巧妙地验证客户痛点。只有真实存在的痛点，才有可能变成商机。政企营销人员自己揣摩的客户痛点不一定是客户真实存在的痛点，还需要经过客户的认可。但是，因为政企客户采购关键人员面子的原因，不能直接告知或询问客户，政企营销人员需要使用话术技巧委婉地进行验证。本章介绍如何为委婉验证客户痛点设计话术，第 7 章则介绍如何通过使用这些话术达到验证痛点的目的。

6.1.2　全面洞察政企客户的痛点

从痛点的产生动因和来源寻找痛点

推动政企客户产生痛点的动因有以下 4 个。

（1）法律政策

法律政策具有强制性，其变化是政企客户产生痛点的首位动因。法律政策变化产生的痛点体现在两个方面：一方面，如果原来正常的做法，现在被法律政策禁止了，政企客户就需要寻找新的方法和途径以规避法律政策的限制，这就产生了痛点；另一方面，如果原来没有做到的事情，现在法律政策要求必须做到，政企客户也需要寻找新的方法和途径以满足法律政策的要求，这也会产生痛点。

（2）市场竞争

市场竞争形势的变化是企业客户产生痛点的重要动因。企业客户需要赢得市场竞争，才能生存和发展。所以，一旦市场竞争形势发生不利于企业的变化，企业就需要立即采取应对措施。企业寻找应对市场竞争变化的方法和途径就是痛点。

（3）自身发展

每个政企客户都会制定本单位的发展战略。为了实现战略规划的内容，政企客户必然要主动寻找新的方法和途径，这就会产生痛点。

（4）技术进步

在现代社会中，推动社会发展的最重要因素是技术进步。技术进步会导致人们的消费方式和消费偏好发生变化，产生新的更高效率或更低成本的生产方式，也必然会推动政企客户采用新方法和新措施，这也会产生痛点。

政企客户的痛点来源是多方面的，这导致同一个政企客户单位内部往往同时并存着多个痛点。痛点对政企客户主营业务的影响程度称为痛点强度（疼痛度），不同的痛点产生的强度是不同的。对于强度大的痛点，政企客户往往不得不着手解决，这时痛点就会转化为商机。而对于强度小的痛点，如果解决痛点的代价（费用及机会成本等）大于痛点的影响，那么政企客户则可能会采取忍耐、拖延等策略，这时痛点就不会转化为商机。

所以，政企营销人员需要全面地洞察政企客户可能存在的各种潜在痛点（即穷举客户痛点），评估这些痛点的强度，按照痛点强度进行排序，并优先从强度大的痛点入手去寻找商机挖掘的突破口。

从痛点的藏身之处寻找痛点

政企营销人员知道了痛点的来源，还需要知道痛点藏在哪里，才能更全面地揣摩政企客户的痛点。一般来说，政企客户的痛点往往藏在以下 3 个地方。

（1）目标

目标是痛点的第一个藏身之处。有目标而不能实现（包括自发的渴望目标和外加的考核目标），就是痛点。在分析客户痛点时，政企营销人员需要重点分析政企客户单位的业务目标和考核指标。

（2）流程

目标的实现需要流程，主营业务流程中如果出现了不顺畅的环节、效果达不到要求的环节、效率太低的环节、成本太高的环节等就是痛点。政企营销人员在分析客户痛点时，同样需要重点分析政企客户单位的主营业务流程。

（3）条件

目标的实现还需要条件。条件不具备叫作困境，也属于痛点。政企营销人员在分析客户的痛点时，需要围绕客户的目标罗列客户为实现这些目标需要具备的各种条件，然后与客户的现实对照，现实情况中客户还不具备的条件就是痛点所在。

在痛点的3个藏身之地中，目标和条件往往因单位而异、因人而异，但流程往往具有共性。通过考察流程分析痛点，就成为洞察政企客户痛点的有效方法。党政机关等政务单位有4种关键流程：业务流程、服务流程、管理流程和信息化流程。企业客户单位有6种关键流程：生产流程、营销流程、业务流程、服务流程、管理流程和信息化流程。

政企营销人员通过分析政企客户的目标、流程、条件洞察客户痛点时，需要具有良好的换位思考能力。因为痛点往往是隐藏在客户单位内部的、冰山水面以下的负面内容，如果只是从外围观察往往无法洞察痛点。这就需要政企营销人员把自己当作政企单位拟拜访的人员，设身处地，换位思考，完全深入政企客户采购关键人员的内心，感受他的悲喜哀乐，体会他的渴望与无奈，才能够真正洞察高价值的客户痛点。

政企营销人员在寻找政企客户的痛点时还要注意，客户的痛点会随着时间和客户处境的变化而变化。最有效的痛点是客户当下的痛点，只有当下的痛点才感受最深切。

【案例6-1】

我曾经在一次政企营销训战课程中陪同客户经理拜访一位大型民营幼儿园的园长，谈了一个小时左右，挖出了六七项需求。院长还希望其中几项业务能尽快办理使用。当天夕会复盘时，客户经理说3个月前他也曾拜访过这位园长，推荐的是差不多同样的业务，但没有达成合作意向，今天老师谈的效果这么好，是不是有什么秘诀？原来，3个月前客户经理去拜访园长时，幼儿园还在装修，没有开张，园长当时的痛点在于加快装修，赶在9月开学之前开张招生。这次拜访园长时，该幼儿园已经开张一个多月了，但几千平方米的校舍、几百万元的投资只招到8名儿童。这时园长才意识到招生是个大问题，而我们推荐的几项业务都能够帮助园长提高招生效果，于是与园长一拍即合，顺利地达成了多项合作意向。时隔3个月的前后两次拜访，效果大为不同，其主要原因是园长的处境发生了变化，园长对痛点的感受也随之不同：3个月前还不是痛点的招生工作，在3个月后却成了园长最大的痛点。

6.1.3 政务客户痛点挖掘方法与排序规律

政务客户痛点挖掘路线图

用流程分析法分析政务客户的痛点时，可以参考政务客户痛点挖掘路线图，如图6-1所示。

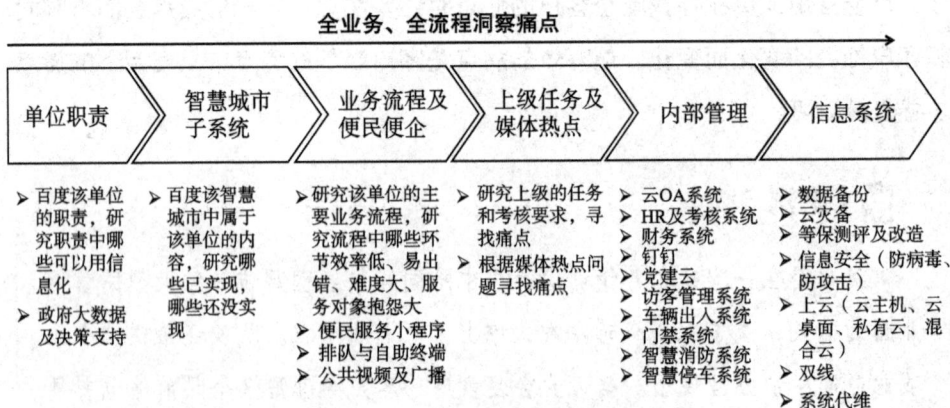

全业务、全流程洞察痛点

单位职责	智慧城市子系统	业务流程及便民便企	上级任务及媒体热点	内部管理	信息系统
➢ 百度该单位的职责，研究职责中哪些可以用信息化 ➢ 政府大数据及决策支持	➢ 百度该智慧城市中属于该单位的内容，研究哪些已实现，哪些还没实现	➢ 研究该单位的主要业务流程，研究流程中哪些环节效率低、易出错、难度大、服务对象抱怨大 ➢ 便民服务小程序 ➢ 排队与自助终端 ➢ 公共视频及广播	➢ 研究上级的任务和考核要求，寻找痛点 ➢ 根据媒体热点问题寻找痛点	➢ 云OA系统 ➢ HR及考核系统 ➢ 财务系统 ➢ 钉钉 ➢ 党建云 ➢ 访客管理系统 ➢ 车辆出入系统 ➢ 门禁系统 ➢ 智慧消防系统 ➢ 智慧停车系统	➢ 数据备份 ➢ 云灾备 ➢ 等保测评及改造 ➢ 信息安全（防病毒、防攻击） ➢ 上云（云主机、云桌面、私有云、混合云） ➢ 双线 ➢ 系统代维

图6-1 政务客户痛点挖掘路线图

（1）单位职责

对于政务单位来说，履职尽责是其天职。如果失职，单位领导就有可能被问责。政务客户的痛点主要是由本单位的行政职责引发的。

政企营销人员在拜访任何政务客户之前，最重要一点就是要弄清楚该单位的行政职责。政企营销人员通过研究该单位的行政职责中有哪些内容需要进行信息化、数字化改造，往往就能发现该客户的痛点。

政企营销人员在研究政务客户的行政职责时，不要忘记其还有对某个行业进行行政监管的职责。行业监管职责的数字化转型，就是数字政府中的"互联网＋监管""一网统管"等要求，需要建立行业大数据系统（即行业大脑）。例如，卫健委需要对各类医疗机构进行监管，就需要建立"医卫健康大脑"；教育局需要对各类学校、培训机构进行监管，就需要建立"区域教育大脑"；环保局需要对各类企业的排污情况进行监管，就需要建立"环保大数据系统"。如果拟拜访政务客户还没有这样的"互联网＋监管"系统，这就是一个重要的痛点。

（2）智慧城市子系统

对于政务系统来说，智慧城市是个筐，什么都可以往里装。每个政务单位在智慧城市中都有一个对应模块，一般称为"智慧××系统"。例如，交通局的智慧交通系统，城管局的智慧城管系统，环卫局的智慧环卫系统，住建局的智慧住建系统，文旅局的智慧旅游系统，应急管理局的智慧应急系统……智慧城市就是这些子系统的整合，这些子系统可以由市政府、区县政府牵头统建，也可以由各单位自己负责建设。

政企营销人员在挖掘政务客户的痛点时，可以把该单位的行政职责落到智慧城市系统中，查询该单位是否建设了相应的智慧系统、建设到了什么水平、是否需要扩容升级，从中挖掘客户的痛点。

（3）业务流程与便民便企

政务单位的行政职责除了落到智慧城市的筐，还可以落到业务流程的筐。任何政务单位要履职，都需要展开业务流程。政企营销人员需要仔细地研究政务客户的业务流程中哪些环节效率低、易出错、难度大、风险高、抱怨多，有这些问题的流程环节就是痛点所在。

【案例 6-2】

我曾经在一次政企营销训战课程中陪同客户经理拜访当地的医保局，医保局的工作人员向我讲述了他们的业务流程中的一个痛点。当地医保局刚刚成立，信息化水平比较初级；医保局有个职责是异地就医审核，当病人因重病需要到外地大城市就医时，病人家属将病历资料送到医保局，医保局工作人员审批后用办公电话或手机通知病人家属是否批准异地就医。医保局工作人员担心，如果没有同意病人异地就医，而不巧该病人又病情恶化甚至死亡，病人家属就有迁怒甚至报复医保局工作人员的风险，这个风险点就是一个重要的痛点。

对于政务单位，除了考察其业务流程来发掘痛点之外，政企营销人员还可以考察其便民便企服务方面的工作来寻找痛点。政府的管理行为与服务行为往往无法完全区分，政府部门在履行行业监管职责的过程中也需要向企业、居民提供优良的服务。随着服务型政府的建设，各级政府对于提高便民便企服务水平也越来越重视。这方面的内容就是数字政府建设中的"互联网+政务服务""数据跑，百姓不跑""一网统办"等，是各级政府的一类重要考核指标。"互联网+政务服务"也是一个整合系统，其 App 或小程序只是一个功能链接界面，每个链接背后的功能实现可以由市政府、区县政府牵头统建，也可以由各个单位自己负责建设。政企营销人员可以研究该政务客户行政职责中有哪些服务居民、服务企业的内容，研究这些服务是否实现了"互联网+政务服务"；如果还没做到，就是一个重要的痛点。同时，政企营销人员还可以仔细考察政务单位的服务前台、接待大厅，看是否有合适的自助系统、排队系统、视频监控系统、广播通知系统；如果没有，也是重要的痛点。

（4）上级任务及媒体热点

对于政务客户来说，按时、优质完成上级布置的任务往往是最重要的工作事项。政企营销人员可以从政务客户的上级部门布置的最新的重点任务出发，研究该政务客户在完成上级任务时是否有困难障碍、是否缺乏必要的设施设备、收集的数据是否齐全、是否耗人耗时耗力、任务落实过程中是否有难点……如果存在这些情况，就可能存在痛点。

另外，外地发生的社会事件、外地媒体曝光的行业问题，本地政府部门往往会未雨绸缪、引以为戒，所以也是挖掘痛点的良机。例如，有一年夏天，南方某地的一辆公交车在行驶中掉进了路边的水库，引发其他省份纷纷建设智慧公交系统。政企营销人员对媒体曝光的社会事件或行业问题要有职业敏感度，分析社会事件或行业问题背后的行政主管部门或责任单位，有的放矢地登门拜访，往往能挖掘有价值的商机。

（5）内部管理

政企营销人员还可以从政务单位的内部管理入手，挖掘客户的痛点。每个政务单位都有人、财、物、设备、车辆、房屋等需要管理，会存在不少潜在的痛点。

人员管理方面的痛点：无纸化办公（OA）、考勤管理、人力资源管理、绩效考核、智慧党建、钉钉/企业微信、视频会议、信息化防疫系统、访客管理系统等。

财务管理方面的痛点：财务管理系统、报账系统、薪酬税务管理、印章管理系统、集中采购系统/内部商城等。

设备、物资、楼宇管理等方面的痛点：资产管理系统、物资仓储管理系统、门禁系统、智慧安防系统、智慧电梯系统、智慧消防系统、智慧照明与综合能源管理、智慧供热等。

📋【案例 6-3】

南方某县新上任一位县委书记。这位县委书记到任后听群众反映不少党政机关的工作作风散漫，群众到党政机关办事经常吃"闭门羹"，于是决定先从转变党政机关的工作作风抓起。当地电信运营商向县委书记推荐了使用钉钉进行上下班打卡的信息化考勤方案。县委书记采纳了该方案，并委托当地电信运营商向全县党政机关提供钉钉第三方服务，按照全县党政机关工作人员总数每人每月5元的标准向当地电信运营商支付服务费用。后期该电信运营商又利用钉钉的API接口为县委县政府开发了多项数字化应用系统。

（6）信息系统

即使以上5个方面都没能挖掘到有价值的痛点，还有最后一个方面——信息系统可以利用。政务单位经过这些年的信息化建设，从电子政务到数字政府，往往已有多项信息系统投入运行。这些信息系统的建设、运行和保障可能存在以下几个方面的痛点。

①上云的痛点

随着原有信息系统的升级、扩容，可能会发生现有机房资源、服务器资源、存储资源等不够用的情况，就会产生上云的需求，包括云主机、云存储、云桌面、多云管理等。电信运营商可以利用自身在政务云市场的优势来争取政务客户的云服务合同。

②安全的痛点

随着数字化应用广泛普及，越来越多的政务应用系统接入互联网，信息安全的形势也越来越严峻，政务客户的信息安全需求已经成为刚需，包括等保2.0评审及改造、防火墙、堡垒机、上网行为管理、安全态势感知、恶意流量清洗、安全专线、云备份、云灾备、零信任系统部署等。由于信息安全与网络安全往往关联度很高，电信运营商在为政务客户提供安全服务方面也具有独特的优势。

③网络的痛点

IT行业有个定律：不管多快的主机一定会被应用程序占满，不管多宽的网络也一定会被流量塞满；只要有系统、有网络，使用者就一定会觉得是慢的。政务客户的内网可能需要高品质的电路或专线互联，政务客户外网的互联网专线也可能需要升级、提速、备份等。

④运维的痛点

随着 OICT 系统的日益融合，数字化系统的技术越来越复杂，越来越多的政务客户将数字化系统的运维服务外包给第三方，电信运营商可以利用自身的技术优势和本地化服务优势争取运维外包方面的业务。

政务客户痛点排序规律

（1）党政机关类政务客户的痛点强度排序规律

党政机关虽有自身职责，但没有刚性的业务类型和业务量。因此，党政机关的痛点强度排序往往以上级要求为中心，其排序的参考规律如下（从强到弱排列）：

- 上级要求、任务、考核、验收等；
- 政绩亮点；
- 社会治安、维稳；
- 安全生产、灾害预防、紧急动员；
- 信息安全；
- 政治宣传、政治学习；
- 经济发展；
- 民生工程、市民满意等。

（2）事业单位类政务客户的痛点强度排序规律

与党政机关不同，事业单位往往有刚性的业务类型和业务量。例如，医院的刚性业务是门诊和住院，学校的刚性业务是招生和教学，法院的刚性业务是审判，监狱的刚性业务是犯人改造等。因此，事业单位类政务客户的痛点强度排序一般以业务流程为中心，其排序的参考规律如下（以医院和学校为例，从强到弱排列）：

- 评级（学校：升重点；医院：评二甲、三甲）；
- 引流（学校：招生；医院：挂号）；

- 安全（学校：学生安全；医院：医闹、医疗事故）、消防；
- 流程信息化（学校：教学；医院：门诊、住院）；
- 资料信息化（学校：课件、题库；医院：病历、医嘱）；
- 内部管理：门禁、停车；
- IT 系统可靠等。

6.1.4 企业客户痛点挖掘方法与排序规律

企业客户痛点挖掘路线图

用流程分析法分析企业客户的痛点时，可以参考企业客户痛点挖掘路线图，如图 6-2 所示。

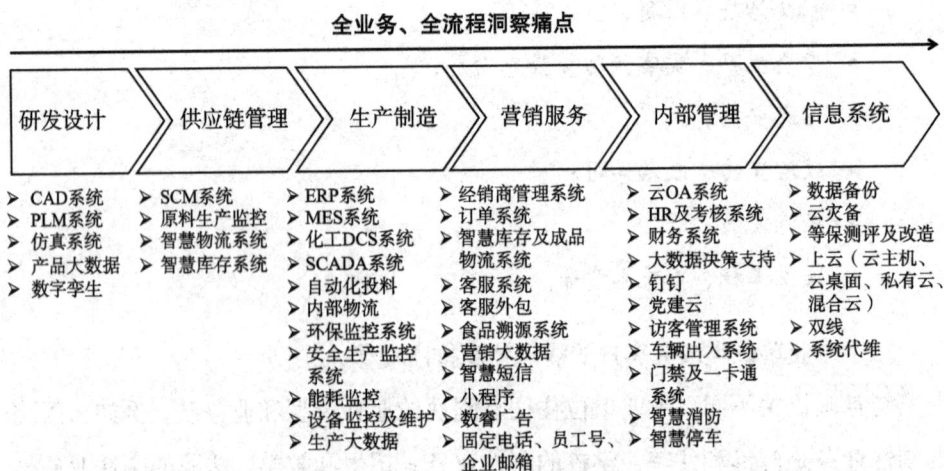

图 6-2 企业客户痛点挖掘路线图

（1）研发设计

企业客户的关键流程是从研发设计环节开始的。大型企业一般都有自己的研发机构，中小型企业往往也有自己的设计部门。

研发设计领域的痛点一般集中在数字化设计领域：计算机辅助设计

（CAD）系统、基于模型的设计（MBD）、计算机辅助工艺设计（CAPP）系统、产品生命周期管理（PLM）系统、仿真系统、产品大数据系统、数字孪生系统等。数字化研发设计系统往往需要配置高档 GPU 云主机、高速对象云存储、高速互联网专线等云服务需求和互联网专线需求。

（2）供应链管理

工业制造企业在产品研发设计完成后就进入了第二个关键流程——供应链管理。这个环节对于企业客户特别重要，也是客户痛点的高发区。

工业制造企业的运营管理受 3 个关键指标——质量、成本、交货期的约束，简称"QCD 约束"。但是，质量、成本、交货期经常是互相矛盾的。高质量与低成本是互相矛盾的，低成本与短交货期也是互相矛盾的。要降低成本，就要实行严格的"零库存生产模式"，但"零库存生产模式"又会导致交货期变长。缩短交货期的最好方法是提前制造、自行制造，但提前制造、自行制造也必然导致成本提高。工业制造企业的很多痛点就来自于质量、成本、交货期这 3 个指标既要求优化又要求平衡的运营需求。

供应链管理环节的痛点就来自于"成本 vs 交货期""优化＋平衡"的需求。解决供应链管理环节的数字化工具主要有工业互联网平台、供应链管理（SCM）系统、智慧物流系统、仓储管理系统（WMS）等。有些企业对原材料品质的要求很高，还需要监管上游供应商的原料生产、储运过程。例如，奶粉和液态奶厂家对奶牛饲养户的生产监管，葡萄酒厂对葡萄种植园的生产监管。如果企业的零部件和原材料中有危化品、易燃易爆品，其运输和仓储过程还需要受交通局和应急管理局的监管。

（3）生产制造

工业制造企业的第三个关键流程环节是生产制造，这个环节的痛点特别多，数字化的需求也非常密集。

根据生产制造环节的工艺特点，工业制造企业可以分为两类。一类是离散型制造业，其特点是最终产品由多个零部件装配而成，各个零部件在最终产品装配之前可以分别进行制造。机械、造船、汽车、电力设备、家电、消费电子、家具、服饰鞋帽等行业属于离散型制造业。另一类是流程型制造业，其特点即最终产品不是由多个零部件组装而成，而是由原材料经过一系列的物理加工或化学加工而成，生产制造过程表现为原材料在各个加工环节的持续流动。化工、石化、制药、食品、烟酒饮料、电力、冶金等行业属于流程型制造业。

①离散型制造业在生产制造环节的关键痛点是保障最终产品的装配计划，数字化应用重点是 ERP+MES。

离散型制造业的产品如果不能按期装配就保证不了订单交货期。为了保证按期装配、按期交货，企业就要依据客户订单中的产品品种、数量、交货期要求，使用 ERP 系统中物料需求计划（MRP）模块对订单进行拆解，再结合 WMS 中的存货数据编制自制零部件的制造计划、外购零部件的采购计划和原材料采购计划。在开始生产制造之前，需要使用 MES 系统中高级计划排程（APS）模块对 ERP 系统生成的工厂级生产计划与车间的生产能力进行匹配，进一步细化为车间、产线、工位等更细的排产计划；在生产制造过程中，需要利用 MES 系统的数据采集模块采集设备、夹具工具、在制品、操作工人、工时、能耗等生产过程数据，以监控设备运行状况、生产过程状况、产品加工进度等，并进行加工成本核算、人员绩效管理等。

②流程型制造业在生产制造环节的关键痛点是保障生产系统和生产过程的安全可控，数字化应用重点是 SCADA+DCS。

流程型制造业的产品种类少、批量大。一次投料产出整个批次的产品，生产计划的调整通过改变投料种类和数量来完成。在流程型制造企业中，ERP系统主要用于企业的人、财、物核算管理，MRP 模块的作用不大。但是，流程型制造业的生产系统往往高温、高压、可燃或易爆等，生产过程中的安全风险比较大，SCADA 和 DCS 都是用于监控生产设备、生产过程状况的控制系统。DCS 一般是车间级的，控制范围小、自动化程度高；SCADA 控制范围更广泛，如石油管道、供热管道等，同时 SCADA 系统人工调度的权限更大。

③无论是离散型制造业的 MES 系统，还是流程型制造业的 SCADA 系统和 DCS 系统，都需要与底层设备级的 PLC 对接。

PLC 用于直接控制设备的运转，并从设备中读取状态数据。MES 系统、SCADA 系统、DCS 系统等通过各种工业现场总线协议、OPC UA 协议等进行通信，通信介质是光纤、网线、Wi-Fi 等。5G + 工业互联网在智慧工厂中的应用就工作在 MES 系统、SCADA 系统、DCS 系统与 PLC 对接这一层，5G 的作用是取代工厂车间原来的光纤、网线、Wi-Fi 等通信介质，工业互联网的作用是采用 TSN+OPC UA 取代原来的各种工业现场总线协议。如果底层设备没有 PLC 或自带 PLC 无法对接，还可以通过外加传感器或效应器的方法与 MES 系统、SCADA 系统、DCS 系统等对接。

④厂区内物流是离散型制造业在生产制造环节的重要痛点。

厂区内物流的要求是必须在正确的时间，把正确类型、正确数量的物料送到正确的位置，既要保证不能因为工位缺料而停工，又要保证不能因为工位物料过多而导致在制品积压。工业制造企业厂区内往往部署了很多种类的物流载具，如大型的天车、吊车、自动输送带、悬挂式运输带、轨道运输车、分拣线，以及各种叉车、自动导引运输车 (AGV)、堆垛机、升降机等。这些种类繁多的厂区内物流载具的调度管理是工厂生产制造过程中的一个重要痛点。由于各种物流载具和物料都处在不断的运动中，无法用有线方式连接，5G 网络的高可靠、低时延的特征就非常适合厂区内物流的场景。

📋 【案例 6-4】

我在一次政企训战课程中陪同政企客户经理拜访一家大型机械制造企业，针对厂区内物流的痛点挖掘了用"5G + 双目摄像头 + MEC"的技术方案，实现无人叉车的数字化需求。

⑤质量检验往往是高技术制造业在生产制造环节的重要痛点。

在半导体、精细化工、精密制造等行业中，良品率往往是企业生产水平的一个关键指标。不少企业还在采用人工肉眼观测的方法检验产品的质量，耗费人力，检验效果也差强人意。"5G＋工业高清相机＋人工智能"的机器视觉质量检验方案可以解决企业质检环节的痛点。

【案例6-5】

我在一次政企训战课程中，同一天时间在两个不同行业的企业客户中都挖掘了应用5G机器视觉进行产品质检的商机。第一家是生产功率半导体的企业，需要对切割后的晶元进行全部质检，合格品才能进入下一个工序进行电路蚀刻。当前采用的方法是工人用显微镜进行肉眼观测。该工位使用工人数量超过120人，工人常常因为视觉疲劳发生漏检现象。第二家是生产隐形眼镜的企业，在成品包装之前需要对产品进行全部检验。采用的方法也是工人用放大镜进行肉眼观测。该工位使用工人数量超过80人，工人也常常因为视觉疲劳而要求休息。两家企业在质量检验环节都存在相似痛点：使用工人数量多（意味着人工成本高）、人工肉眼检验存在视觉疲劳现象、检验效果不佳等。两家企业对我建议的"5G＋工业高清相机＋人工智能"的机器视觉质量检验方案都产生了浓厚的兴趣。

⑥安全生产是工业制造企业贯穿业务全过程的重要痛点，在生产制造环节也不例外。

安全生产是全方位的，包括生产设施设备安全、生产过程安全、物料运输及储存安全、生产加工人员安全、环境安全、消防安全、厂区周界安全等。生产设施设备安全、生产过程安全等主要通过MES系统、DCS系统、SCADA系统，以及外加传感器对生产设施设备、生产过程指标监控等实现。物料运输及储存安全依靠智慧物流系统的视频监控、物流贴片、车辆定位等实现。生产加工人员的违规操作、违规离岗也是导致安全生产事故的重要原因，重要岗位人员需要进行视频监控。矿山、化工、电厂、建筑等高危行业往往需要进行生产人员定位。在环境安全方面，矿山需要检测坑道空气中的瓦斯含量，化工、石化等企业需要检测气体泄漏，建筑工地需要检测扬尘和噪音。还有消防安全、周界安防、重点区域门禁系统等都是非常重要的数字化需求。

⑦关键设备远程监控、无人驾驶、远程操作、预测性维护等是很多工业制造企业的重要痛点。例如，处于恶劣环境的设备远程监控，矿山卡车、港口集装箱卡车无人驾驶，矿山井下采掘机器、水利工程大型机械、运输天车吊车的远程操作及重点设备的预测性维修等。

⑧工业制造企业在生产制造环节的痛点还包括厂区环境监测（排气检测、排水排污检测、固体废物检测、危险废物检测、厂区大气监测等）、能耗低碳监测（关键用电设备过流过压监测、总体能耗监测、储能设备状态监测等）、生产大数据采集分析与应用等。

（4）营销服务

营销服务是所有企业的头等大事。一家企业可以没有研发设计，也可以没有生产制造，但不能没有营销服务。每家企业都必须做好营销服务工作，营销成功与否直接决定了企业的成败。所以，营销服务环节的痛点，其强度往往比较高，容易转化为数字化业务需求，是政企营销人员挖掘商机线索时不可忽视的领域。

企业客户在营销服务环节的主要痛点包括以下方面。

①销售管理系统，包括经销商管理系统、订单接收及管理系统、B2B营销商机管理系统，以及淘宝京东电商网店、跨境电商、微信私域电商、抖音快手直播电商等管理系统。

②市场宣传，包括传统媒介宣传、网络宣传、微信抖音等社交媒体宣传。

③销售推广，包括公司固定电话、400电话、企业邮箱，以及销售人员的手机号码、微信号、抖音号等。

④货品仓储及物流系统，仓储运输成本、货品按时到达率、货品运输损耗率（损坏、变质等）、货品运输短装率（运输丢失率）、反向物流（维修件、退换件从消费者到厂家的物流）是这个环节关注的痛点。

⑤客户服务系统，例如，接受用户咨询、安排故障维修、处理用户投诉

等事宜，很多企业会将这块业务外包给第三方企业，可以挖掘客服坐席外包（BPO）业务需求。

（5）内部管理

即使以上4个关键流程中都没发现企业客户的痛点，政企营销人员还可以聚焦企业客户的内部管理去寻找痛点。与政务客户相似，企业客户也有一定数量的人、财、物、设备、车辆、房屋等需要管理，也会产生相似的痛点和需求。具体内容可参考6.1.3节关于内部管理的讲述，此处不再重复。

（6）信息系统

企业客户的生产经营和日常运转也离不开各种信息系统，这些信息系统的建设、运行和保障也会存在不少痛点和需求。具体内容可参考6.1.3节关于信息系统的讲述，此处不再重复。

企业客户痛点排序规律

（1）生产制造类企业的痛点强度排序规律

生产制造类企业价值创造的关键流程集中在生产制造环节，其痛点强度排序以生产流程为中心，排序的参考规律如下（从强到弱排列）：

- 扩大市场、增加销售收入；
- 降低成本（材料、能耗、人工等）；
- 提高产品质量、降低废品率；
- 安全生产；
- 环保达标；
- 物资、仓库、物流（尤其是贵重材料、成品）；
- 员工管理、考勤、考核等。

（2）零售服务类企业的痛点强度排序规律

零售服务类企业价值创造的关键流程集中在营销服务环节，其痛点强度排序以营销效果为中心，排序的参考规律如下（从强到弱排列）：

- 业务宣传、引流；

- 提升营销活动效果；

- 年卡、次卡、储值卡销售；

- 老顾客营销、裂变营销；

- 增加服务渠道；

- 提升客户满意度；

- 进货及库存管理（尤其是食品生鲜）；

- 员工管理、考勤、考核等。

6.1.5　删掉不好的痛点

政企营销人员使用"政务客户痛点挖掘路线图"和"企业客户痛点挖掘路线图"对目标政企客户进行全面、深入的分析，尽可能地穷举该目标政企客户当前可能存在的所有痛点，并按照痛点强度对痛点进行排序，就可以得到目标政企客户的潜在痛点列表。接下来，政企营销人员还需要仔细推敲得到的潜在痛点列表，分析其中的每一个痛点是不是"好的痛点"，并果断删掉"不好的痛点"，只保留"好的痛点"进入后续步骤。

以下 3 类痛点属于"不好的痛点"，需要从目标政企客户潜在痛点列表中予以删除。

（1）伪痛点

分析洞察政企客户的痛点，只能使用换位思考、从客户角度出发的分析方法。如果没有换位思考，不是从客户的角度出发，而是从企业产品出发倒推出客户"应该"有 ×× 痛点，这种痛点就叫作伪痛点。伪痛点需要从潜在痛点清单中删除。

判断一个痛点是不是伪痛点的方法即反问自己："客户真的会有这个痛点吗？"政企营销人员可以这样反问自己，也可以问同事，最好的方法是询问目标政企客户的某位同行。

（2）非痛点

对于政企客户来说，解决痛点的意义是雪中送炭性质的。但如果解决痛点的意义对于政企客户来说是锦上添花性质的，那么这个痛点就是非痛点。非痛点在商机挖掘阶段不能推动政企客户产生需求，所以要从潜在痛点清单中划掉。

判断一个痛点是不是"非痛点"的方法，同样是反问自己："如果这个痛点不解决，客户会怎么样呢？"

（3）无用痛点

有利于挖掘商机、引发需求的痛点称为有用痛点，不利于挖掘商机、不能引发需求的痛点称为无用痛点。无用痛点也需要从潜在痛点清单中划掉。

一个痛点如果能满足以下 6 个条件中的 3 个及以上，基本可判定为有用痛点。如果满足的条件不足 3 个，就可能是无用痛点。

①该痛点与拟拜访对象的职责有关，并由其负责或部分负责。

②该痛点与拟拜访对象的个人利益密切相关。

③该痛点的解决会使拟拜访对象受到奖励或个人利益增加，或者该痛点不解决则会使其个人利益受到损害。

④该痛点是拟拜访对象制定采购决策或推动采购行为的主要动因。

⑤该痛点的解决方法不会使拟拜访对象产生更大的痛点。

⑥该痛点的解决是上级单位的某项明确任务，或者能让该政企客户的某个关键业绩指标得到明显的改善。

政企营销人员可以使用以上 6 个条件，逐一分析每个痛点的可用性。

【案例 6-6】

我曾经陪同学员拜访过两位信息中心主任。

一位是沿海某市政府信息中心 L 主任。L 主任管辖的部门每年的 IT 系统建设和维护费用超过 5000 万元，我建议 L 主任考虑将 IT 系统迁云，理由是 IT 系统迁云后每年的建设和维护费用可以至少降低一半。

L 主任与同来的客户经理关系很好，就半开玩笑、半认真地说："朱老师，照您这么做，我是不是傻了？我明明一年有 5000 多万元的经费可以用，我为什么要主动降到 2000 多万元？所以，我们不上云，因为上云不安全。"

在另一次陪访中，拜访对象是某大学的信息中心 D 主任。该信息中心的机房面积有上千平方米，专职维护人员有 40 多人。我也建议 D 主任将 IT 系统迁云，不过这次不说上云可以降低 IT 系统建设和维护费用，而是说上云可以大大减少维护人员，系统上云后只要 10 多名维护人员就够了。D 主任听完介绍后连连摇手说："大学不同于企业，不能随便辞退人员，这些维护人员减下来后又没有教学资质（他们是学校职工，不是教工），要是天天到我办公室和家里要工作，我可吃不消。所以，我们不上云，因为上云不安全。"

读者可以参照上面有用痛点的 6 个条件，分析这两次拜访中客户否认痛点的原因。

6.1.6　设计场景问题

政企营销人员通过对目标政企客户潜在痛点清单中每个痛点的分析、推敲，删掉伪痛点、非痛点和无用痛点之后，接下来还需要针对剩下的每一个好痛点设计 2 ~ 3 个场景问题。

场景问题是指政企客户的某个痛点在现实中表现出来的范围更小、更具体的问题点。痛点与场景问题的关系有两种：第一种是痛点分解，即场景问题是一个大痛点分解为若干个小痛点；第二种是痛点表现，即场景问题是一个深层痛点表现出来的一些症状，例如，把痛点比喻为感冒，那么发烧、鼻塞、流鼻涕、打喷嚏等症状就是场景问题。这两种场景问题的案例可参见图6-3和图6-4。

如何有效防疫？
- 员工测温及健康状况管理
- 来访人员测温及健康状况管理
- 公司各地疫情上报
- 公司各地办公生产场地及车辆消毒防控监控
- 防疫物资采购、管理、调拨、分配
- 公司防疫宣传、对外宣传
- 员工突发疫情应急处理

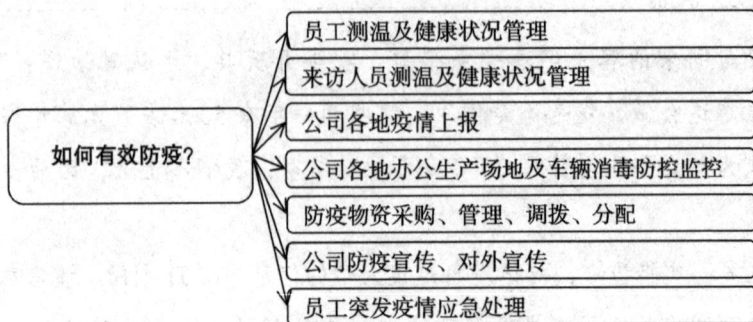

图 6-3 场景问题——痛点分解

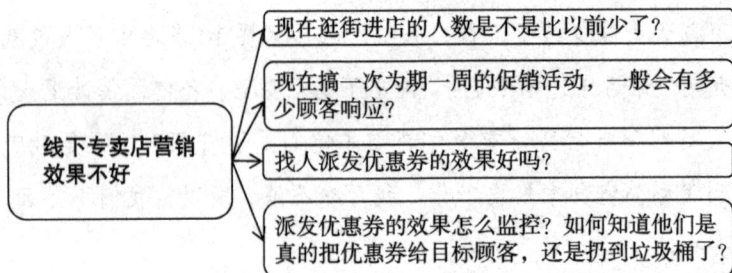

线下专卖店营销效果不好
- 现在逛街进店的人数是不是比以前少了？
- 现在搞一次为期一周的促销活动，一般会有多少顾客响应？
- 找人派发优惠券的效果好吗？
- 派发优惠券的效果怎么监控？如何知道他们是真的把优惠券给目标顾客，还是扔到垃圾桶了？

图 6-4 场景问题——痛点表现

6.2 匹配产品

本节要完成"洞察客户"的第 2 个任务：针对目标政企客户潜在痛点清单中的每一个痛点，全面、准确地预匹配公司的产品 / 服务 / 方案。

6.2.1 从客户到产品的 MPF 匹配

为客户痛点匹配产品 / 服务 / 方案，解决的是 MPF 匹配问题（从客户到产品的匹配）。虽然这与"获取线索"中 PMF 匹配问题（从产品到客户的匹配）目标一致，但两次思考的方向正好相反。两次相反方向的思考分析是非常有必要的，只有从不同的方向分析，最后殊途同归，才能使分析结果最大程度地逼近政企客户的真实情况。

要完成从客户到产品的匹配，中间的"桥梁"是政企客户的痛点。如果痛点太大或不够直观，政企营销人员还需要将痛点进一步分解为场景问题。目标政企客户的每个痛点匹配的公司产品 / 服务 / 方案要能够解决这个痛点。痛点与产品 / 服务 / 方案之间的关系不是一对一的关系，而是多对多的关系。一个痛点可能需要匹配多个产品 / 服务 / 方案才能解决，而一个产品 / 服务 / 方案也有可能会用于解决客户的多个痛点。

在进行 MPF 匹配时，要尽可能多地匹配公司的各种产品、服务和方案，既包括公司的数字化创新业务，也要包括传统的基础通信业务和增值服务。尽可能多地匹配公司的各种产品 / 服务 / 方案，好处有二：其一，如果客户不存在某个痛点或不喜欢某个产品，还有另外的产品可供选择；其二，这些预匹配的产品 / 服务 / 方案打包之后就是解决方案的雏形。这就要求政企营销人员要全面地了解公司的产品体系，方法是"获取线索"中的产品洞察六步法。

目前，电信运营商的政企市场产品体系大致可以分为八大类，分别是移网产品、固网产品、新通信产品（云化通信产品，如某运营商的云犀业务、5G 新消息等）、云服务产品、标准数字化应用（营销类、财务类、管理类等）、数字化疫情防控应用、垂直行业数字化应用及信息安全产品。政企营销人员在为目标客户的痛点预匹配产品时，选择范围要覆盖公司全线的产品体系，如图 6-5 所示。

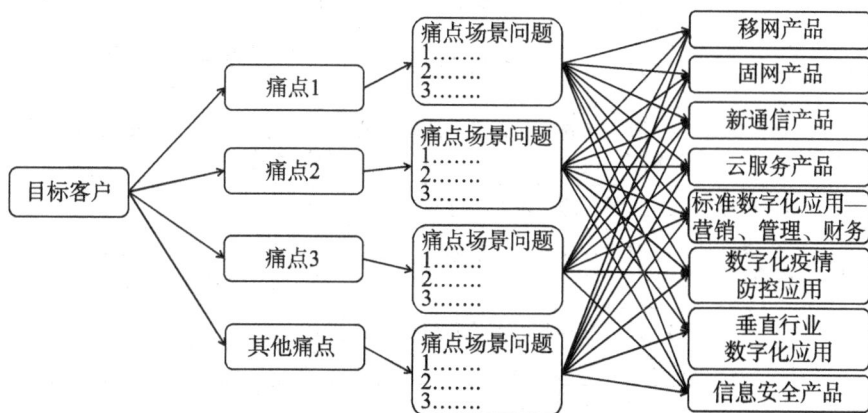

图 6-5　电信运营商政企营销人员 MPF 匹配示意图

最后，对于无法匹配公司任何产品/服务/方案的客户痛点，政企营销人员要坚决地从目标客户潜在痛点清单中划掉。

6.2.2 从客户到产品匹配的实战案例

📋【案例 6-7】

2020 年 4 月，我在为某电信运营商授课时，根据当时刚爆发新冠肺炎疫情的情况制做了一份针对商务楼宇中商贸公司类客户的"客户—产品匹配表"，供各位读者参考，如表 6-1 所示。

表 6-1　新冠肺炎疫情期间商务楼宇内商贸公司的 MPF 匹配参考示例

序号	潜在痛点	痛点场景问题	预匹配产品/服务/方案
1	如何有效防疫?	（1）公司员工测温及健康情况管理	热成像人体测温、疫情防控 AI 识别、健康码、云报表、沃智护人员登记
2		（2）顾客和来访人员测温及健康信息登记	
3		（3）公司内部疫情信息上报	云报表
4		（4）公司办公生产场地消毒杀菌情况监控	5G 防疫解决方案、5G 视频监控、云报表
5		（5）防疫物资采购、管理、调拨、分配	疫情物资供给平台
6		（6）公司防疫宣传、对外宣传	文宣助手
7		（7）员工突发疫情应急处理	疫情防控应急平台、沃智护人员登记、云报表
8	疫情期间如何复工复产?	（1）复工申请、员工到岗调研、员工复工安排	企业复工平台、云报表、健康码、招聘小程序
9		（2）人员排班、调度、打卡、考核	钉钉
10		（3）员工在家办公、远程办公、协同办公	光快线、光专线、4G/5G 流量卡、云办公、企业云盘、融合通信
11		（4）及时获得政府疫情防控政策和信息	沃舆情、企业复工平台

（续表）

序号	潜在痛点	痛点场景问题	预匹配产品 / 服务 / 方案
12	疫情期间如何有效管理？	（1）管理人员部署工作、业务研讨	云视频会议、钉钉
13		（2）办公场所安全保障、仓库及门店安全保障	5G 视频监控
14		（3）销售及外勤人员、车辆定位、轨迹管理	钉钉、钉卡、员工号、高精度定位服务
15		（4）库存管理、销售管理	用友 T3、U8 云 ERP
16	如何加快开展在线业务？	（1）IT 系统上云以适应在家办公、远程办公	光快线 +、光专线 +、云快线、云专线
17		（2）数据资料备份	企业云盘、云存储
18		（3）在线业务推广	5G 直播、微信小程序、挂机短信、文宣助手、数睿广告、E 信通、智慧信息、多彩云信、融合云信、400、企业官网 / 快速建站
19		（4）在线业务交付	沃发票、物联网卡、高精度定位服务

6.3 穷举并仔细辨识客户价值点

6.3.1 政企客户价值点的特点

目标政企客户价值点的分析洞察工作要放在产品匹配工作之后。因为客户价值点是指政企客户使用本公司的产品 / 服务 / 方案之后获得的可以用货币进行计量的利益。客户价值点与匹配的产品 / 服务 / 方案是密切相关的，政企营销人员需要先匹配产品 / 服务 / 方案，再分析揣摩客户价值点。

不能把客户价值点片面地理解为采购关键人员的个人好处。这一点在第 3章中已经说明过，这里需要再次强调。政企客户价值点的主要部分是业务利益，即使难以避免会掺杂着个人利益；但个人利益也是采购关键人员的个人处境、诉求、价值观、职业目标、心理动机等形成的综合的获得感。

客户价值点的范围要比客户痛点的范围更广泛。客户价值点既包括政企客户因痛点被解决而获得的直接利益，也包括政企客户在痛点解决过程中及解决后获得的附加利益。

客户价值点是高度主观性和个人化的。针对同一项数字化业务采购，不同角色类型的客户采购关键人员因为立场与处境不同，他们的客户价值点也会有差异。

客户价值点是多样化的，同一名客户采购关键人员在同一项数字化业务采购中可能会有多个价值点。而且，不同价值点因为重要性不同，在客户心中的地位也不一样。客户价值点需要根据客户认为的重要程度进行排序。

客户价值点需要政企营销人员提前分析和洞察。政企客户对于价值、利益的事情往往不会明说，最多只是暗示，需要政企营销人员用心洞察和体会。

6.3.2 分析洞察客户潜在价值点的方法

价值分类法

这种方法是按照客户价值点的类型去分析洞察。政企客户的价值点可以分为采购物本身的价值和采购物以外的价值。

（1）采购物本身的价值

采购物本身的价值是指政企客户采购的数字化业务本身给政企客户单位带来的直接利益，包括以下 4 种：

①经济价值：政企客户单位使用采购的数字化业务后产生的业务收入增加或成本费用节约；

②技术价值：政企客户单位使用采购的数字化业务后，该政企客户单位的主要工艺的技术水平因此而得到了提高；

③服务价值：政企客户单位使用采购的数字化业务后，得到了来自数字化服务厂商更高水平的、更便捷迅速的服务；

④社会价值：政企客户单位使用采购的数字化业务后，得到了上级单位、政府主管部门、媒体舆论、消费者群体或社区居民等的表扬、好评或满意度提升。

（2）采购物以外的价值

采购物以外的价值是指政企客户及采购关键人员在采购数字化业务的过程中或应用以后获得的附加利益，包括以下 2 种：

①采购物以外的业务价值；

②采购物以外的个人价值。

由于采购物以外的价值的范围非常广泛，政企营销人员需要针对具体的数字化采购项目进行具体分析。

4V 模型法

这种方法是分析 4 种对政企客户来说属于高价值的业务内容，简称"4V 模型"。具备以下特点的业务内容往往就是客户的价值点。

（1）Variation：差异化

政企客户都希望销售方能够提供个性化服务。如果电信运营商能够在各个方面都向政企客户提供个性化服务，无疑就会是高价值的，包括市场差异化、定位差异化、产品 / 服务 / 方案差异化、服务差异化等。

（2）Versatility：弹性功能

保持产品 / 服务 / 方案的核心部分不变，但向政企客户提供多种可选择、可配置的选项功能。这种方法还为"招标与谈判"提供了有利条件，把产品 / 服务 / 方案的非核心部分作为可选择、可配置的选项功能，当客户要求降价时，政企营销人员就可以用减少选项功能的方法来应对。

（3）Vibration：共鸣

如果产品 / 服务 / 方案能引发政企客户共鸣，那么无疑是高价值的。能帮助客户完美地解决真实的核心痛点，肯定能引发客户共鸣。另外，如果能够帮助政企客户实现非痛点内容（锦上添花类需求），也能引发客户共鸣。非痛点内容在挖掘商机环节没有用处，但在实现客户价值环节却有用处。

（4）Value：附加价值

如果能发现政企客户采购物以外的附加价值点，也是具有高价值的。

KANO 模型法

KANO 模型是对客户需求分类和优先排序的工具，用于分析产品属性对客户满意度的影响，体现了产品属性和客户满意度之间的非线性关系，如图 6-6 所示。

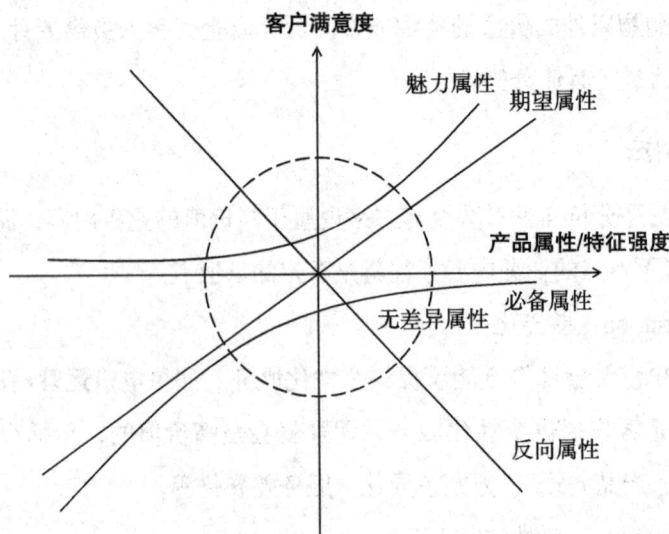

图 6-6　KANO 模型

根据产品 / 服务 / 方案的属性（功能或性能）与客户满意度之间的关系不同，产品 / 服务 / 方案属性可以分为以下 5 种。

（1）必备属性

当产品 / 服务 / 方案没有这种属性或属性水平比较低时，客户会不满意；当这种属性达到一定水平后，客户不满意消失；但当这种属性继续升高时，客户并不会产生满意。例如，餐馆提供食品和菜品，医院提供门急诊服务，等等。

（2）期望属性

当产品／服务／方案没有这种属性或属性水平比较低时，客户会不满意；当这种属性达到一定水平后，客户开始满意；当该属性水平继续升高时，客户满意度水平也会随之而正相关提高。例如，餐馆食材新鲜、菜品可口，医院环境整洁、医生医术高超，等等。

（3）魅力属性

当产品／服务／方案没有这种属性时，客户不会不满意；但产品／服务／方案一旦具有这种属性后，客户满意度就会快速提升。例如，餐馆菜品价格便宜，医院看病不需要排队，等等。

（4）无差异属性

这种产品／服务／方案属性与客户满意度完全没有关系。例如，餐馆大堂或包厢内播放电视节目，医院设置儿童游乐场，等等。

（5）反向属性

这种产品／服务／方案属性水平与客户满意度呈负相关关系，产品／服务／方案属性水平越高，客户越不满意；产品／服务／方案属性水平越低甚至没有，客户越满意。例如，餐馆食材变质、服务人员态度恶劣，医院医疗事故率高、医生开大检查大处方，等等。

可以看出，在上述 5 种产品属性中，魅力属性与期望属性对于政企客户来说是高价值的属性；必备属性只是门槛值，不能给政企客户带来额外的价值；反向属性是需要努力避免的；而无差异属性则可以忽略不计。

这就要求政企营销人员在与政企客户沟通时（包括商机挖掘、需求调研、产品介绍、解决方案呈现与交流、招投标、商务谈判及日常拜访等场合）要善于聆听，能敏锐觉察政企客户表达的魅力属性和期望属性。

同时，这也揭示了政企营销与公众营销的一个不同点：在公众营销中，经常要花很多精力和技巧解除客户的异议；但在政企营销中，就不主张一定要解除客户的异议，因为政企客户的不同意见很可能恰恰是在表达其认为的魅力属性和期望属性，如果政企营销人员使用话术技巧将其清除，可能就失去了为客户创造高价值的良机，最后很可能导致丢单。

收益成本模型法

分析洞察政企客户价值点的第四种方法是收益成本模型法。根据客户价值的定义可以得到客户价值的公式：

$$客户价值 = 客户总收益 - 客户总成本$$

在上述公式中，提高客户价值有两种方法：一种方法是提高客户总收益，另一种方法是降低客户总成本。凡是能提高客户总收益或能降低客户总成本的内容，都可能是政企客户的价值点。

客户总收益又可以分为产品价值、服务价值、人员价值、形象价值等。想办法提高这些方面的价值，就能提高客户总收益。例如，提高产品技术档次，提高产品配置水平，以集团公司或省公司名义为客户提供服务，缩短服务响应时间，快速解决故障与问题，提供预警式服务，派驻更多驻场服务人员，严格规范服务人员仪容仪表，等等。

客户总成本也可以分为货币成本、时间成本、精力成本、体力成本等。想办法降低客户在这些方面的耗费，就能降低客户总成本。例如，降低产品报价或项目造价，压缩产品交付或项目完工时间，为客户提供全程保姆式服务，减少客户方投入的人力、时间、体力，等等。当然，降低客户的货币成本会导致销售方利润减少，这个方法建议放在最后才考虑。

由于政企客户价值点的范围非常广泛，政企营销人员在分析洞察目标政企客户潜在价值点时需要综合使用以上 4 种分析方法。

在得到目标政企客户的所有潜在价值点后，政企营销人员还需要评估每个价值点的价值大小，并根据价值大小对客户的潜在价值点进行排序。

【案例6-8】

传统双线业务（电路和互联网专线）的客户价值点参考如表6-2所示。

表6-2 传统双线业务（电路和互联网专线）的客户价值点参考

序号	客户价值点类型	客户价值点
1	公司形象	品牌
2		信誉度
3		市场地位
4	产品核心表现	网络速度
5		接通率
6		稳定性
7		通信质量
8	客户支持	一体化方案的提供能力
9		产品交付的及时性
10		客户支持反应时间
11		账单管理的灵活性
12		电路调度的灵活性
13		销售服务人员的态度和能力
14	经济表现	价格
15		付款条件

6.3.3 边学边练——客户洞察

学以致用才能取得最好的效果。读者可以自选一个自己最熟悉的真实的政企客户，对该政企客户进行客户洞察，分析该政企客户的痛点（建议不少于5个），匹配公司全线产品/服务/方案，并分析该政企客户采购关键人员的潜在价值点（建议不少于5个），如表6-3所示。

表 6-3　读者边学边练——客户洞察

序号	拟拜访客户单位关键人	客户痛点（不少于 5 个）	匹配的公司产品 / 服务 / 方案	客户价值点（包含业务价值点和个人价值点，不少于 5 个）
1				
2				
3				
4				
5				

6.4　提炼独特创见

6.4.1　独特创见的作用

为了顺利实施引导式销售，政企营销人员需要在客户洞察的基础上，进一步提炼用于改变政企客户采购关键人员想法的独特创见。

独特创见是指由政企营销人员提出来的、与政企客户的核心痛点密切相关、能有效帮助政企客户实现价值点，而对于政企客户来说又是新颖或出乎意料的新见解、新策略、新方法。独特创见是从销售方的产品 / 服务 / 方案出发推导而来的，但独特创见的具体描述中最好不要出现产品 / 服务 / 方案的字眼。在表述上，独特创见要与产品 / 服务 / 方案保持若即若离的关系。

独特创见的作用是对政企客户采购关键人员的某些固有观念形成一定的冲击，使他们对自己的这些固有观念产生怀疑和动摇。所以，独特创见的内容要有一定的冲击性。在政企营销人员陈述完针对性强、效果好的独特创见之后，政企客户采购关键人员不会马上接受，也不会马上反对，而是陷入了某种程度的迷茫和恍惚，其头脑中会不自觉出现以下念头：

"他说的这点，我还从来没想过……"

"噢，没想到还能这样做……"

"这样做真的行吗？"

"还有这样的事情？"

"听听他为什么这么说……"

一旦政企客户采购关键人员的固有观念动摇了，营销人员就可以继续使用预先设计的话术进一步改变他们的想法和态度。

6.4.2 提炼独特创见的方法

提炼独特创见是使用引导式销售技巧的关键，具体方法如图 6-7 所示。

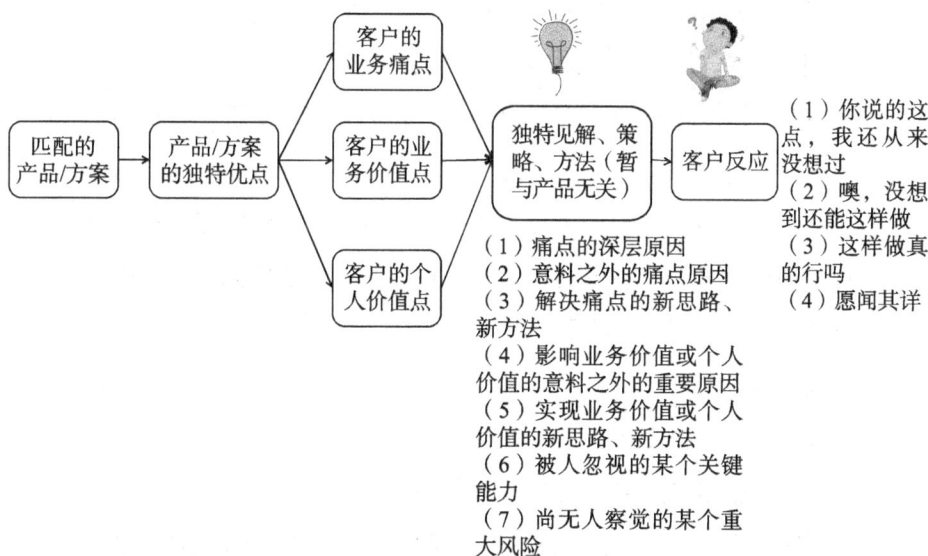

图 6-7 提炼独特创见的方法示意图

独特创见的提炼是从匹配的产品 / 服务 / 方案开始的。如果不是从产品出发的独特创见，即使改变了政企客户采购关键人员的想法，也无法达成产品销售的结果，就不是好的独特创见。

先从针对客户痛点匹配的产品 / 服务 / 方案出发，穷举匹配的产品 / 服务 /

方案可能有的独特优点。独特优点是指本公司产品 / 服务 / 方案特有的，对客户具有高价值，而友商竞品又不具备的功能、性能或特征等。产品 / 服务 / 方案的独特优点可能源自以下方面：

（1）某种先进技术；

（2）某种独有专利；

（3）某种新材料；

（4）某种新设计；

（5）某种新工艺或某种独有工艺；

（6）某种新功能或某种独有功能；

（7）某种新性能或某种超强性能；

（8）某种新的或独有的或优秀的工程实施能力；

（9）某种新的或独有的或优秀的交付能力、维护能力；

（10）某种新的或独有的或优秀的运营支撑能力；

（11）其他某种新的或独有的或优秀的功能、性能、属性、特征等。

发现产品 / 服务 / 方案的独特优点后，政企营销人员就可以将产品 / 服务 / 方案的独特优点，与政企客户的痛点、业务价值点、个人价值点等进行联系、融合、贯通，用启发式、灵感式的思考方法探索和提炼独特创见。政企营销人员可以从以下 7 个方面探索、挖掘适用的独特创见：

（1）政企客户关键痛点的深层原因；

（2）政企客户意料之外的痛点原因；

（3）解决政企客户关键痛点的新思路、新策略、新方法；

（4）影响政企客户业务价值或个人价值实现的意料之外的重要原因；

（5）实现政企客户业务价值或个人价值的新思路、新策略、新方法；

（6）政企客户单位内部被人忽视的某种关键能力；

（7）政企客户单位内部尚无人察觉的某个重大风险。

好的独特创见往往不是显而易见的，政企营销人员需要进行殚精竭虑式的思考，从不同的角度不断探索和尝试，很多时候还需要发挥政企营销团队的群体智慧进行头脑风暴。

【案例 6-9】

独特创见参考案例如表 6-4 所示。

表 6-4　独特创见参考案例

匹配产品	产品的独特优点	目标客户群	独特创见
数睿广告（微信 + 抖音广告）	利用了运营商用户大数据系统的 3700 多个标签	零售业、服务业	要想网络宣传引流的效果好，就要提前精准地筛选目标受众
5G + 智慧林业	使用 5G 的 eMBB 能力作为烟火监控信号的数据回传	林业局、林场	应该用高速的无线传送方法建设森林防火监控系统
信息化防疫系统	终端设备被破坏或非法拆除时，系统后台会自动报警	乡镇街道政府，新冠肺炎疫情防疫单位	信息化防疫系统效果不好的一个重要原因是人们的自觉性太差
数字乡村	具备组织架构功能，并支持使用钉钉终端	区县政府	提高乡村振兴工作成效的关键因素是抓工作事项的快速落实和有效督办

到目前为止，政企营销人员通过对目标政企客户的深入分析，已经得到了目标政企客户的潜在痛点清单，并对客户的潜在痛点——匹配了公司的产品 / 服务 / 方案，又分析了目标政企客户及采购关键人员的价值点，并进一步通过"产品独特优点 + 客户痛点 + 客户价值点"的综合思考，创造性地提炼出了独特创见。

客户潜在痛点清单、匹配产品 / 服务 / 方案、客户价值点及独特创见这些分析成果非常宝贵，是用于指导政企营销的"灯塔"。当然，还需要注意以下两个方面。

（1）客户潜在痛点清单、匹配产品 / 服务 / 方案、客户价值点、独特创见这些分析成果，到目前为止还只是政企营销人员主观想象、思考、分析的结果。这些分析成果是否真的符合目标政企客户的现实状况，政企营销人员还需要通过客户拜访进行验证。

（2）政企营销人员对客户的认识水平是不断深化的，目标政企客户自己也处在不断变化中，所以客户潜在痛点清单、匹配产品/服务/方案、客户价值点、独特创见等分析成果也需要不断地修正、迭代和更新。

6.5　设计关键营销话术

虽然客户潜在痛点清单、匹配产品/服务/方案、客户价值点、独特创见等分析成果是宝贵的"灯塔"，但还不能直接用于客户拜访。政企营销人员还需要把这些成果转化成客户拜访中使用的具体话术，这就是本章的第5个任务。

共有6种关键拜访话术需要提前设计，分别是参考案例、独特创见、理性证明、场景故事、价值主张和产品介绍。当然，政企营销人员不需要每次拜访客户前都把这些话术写下来，但至少需要按照这些话术的套路打好腹稿。

6.5.1　设计参考案例话术

参考案例话术的作用

参考案例话术不是通常意义的成功案例，而是一个用结构化句法表述的第三方客户故事。这个第三方客户故事中包含痛点、解决方案和客户价值点等关键要素。

参考案例话术的作用相当于开场白，目的是引导客户采购关键人员承认痛点。因为客户痛点是负面事项，其周围可能埋设了不少"地雷"，所以一般情况下，政企客户采购关键人员不会主动告诉营销人员其痛点是什么，营销人员也不宜直接告知或询问政企客户其痛点。参考案例话术的作用就在于，政企营销人员通过讲述一个第三方客户故事，委婉地引导政企客户采购关键人员思考并回答是否存在类似的痛点，避免直接触碰客户的"雷区"。

使用参考案例话术可以实现以下效果：

（1）维护政企客户采购关键人员的面子；

（2）激发政企客户采购关键人员的兴趣；

（3）提高政企客户采购关键人员对营销人员的信任度；

（4）委婉地引导政企客户采购关键人员承认存在痛点，并推动将痛点转化为商机。

参考案例话术的模板及其要点

（1）参考案例话术的模板

参考案例话术的模板由以下 6 句话组成：

①我们服务过 ×× 单位；

②该单位曾经受到 ×× 问题的困扰；

③据我们了解，产生这个问题的原因是……

④我们为该单位提供了 ×× 产品 / 服务 / 方案；

⑤该单位使用我们的产品 / 服务 / 方案以后，×× 问题得到了很好的解决，×× 指标（收入、质量、成本等关键指标）达到 / 提高 / 降低了，还取得了 ×× 的效果（个人价值）；

⑥关于这方面的问题，您是怎么考虑的？

（2）参考案例话术模板的要点

①模板第一句话说明目标政企客户的某个第三方同行单位。

②模板第二句话说明第三方同行单位曾经存在的某个痛点。

③模板第三句话简要地说明第三方同行单位产生上述痛点的原因，目的是提高政企客户采购关键人员对营销人员专业能力的信任度。

④模板第四句话说明销售方为第三方同行单位提供的产品 / 服务 / 方案，但是一带而过，并不展开产品的详细介绍；请记住原则：在政企客户承认痛点之前，不详细介绍产品。

⑤模板第五句话重点说明第三方同行单位的上述痛点被解决之后所取得的效果（即实现的价值点），最好既包含业务价值点，又包括个人价值点。

⑥模板第六句话的目的是把谈话焦点重新引回目标政企客户身上，引导客户采购关键人员思考、承认是否也存在同类痛点，注意需要使用委婉的问句句法。

参考案例话术的案例

【案例6-10】

我在拜访南方某市林业局的 W 局长时，实际使用过的参考案例话术如下。

（1）W 局长您好，我们公司服务过 ×× 省林草局。

（2）×× 省林草局一直深受森林防火问题的困扰。

（3）产生这个问题的原因是森林的火灾隐患主要靠护林员巡逻瞭望发现，但由于森林太大，护林员巡逻一遍要好几天时间，很多小的火灾隐患无法及早发现。

（4）我们公司为 ×× 省林草局提供了 5G＋智慧林业系统。

（5）这套系统上线后，×× 省林草局森林防火问题得到了很好的解决，森林火灾发生率下降了 80% 以上，还得到了国家林业和草原局的表扬。

（6）W 局长，咱们局是怎么考虑森林防火这个问题的呢？

6.5.2 设计独特创见话术

独特创见话术的作用

独特创见话术是把在上一节中提炼出来的独特创见扩展成完整的会话内容，其作用包括以下 3 个方面：

（1）引发政企客户采购关键人员的深度思考；

（2）让政企客户采购关键人员从销售会谈中得到高价值的回报；

（3）冲击、动摇政企客户采购关键人员的固有理念、想法等，为进一步说服客户、挖掘商机、创造赢单优势奠定基础。

独特创见话术的模板

设计独特创见话术时，可以使用以下几种参考模板。

参考模板一：我们经过深入研究，发现这个问题的背后有一个重要原因，但往往被人们忽略了，那就是……

参考模板二：我们经过广泛研究，发现导致这个问题的原因发生了变化，有一个新的原因变得越来越重要，那就是……

参考模板三：我们经过广泛调查，发现有一种解决这个问题的新方法，那就是……

参考模板四：我们经过仔细考察，发现这个问题现有的解决方法有一个重要的漏洞，就是……

独特创见话术的案例

【案例 6-11】

我在拜访南方某市林业局的 W 局长时，实际使用过的独特创见话术如下。

W 局长，我们经过深入研究，发现现有的森林防火监控系统中有一个因素很重要，但往往被人们忽略了，那就是森林防火监控系统的无线传输能力。因为森林防火监控系统要想效果好，就要对整个林场做无缝覆盖，消除监控死角；但林场范围内一般只有公路干线才有光纤资源，如果不用无线传输，要么防火监控系统只能部署在林场周边区域，对林场深处就监控不了；要么需要用光纤传输无缝覆盖整个林场范围，造价又很高昂。

6.5.3 设计理性证明话术

理性证明话术的作用

独特创见话术只是冲击、动摇了政企客户采购关键人员的固有理念或想法，并没有真正、完全地改变对方。为了真正改变政企客户采购关键人员的观念或想法，政企营销人员还必须使用更多的信息、资料和技巧。

理性证明话术的目的是从理性的角度，用晓之以理的方法，进一步说服政企客户采购关键人员改变固有的观念或想法。但理性证明话术的晓之以理并不是讲空泛的大道理，而是从收益或成本的角度为政企客户采购关键人员算账，将前述的独特创见量化为收益或成本指标来说服他们。

理性证明话术的作用包括以下 3 个方面：

（1）从收益或成本的角度，将独特创见的效果量化；

（2）进一步引发政企客户采购关键人员的思考；

（3）用数据说服政企客户采购关键人员接受独特创见。

理性证明话术的模板

设计理性证明话术时，可以使用以下参考模板。

参考模板一：我们估算一下，刚才这个重要原因 / 方案漏洞可能会造成多大的损失或影响……

参考模板二：我们估算一下，刚才这个新方法能带来多大的好处……

设计理性证明话术的要点在于从收益或成本的角度为政企客户算账，如图 6-8 所示。

从正面设计话术时，可以计算如果采纳了独特创见以后带来的收益类指标增加，或成本类指标减少，或风险类指标降低。从负面设计话术时，可以计算不采纳独特创见可能造成的收益类指标损失，或成本类指标增加，或风险类指标升高。

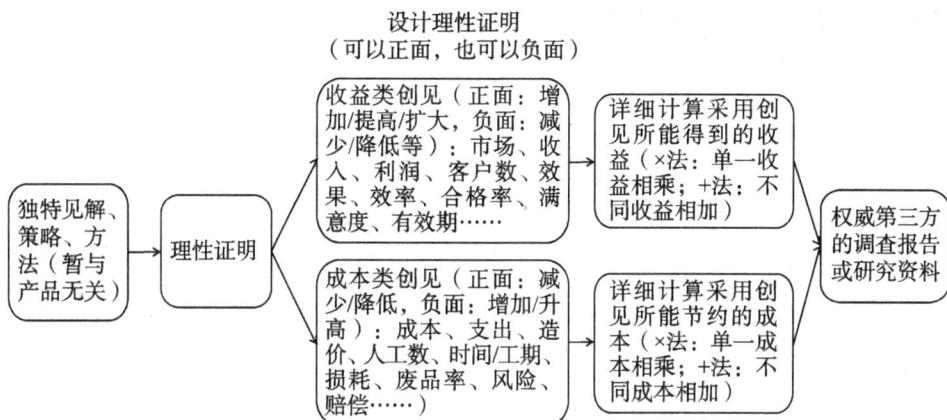

图 6-8　理性证明话术设计要点

理性证明话术最好使用具体的数据进行演算。数据最好来自权威的第三方调查报告或统计资料；可以适当使用加、减、乘、除等简单运算，将结果进行累积放大或平摊变小。

理性证明话术的案例

【案例 6-12】

我在拜访南方某市林业局的 W 局长时，实际使用过的理性证明话术如下。

W 局长，我们估算一下，如果没有强大的无线传输能力，森林防火监控系统的造价会增加多少：假设采用 30 倍光学变焦的高清监控摄像头 + 红外摄像头，每个监控点可以覆盖的半径约 1.5 公里，1 万公顷面积（10 公里 ×10 公里）的林场至少需要 9 个监控点，如果全部采用光纤传输，地埋光缆工程单位造价是每公里 5000 元 ~ 20000 元，全部算下来，光是地埋光缆工程的造价就不少于 100 万元，这还没算光传输设备的造价。所以，如果不采用大带宽无线传输，这个森林防火监控系统的造价会很昂贵。

6.5.4 设计场景故事话术

场景故事话术的作用

场景故事话术的目的是从感性的角度，用动之以情的方法，进一步说服政企客户采购关键人员改变固有的观念或想法。动之以情的方法是讲述在参考案例话术中的第三方同行单位在未采纳独特创见之前的悲伤故事。场景故事话术的关键词是未采纳独特创见、悲伤故事。

场景故事话术的作用包括以下 3 个方面：

（1）讲述一个具体的故事和场景，使政企客户采购关键人员产生感同身受的代入感，达到以情动人的目的；

（2）通过具体的故事和场景引发政企客户采购关键人员在感觉、情绪等方面的共鸣，以实现改变其固有观念或想法的目标；

（3）应对某些政企客户"我们单位有些特殊"等说辞。

场景故事话术的模板

政企营销人员设计场景故事话术时可参考以下模板。

我知道你们单位的情况有些特殊，我讲一下我刚才介绍的 ×× 单位使用我们业务之前的一些具体情况，您看看对您有没有启发。（故事场景七要素）×× 单位遇到 / 接到了 ×× 事情 / 任务，需要实现 ×× 目标，负责这件事的人是 ××，他发现要做好这件事情，缺乏 ×× 条件，中间又遇到了 ×× 困难，虽然他想尽办法克服了困难，但效果还是不太理想。

设计场景故事话术的要点在于清晰描述场景故事的七要素，如图 6-9 所示。

政企营销人员首先要从政企客户的某个最有可能存在、强度最高的潜在痛点出发，选择这个潜在痛点的某个场景问题（痛点分解或痛点表现）；然后以场景问题为核心要素，继续补充场景问题的具体事件 / 目标 / 任务、涉及人物和角色、当时的约束条件、具体处理过程、遇到的困境及最终不如意的结果等。

设计场景故事
（最好是负面的、悲剧性的）

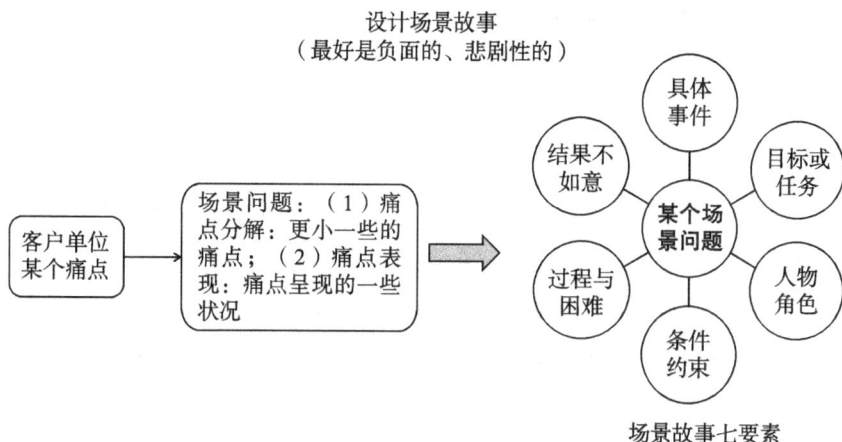

图 6-9　场景故事话术设计要点

在设计场景故事话术时要具体、真实，重点刻画过程与困难，并且最好从政企客户采购关键人员的个人价值角度设计场景故事七要素的内容。

场景故事话术的案例

【案例 6-13】

我在拜访南方某市林业局的 W 局长时，实际使用过的场景故事话术如下。

W 局长，我知道咱们林业局的情况有些特殊，我讲一下我刚才介绍的××省林草局使用我们业务之前的一些具体情况，您看看对您有没有启发。××省是林业大省，全省有林地面积 2000 多万公顷，省林草局接到了国家林业和草原局要求建设全省智慧林业系统的任务，需要实现对全省 2000 多万公顷林地的防火监控全覆盖。负责这件事的是省林业和草原局科技处的领导，他们发现因为绝大部分林场都不具备光缆到达的条件，森林防火监控系统的项目造价巨大，虽然他们多方筹集建设资金，但资金缺口仍然很大，只能覆盖局部重点地区。很多盲点地区由于监控不到位，只能继续依赖护林员的巡逻和瞭望，森林火灾隐患仍然危机四伏，省厅领导也整天为森林防火忧心忡忡。

6.5.5 设计价值主张话术

价值主张话术的作用

价值主张话术的内容包含"对政企客户的行动建议"和"行动建议可以为政企客户带来的核心价值点"两部分。价值主张话术的目的在于结合目标政企客户单位的实际情况给出具体的行动建议，并从政企客户核心价值点的角度，推动政企客户采购关键人员产生需求、商机或其他有利于销售方的决策。

价值主张话术的作用包括以下方面：

（1）为政企客户提出具体的建议、措施或行动计划（注意不是推荐产品 / 服务 / 方案）；

（2）阐述该建议、措施或行动计划可以帮助政企客户实现的核心价值点；

（3）初步验证及确认政企客户的核心价值点，奠定创值销售的导向基调；

（4）也可用于在极短的时间内向政企客户单位最高领导汇报的场合。

价值主张话术的模板

政企营销人员设计价值主张话术时可参考以下模板。

我建议最好采用……方法，××问题就能得到很好的解决，就具备了……方面的能力，××指标（收入、成本、质量等关键指标）可以达到 / 提高 / 降低了……还能取得……的效果（个人价值）。

价值主张话术模板与参考案例话术模板中的第五句话很相似，但要比参考案例话术模板的第五句话更加详细。

设计价值主张话术的要点包括尽量使用目标政企客户行业的专业术语、尽量量化政企客户的核心价值点、尽量结合目标政企客户当时的实际情况。

价值主张话术的案例

【案例 6-14】

我在拜访南方某市林业局的 W 局长时实际使用过的价值主张话术如下。

W 局长，我建议咱们林业局最好采用大带宽无线传输的方法建设森林防火监控系统。这样，山区林地缺乏光纤覆盖的问题就能得到很好的解决，森林防火监控系统建设造价至少可以降低 50% 以上，既能够有效地满足森林防火的需要，还会因为节省建设资金得到上级政府的表彰。

6.5.6　设计产品介绍话术

产品介绍话术的模板

（1）FAB 话术

任何销售过程都不能缺少产品介绍的环节。只是在启发式销售法中，产品介绍的环节放在销售过程的后半段。

产品介绍一般使用 FAB 话术：

①F：Feature，即产品特性，指该产品本身拥有的特点，如技术、工艺、材料、功能、性能等；

②A：Advantage，即产品优点，指该产品与其他竞品相比的独特优点；

③B：Benefit，即客户利益，指目标客户使用该产品后可以获得的主要收益。

使用 FAB 话术介绍产品时的要点如下：

①注意 F 与 A 之间、A 与 B 之间的强因果关系，F 是 A 的主要原因，A 又是 B 的主要原因；

②每个 FAB 话术只有一个 F、一个 A 和一个 B，要避免在一个 FAB 话术中填塞过多的内容而影响客户接收、思考和认可的效果。

（2）FFAB 话术

因为政企数字化产品／服务／方案比较复杂，营销中一般使用改进版的 FAB 话术，即 FFAB 话术：

①F：Feature，指产品／服务／方案采用的技术、设计、材料、工艺等方面的特色特征；

②F：Function，指产品／服务／方案具备的独特功能或独特性能；

③A：Advantage，指产品／服务／方案与其他竞品相比的独特优点；

④B：Benefit，指目标政企客户使用产品／服务／方案以后能够获得的主要收益。

FFAB 话术也要满足强因果关系，即 Feature 是 Function 的原因，Function 是 Advantage 的原因，而 Advantage 又是 Benefit 的原因。

另外，政企营销人员在设计 B 话术时经常使用以下关键词：

①提高了、增加了：可用于满意度、效率、速度、质量等关键指标；

②降低了、减少了：可用于成本、损失、风险、压力等关键指标；

③实现了、满足了：可用于安全生产、信息安全、标准规范等关键指标；

④保持了、维持了：可用于客户满意度、企业竞争力等关键指标。

产品介绍话术的案例

【案例 6-15】

我在拜访南方某市林业局的 W 局长时实际使用过的产品介绍话术如下。

W 局长，我们公司的 5G＋智慧林业系统，利用了 5G 高速率无线传输的性能（F），用无线的方式实现高清视频监控图像的回传（F），与传统的光纤高清视频监控相比更方便、更经济（A）。我们测算过，5G＋智慧林业系统可以节省 50% 以上的工程造价（B）。

6.5.7　完整案例与边学边练——话术设计

完整的关键营销话术案例

📋【案例 6-16】

我为某电信运营商校园中心培训时编写的智慧校园话术案例如表 6-5 所示。

表 6-5　智慧校园话术案例

拟拜访客户	×× 小学校长
客户痛点	学生在校内的安全问题
客户价值点	学生在校内不要出现安全事件，不要影响自己的职业前途
匹配产品	智慧校园
产品独特优点	（1）平安考勤；（2）校园视频监控；（3）访客管理系统
独特创见	校园安全问题也许难以做到"0 发生"，万一发生了，责任界定则往往是更棘手的问题
参考案例话术	× 校长， （1）我给您介绍一下 ×× 县 ×× 小学的案例； （2）前几年，×× 小学的校长一直对学生校内安全的状况不放心； （3）导致学生校内安全问题的原因是多方面的：特殊事件是个别坏人报复社会，更多事件则是小学生顽皮好动、喜欢打闹、恃强凌弱等导致的； （4）了解到这个问题后，我们为 ×× 小学提供了中国 ×× 公司的智慧校园系统； （5）自从使用我们的智慧校园系统以后，两年来，×× 小学没有发生过一起校内学生安全事件，也没有发生学生家长因校内学生安全事件找学校和老师吵闹的事情； （6）× 校长，您是怎么考虑加强学生校内安全管理这件事的呢？
独特创见话术	× 校长，我们经过深入调查发现：校园安全问题也许难以做到"0 发生"，但如果万一发生了，责任界定则往往是更棘手的问题。其实，绝大部分校内安全事件是由于小学生顽皮好动、喜欢打闹、恃强凌弱等导致的。很多家长回家后如果看到孩子身上有伤或者听孩子诉说，就会很心疼孩子，有些家长还会找学校和老师要说法。而《中华人民共和国侵权责任法》规定，10 岁以下儿童不具备民事行为能力，万一在学校受到伤害，学校负责人需要证明学校无过错；否则就是有过错，要承担责任。在这条法律的规定下，如果学校和老师不能拿出证据证明自己无过错，或者证明过错方是其他孩子，吃亏孩子的家长可能就会跟学校和老师大吵大闹，影响学校和老师的正常教学秩序；更有甚者，还会上网发帖、发微博、发朋友圈，投诉到政府和教育局网站，引发社会舆论和上级问责。

（续表）

理性证明话术	×校长，我看过一份《2019年全国中小学学生安全事故统计报告》。该报告中说：有39%的学生安全事故是发生在校园内，这些发生在校园内的学生安全事故中又有80%是因为学生打架斗殴、恃强凌弱、顽皮好动、学生自身伤害甚至自杀等因素导致的。这些数据一方面说明当前中小学学生校内安全形势仍然不容乐观，另一方面也说明万一发生了学生校内安全事件，学校和老师背黑锅的可能性高达80%以上。
场景故事话术	×校长，我介绍一下××县××小学以前的一些情况，供您参考。其实，××小学一直很重视学生校内安全问题，但以前只是靠学校和老师们的教育，没有采取技术手段协助。大约三四年前吧，有个小学生上体育课时由于顽皮好动，活动中不慎摔倒，导致手掌骨折。小学生怕家长骂，就跟家长说是体育老师推倒的。家长多次到学校和教育局闹，要求学校赔偿医疗费、误工费、精神损失费及惩罚体育老师。体育老师说自己是冤枉的，但学校也拿不出确切的证据。虽然最后私下和解了，但这事在当地也闹得风风雨雨的。
价值主张话术	所以，×校长，我建议在加强学生校内安全管理方面，咱们学校最好能采取必要的技防手段。一方面，通过技术手段减少学生校内安全事件的诱发隐患；另一方面，采用必要的技防手段后，即使万一发生了学生安全事件，也能向家长和上级提供充分的证据证明不是学校和老师的责任。
产品介绍话术	×校长，中国××公司的智慧校园系统就是具备这样功能的技防手段。中国××公司的智慧校园系统采用了最新的云计算、物联网、大数据和人工智能等先进技术，功能设计上充分考虑了中小学学生安全管理的需要（F）；具备学生人脸识别门禁、学生平安出入家长通知、校园人工智能视频监控、智能访客出入管理等丰富的功能（F）；比起仅靠学校和老师教育的人防手段，这套技防系统不仅能消除很多学生校内安全事件的诱发隐患，还能详细记录学生出入学校校门、上课期间及休息期间的完整视频监控资料（A）。这套系统在我们学校使用后，一方面可以减少80%以上的学生校内安全事故隐患；另一方面，万一需要的话也可以为学校和老师提供充分的免责证据（B）。

边学边练——话术设计

学以致用才能取得最好的效果。我建议读者针对本章以上讲解的"洞察客户"中任务4和任务5的内容再进行一次实战演练。读者可以继续选择6.3节中"边学边练"选定的真实的政企客户单位，在上次练习结果的基础上练习提炼独特创见和设计拜访话术，如表6-6所示。

表6-6 读者边学边练——拜访话术设计

拟拜访客户	
客户痛点	（可选目标政企客户潜在痛点清单中排第一位的痛点）
客户价值点	
匹配产品	
产品独特优点	
独特创见	
参考案例话术	
独特创见话术	
理性证明话术	
场景故事话术	
价值主张话术	
产品介绍话术	

在新七步成诗法中，前3个阶段"获取线索""客情建设"和"洞察客户"都没有正式接触政企客户，只是在做拜访准备工作。这充分体现了政企数字化业务营销需要谋定而后动的特点。政企营销不能盲动，需要胸有成竹、一击而中。这是因为政企营销的潜在目标客户往往比较少，有时甚至是唯一客户，对每个政企客户的每次拜访都不能有闪失。为了追求尽可能高的营销成功率，拜访客户之前的准备工作就要越充分越好。只有做好新七步成诗法前3个阶段的充分准备工作，才能开展下一个阶段——商机挖掘的关键客户拜访活动。

| 第 7 章 |

商机挖掘

商机挖掘是新七步成诗法的第四阶段，这是整个政企营销流程中最短、但最关键的阶段。最短的意思是这个阶段可能只是一次几十分钟的会谈；最关键的意思是如果会谈成功，将可能是一个金额高达几百万、几千万甚至过亿元的政企大单的正式开始。本阶段的目标和成功标志都是获得政企客户明确的商机信号，关键任务有电话邀约、商机挖掘客户拜访、商机评估等。

7.1　商机挖掘前的准备

7.1.1　正确理解商机及产生过程

（1）痛点、需求与商机

为了顺利完成商机挖掘的任务，成功拿到明确的商机信号，政企营销人员需要仔细辨别痛点、需求、商机。

痛点是指政企客户主营业务中的关键难题或可能错失的重大机会。

需求是指政企客户明确承认存在痛点，表态想解决痛点，但还没有表态希望我方提供解决方案的状态。痛点是需求的源头，是形成需求的必要条件，但不是充分条件。痛点转变为需求需要具备两个条件：一是政企客户明确承认存在痛点；二是政企客户表态想解决痛点。只有同时具备这两个条件，痛点才会转变成需求。

商机是指政企客户明确承认存在痛点，表态想解决痛点，并明确表态希望我方提供解决方案的状态。商机的源头也是痛点，但商机比需求更进了一步，即政企客户除了明确承认存在痛点和表态想解决痛点之外，还明确表态希望我方（而不是友商）提供解决方案。如果客户没有明确要求我方提供解决方案，那么即使明确的需求，也不是我方的商机。

痛点、需求、商机，三者层层递进、紧密相关。政企营销人员先通过换位思考，发现客户痛点；接着引导客户承认存在该痛点并想解决该痛点，这时痛点就会转变为需求；再继续引导客户明确希望我方提供解决方案，这时需求才会转变为商机。

痛点、需求、商机，三者又有重要的区别。痛点是客观的，是政企客户在当前的客观情况。不管政企客户承不承认，痛点都是客观存在的。虽然在销售过程中引导客户承认存在痛点很关键，但痛点不会因为客户不承认而消失。需求和商机是主观的，是政企客户的主观心理状态。如果客户不承认存在痛点，或者客户虽然承认存在痛点，但不想解决痛点，那么客户就不存在需求。如果客户存在需求，但不向我方要求解决方案，此时虽然客户有需求，但对于我方来说却没有商机。

对商机概念的准确理解，还表明政企营销人员在商机挖掘阶段不要带着标准解决方案去拜访客户。带着标准解决方案去拜访客户的主要弊端在于很可能会减弱甚至打消客户要求我方提供解决方案的愿望，使该次客户拜访无法成功得到明确的商机信号；同时，还因为标准解决方案中没有包含政企客户的个性化需求，也会使我方的解决方案得不到政企客户的认可。所以，在商机挖掘阶段的客户拜访中，政企营销人员只带笔和本子就够了，在方案胜出阶段再向政企客户提交包含客户个性化需求的定制解决方案。当然，对于比较简单的标准化产品，政企营销人员可以随身携带相应的产品宣传资料去拜访客户，并在产品介绍环节用做讲解的辅助资料。

（2）政企客户产生商机的过程

政企客户的采购过程具有程序性、规范性的特点，有比较明显的采购循环流程，从感知痛点到实施应用大约需要经过 10 个过程，如图 7-1 所示。

政企客户要产生商机，需要经历从感知痛点到形成动机、建立愿景，再到明确意向四个过程。一旦政企客户有了明确的意向，商机就产生了。但要想到达明确意向的阶段，必须先让客户感知痛点（方法是引导客户承认痛点），促使客户形成动机（方法是引导客户想解决痛点），再推动客户产生明确的意向（方法是引导客户要求我方提供解决方案），这正是商机挖掘需要完成的任务。

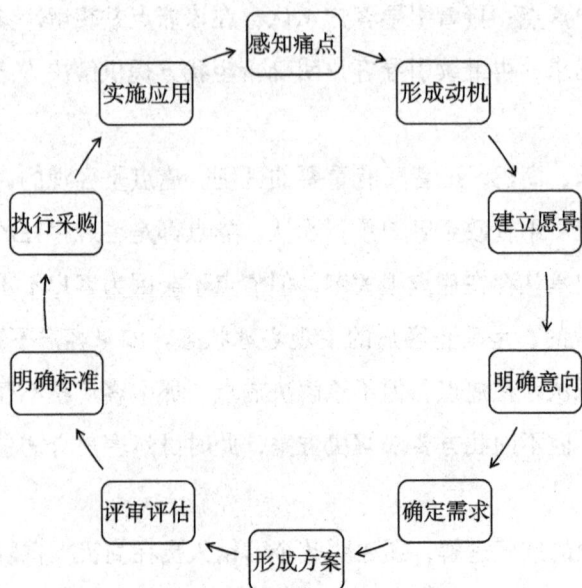

图 7-1 政企客户采购循环示意图

（3）商机挖掘过程中的阻碍

从以上分析中可以看出，政企客户商机形成的过程，实质上是政企客户采购关键人员的心路历程。在这个心理变化过程中，客户采购关键人员可能存在一系列的心理障碍，如表 7-1 所示。政企营销人员在商机挖掘的过程中，要用心体会并通过自身的言行帮助他们克服这些障碍。

表 7-1 商机挖掘过程中政企客户采购关键人员可能存在的心理障碍因素

序号	客户拜访阶段	关键人员可能存在的心理障碍因素
1	电话邀约	我想不想花时间听这个销售人员说些什么？
2	开场白	此人和其他销售人员是否不同？ 他是否诚恳？ 他是否有专业能力？
3	引导客户承认痛点阶段	我想不想分享信息？ 我想不想承认我的重要业务问题？
4	推动客户形成商机阶段	此人是否真的理解我的关键业务问题（即痛点）？ 我是否认同他的分析诊断结果？ 我是否该同他讨论这个问题造成的影响？ 我是否认同他提出的解决方法的技术、性能和价值？ 我是否愿意负责解决这个问题？

7.1.2 电话邀约

在政企营销中，成功的商机挖掘往往需要登门拜访。在登门拜访之前，有一项必经工作是电话邀约。现代商业社会中人人都工作繁忙，不约而访往往会干扰客户正在进行的工作，所以拜访客户之前先进行电话邀约是基本的商业礼仪。况且，不约而访很可能因为客户不在办公室而扑空，或者因为客户有其他重要工作而不便接待，导致营销人员无功而返。

但是，电话邀约又非常容易被客户拒绝。因为一方面政企营销人员的来访会占用客户的工作时间，另一方面如果政企营销人员是来推销产品的，客户又会担心因拒绝购买而影响双方的关系，从而产生心理压力。因此，当政企营销人员向客户采购关键人员电话邀约时，他们会本能地拒绝。政企营销人员需要掌握在电话邀约中如何让客户采购关键人员接受邀约的技巧。

提高电话邀约成功率的关键技巧是电话邀约流程中第二步"约见诱饵"技巧，如图 7-2 所示。约见诱饵是指政企客户采购关键人员接受邀约的理由。好的约见诱饵需要满足两个条件：一是对客户的吸引力足够大；二是给客户的心理压力足够小。满足这两个条件的方法是使用"行业痛点＋成功案例"的话术技巧。例如，"此次来访的目的是向您介绍解决你们行业 ×× 痛点的成功案例"，其中，"行业痛点"能够引发政企客户采购关键人员的兴趣，"介绍成功案例"又不会让他产生过大的心理压力。这样的电话邀约话术成功率会比较高。

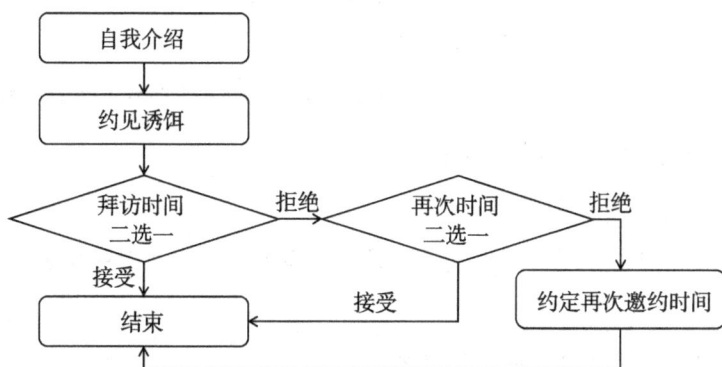

图 7-2 电话邀约流程示意图

【案例 7-1】

拜访市公路局信息处处长的电话邀约话术案例如下。

【公路局总机】您好，××市公路局。

【政企营销人员】您好，麻烦您接一下信息处的陈小明。

【信息处秘书】您好，请问您找哪位？

【政企营销人员】麻烦请陈处长听电话。

【信息处秘书】请问您是？

【政企营销人员】我是中国××公司的×××，我要和陈处长讨论一下 5G 智慧交通方面的工作。

【信息处陈处长】喂，哪位？

【政企营销人员】陈处长，您好！我是中国××公司政企部的×××。我们公司在智慧交通、智慧公路等方面积累了不少成功案例，能帮助交通管理部门利用最新的信息化技术提高公路巡逻效率，预防桥梁及陡坡事故。

【信息处陈处长】那不错嘛！

【政企营销人员】陈处长，您的时间非常宝贵，不知道您星期三或星期四哪一天方便，我过来给您介绍一下有关案例和方法。

【信息处陈处长】星期三有个会，星期四吧。

【政企营销人员】处长您看是上午 10 点方便，还是下午 3 点方便？

【信息处陈处长】下午 3 点吧。

【政企营销人员】好的，谢谢陈处长！我星期四下午 3 点准时拜访您。来之前，我会提前再给您个电话。

【信息处陈处长】好的。

【政企营销人员】那我就不耽误您太多时间了。谢谢陈处长！星期四下午见！

【信息处陈处长】好的，再见！

7.2 关键拜访中的商机挖掘技巧

7.2.1 SPIN 话术批判

说到商机挖掘技巧，很多政企营销人员马上会想到 SPIN 问话技巧。诚然，SPIN 问话技巧传入我国已经 20 多年了，很多营销人员都学习过。目前，不少政企营销的培训课程还在讲授这项技巧。

SPIN 问话技巧是 1987 年美国销售专家尼尔·雷克汉姆博士在其经典著作《销售巨人》一书中提出来的提问式销售技巧，由以下 4 种问题组成：

（1）S 问题，即背景问题，询问客户的现状；

（2）P 问题，即难点问题，询问客户的困难、麻烦、抱怨，相当于痛点；

（3）I 问题，即暗示问题，询问 P 问题如果得不到解决可能会导致的后果或影响；

（4）N 问题，即回报问题，询问 P 问题如果得到解决能产生的收益或好处。

有些培训书籍通俗地把 SPIN 问话技巧总结为四句话："检查全身，找到疮疤，揭开疮疤撒把盐，给出解药。"但是，实际的政企销售实践却表明，SPIN 问话技巧适用于西方文化社会，却不适用于东方文化社会。这是因为不同文化社会的沟通特点不一样。西方文化社会的沟通特点是低情境的，即沟通的内容直接、清晰，沟通效果不会因时间、地点、人物、环境的不同而不同，在沟通过程中参与者的面子感受度低。而东方文化社会的沟通特点是高情境的，即沟通的内容间接、委婉，沟通效果会因时间、地点、人物、环境的变化而变化，而且在沟通过程中参与者的面子感受度很高。这样，从西方社会销售经验中总结出来的 SPIN 问话技巧，如果生硬地用于东方社会就会产生强烈的文化冲突，不仅不能成功地挖掘商机信号，还可能会不同程度地损害与政企客户的客情关系。

（1）S 问题的弊端：政企客户采购关键人员会产生被盘问的感觉；即使政企客户采购关键人员回答了这些 S 问题，也会感到营销人员不了解他们单位。

（2）P 问题的弊端：过于直接，会让政企客户采购关键人员产生被冒犯、丢面子的感觉。以前，我负责培训管理工作，就曾经被一位培训公司的销售经理问到："目前，你们单位存在哪些问题？"当时，我就开玩笑地回答："我们单位没有问题呀！而且，即使有什么问题，为什么要告诉你呢？"

（3）I 问题的弊端：继续让政企客户采购关键人员丢面子，甚至可能激怒他们。2021 年，我还在某电信运营商业务培训材料中看到这样的话术："× 局长，省厅去年已经印发了 ××× 文件，请问你们单位执行了吗？如果不执行，会有什么后果呢？"如果哪位政企营销人员面对局长真敢这么说话，估计效果会不妙。脾气暴躁的客户可能直接把营销人员轰出去；即使客户修养好，心里也会讨厌这名营销人员。

（4）N 问题的弊端：政企客户采购关键人员会认为这是傻瓜问题，并产生被愚弄的感觉。政企客户采购关键人员天天沉浸于本单位的业务中，他们对本单位的问题往往非常了解，对这些问题被解决后的好处也心知肚明。之所以拖到现在没有解决，往往是因为技术、资金、人事等条件制约。当政企营销人员煞有介事地询问客户 N 问题时，客户就会感觉："你这个问题的答案，傻瓜都知道啊！你还来问我，难道是有意诱导我吗？"

无论是政务客户，还是企业客户，其采购关键人员往往都是社会精英人士，他们的学历、智商、情商、专业程度往往都比较高，他们在本单位也备受同事和员工的尊重，往往更加敏感，政企营销人员在与他们沟通的过程中需要更加谨慎和缜密。对于不符合东方文化的 SPIN 问话技巧，我建议读者尽量少用、慎用，而代之以本书接下来推荐的结构化商机挖掘小七步法。

7.2.2　结构化商机挖掘小七步法

结构化商机挖掘小七步法抛弃了直接、生硬的 SPIN 问话技巧，使用了解决方案式销售和引导式销售的关键方法和技巧，更适合东方文化社会的政企客户商机挖掘过程。

结构化商机挖掘小七步法使用了新七步成诗法客户洞察环节设计的 6 种客户拜访关键话术来推进商机挖掘过程。整个商机挖掘过程可以分为以下 7 个小步骤，如图 7-3 所示。

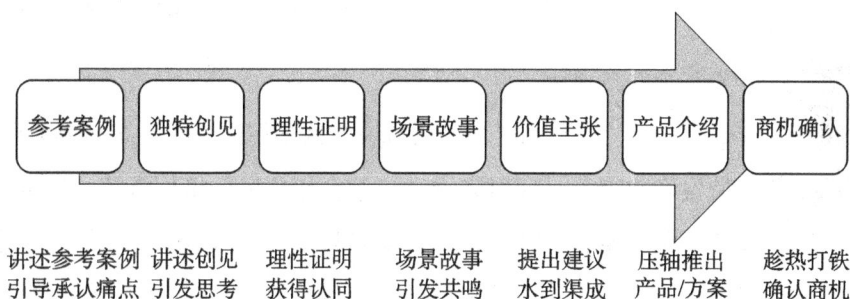

图 7-3　结构化商机挖掘小七步法

参考案例

第一步的作用相当于开场白，目的是验证并引导政企客户采购关键人员承认痛点，沟通顺序如下。

（1）礼貌地寒暄

在寒暄环节，政企营销人员的最佳做法是采取真诚、有礼貌的保守策略，既不可生疏、畏惧，也不要过于热情、急于套近乎，像老朋友见面一样自然、亲切即可。

寒暄的内容包括自然亲切地问好、对见面表示感谢、适当而不刻意地赞美等。寒暄的时间不可过长，一般 5 分钟左右即可进入正题。因为毕竟对方专门留出工作时间来接待你，如果寒暄时间太长，会让客户感觉你在浪费他的时间。

（2）公司重定位及说明来访目的

由于刻板效应，很多政企客户对电信运营商的认识还停留在卖手机卡、装宽带的层次，政企营销人员可通过以下话术对公司进行重定位。

📑 【参考样例】

中国××公司已经从传统通信公司，转型为以通信网络为基础、为本地各行各业提供全业务全流程的综合数字化服务的企业了，我们的新业务包括各行各业数字化系统的顶层设计、系统规划、系统集成、运行维护及运营服务等综合服务。数字化对于××行业特别重要，也是我们服务的重点行业。

接着，政企营销人员需要向客户简要说明本次来访的目的。在商务会谈中，先把己方的目的告知对方，是向对方表达真诚合作意愿的常用方法。因为一般人的头脑中都会有商场尔虞我诈的认知，如果政企营销人员一开始不说明来访的目的，客户在接下来的会谈中就可能产生防备心理。而在会谈一开始就明确告知来访的目的，可以消除客户的防备心理。

📑 【参考样例】

我今天来是想向您介绍我们公司做的、关于××方面的一些成功案例，供您参考。同时，我也想初步了解一下贵单位在网络化、数字化方面的规划与建设情况。

（3）讲述估计痛点强度排第一的客户潜在痛点的参考案例话术

接下来，政企营销人员就可以进入客户痛点验证环节了，具体方法是讲述客户洞察中预先设计的、估计痛点强度排第一的客户潜在痛点关联的参考案例话术。

结构化商机挖掘小七步法既适用于政企客户，也适用于商企客户。本节接下来的内容将以一次真实的拜访婚纱摄影店的商机挖掘案例作为参考。

【参考样例】

李经理，我们公司服务过广州的一家婚纱摄影店。这几年，那家店的业务收入一直在下滑。原因是摄影业务受电商的影响比较大，而他们自己做的互联网宣传引流的效果又不好。我们公司提供了数睿广告业务给这家客户使用。他们使用我们的这个业务以后，业务收入下滑的问题得到了很好的解决，现在他们80%以上的业务量都来自互联网线上引流，还大大节约了宣传推广费用。李经理，目前你们店有没有做线上引流活动，效果如何?

（4）根据政企客户采购关键人员的反应进行区别应对

讲述完参考案例话术后，政企营销人员的策略是不再说话，静待客户的反应，然后根据客户的反应进行应对。一般情况下，客户听完参考案例话术后会有以下五种反应。

反应一：我们也面临同样的问题——客户承认存在痛点。

恭喜你命中目标了! 你提前分析、洞察的客户潜在痛点得到了政企客户的验证，你有很大的机会把这个客户痛点转变成正式商机。

接下来的任务：如果是小单，政企营销人员可以直接介绍产品；但如果是大单，政企营销人员还需要与客户一起分析该痛点的具体表现、产生原因、影响范围以及政企客户目前的解决想法。

反应二：我们面临另外的问题——客户主动告知新痛点。

遇到这种情况，也要恭喜你! 虽然你提前分析、洞察的客户潜在痛点被客户否决了，但你在参考案例话术中表现出来的专业水平、能力和经验已经让政企客户对你产生了信任，政企客户感觉你有能力帮助他们，所以才愿意主动把他们的实际痛点告诉你。这其实是在向你求助，所以你也有很大的机会把客户的这个新痛点转变成正式商机。

接下来的任务：你放弃刚才提出的痛点，转向这个政企客户主动告知的新痛点，讲述另一个与新痛点相关的参考案例话术；之后，如果是小单，可以直接介绍产品；如果是大单，则还要与政企客户一起分析这个新痛点的具体表现、产生原因、影响范围以及政企客户目前的解决想法。

这也说明，政企营销人员在拜访客户之前需要准备多个痛点和多套拜访话术，以便能灵活应对政企客户告知的新痛点。一般情况下，政企营销人员在拜访重要的政企客户前，需要准备 3 ~ 5 个关键痛点及相应的拜访话术。

反应三：客户依旧友善健谈，但既不承认存在痛点，也不告知新痛点。

在这种情况下，政企营销人员有以下两种选择。

①放弃刚才讲述的痛点，主动换一个新痛点，再次讲述新痛点的参考案例话术。

②暂不放弃刚才讲述的痛点，用 1 ~ 2 个该痛点的场景问题，继续引导政企客户深入思考及承认这个痛点；如果还是没有效果，再更换新痛点。

反应四：客户既不承认存在痛点，也不告知新痛点，但沟通态度开始变差，甚至开始充满敌意。

这种情况往往是客情关系出了问题，政企营销人员有以下选择。

①努力尝试与对方沟通，了解客户态度变差的原因，进而尝试解决导致客户态度变差的原因后再重新开始商机挖掘。

②展示其他痛点清单，例如，"据我了解，你们的其他同行公司往往还有以下几个问题……不知道你们公司是否也曾遇到过这些问题？"

③更多了解对方的信息，确定当前的拜访对象是不是采购关键人员；

④礼貌告辞，下次换一个人拜访。

反应五：我们也面临同样的问题，但已经有解决方法了。

这是最危险的情况，说明竞争对手已经先入为主，政企营销人员得到明确商机及合同订单的机会变得很渺茫。在这种情况下，政企营销人员要么撤退，要么战斗。如果选择战斗，政企营销人员就需要想办法让政企客户感觉现在的解决方案并不完善，方法如下。

①先跟后带法

人们在维护自己的观点时，面子因素往往要大于内容因素。如果一开始就直接反对对方，就会促使对方从维护面子的角度进行更激烈的反抗。更好的策略是先同意对方，维护对方的面子，然后只是反对对方观点的一部分内容，这样对方会更容易接受。

具体做法是听取对方的观点后，先强调同意对方观点中正确的内容，然后在对方观点中加入己方内容，再将整合了双方观点的新内容反馈给对方，征求对方的意见。

②三句问话法

人们会反对别人的观点，但对自己的观点往往深信不疑。如果能让对方将原本是我方的某些观点误以为是他自己的观点，就能达到改变对方观点的目的。而对方的这种"误以为"是有可能发生的，因为人们乐于将他人的正确观点据为己有。具体做法如下。

第一句问话：营销人员使用请教的口吻，用开放式问题（无法用"是"或"不是"回答的问题）鼓励对方扩展话题或分享更多的信息与观点。例如，"×总，刚才您说已经有解决这个问题的方法了，那您的解决方法采用了哪些主要技术呢？""×总，您刚才说××公司的解决方案挺好，您觉得××公司的解决方案有哪些优点呢？"

第二句问话：在第一句问话的话题谈得差不多时，营销人员继续使用请教的口吻插入对方在回答第一句问话时遗漏的某个方面，而恰恰这个被遗漏的方面正是销售方的产品/服务/方案的优点，而且估计客户很大概率会赞同这个被遗漏的方面。营销人员使用封闭式问题（可以用"是"或"不是"回答的问题）征求政企客户对这个遗漏的方面的看法或意见。例如，"×总，看来您对这个研究得挺深入的，我正好有个疑问想请教您，您觉得解决方案中××功能是否是必要的？

第三句问话：在第二句问话的话题谈得差不多时，营销人员继续使用请教的口吻，插入类似"您这么一讲，我才明白""您看我的理解对不对""您的意思是不是这样"等口头语，再次用封闭式问题请客户对第二句问话的内容表态。例如，"×总，您的意思是不是说××功能可以发挥××方面的重要作用，是不可缺少的，您看我的理解对不对？"如果客户对第三句问话给出了肯定的回答，那就意味着营销人员插入的第二句问话的内容已经变成了客户自己的观点，就实现了客户自己改变自己的效果。

【案例 7-2】

我在一次政务行业营销训战课程中陪同学员拜访某街道办主任的实战案例，供读者参考。

①王主任，您一直在防疫一线指挥，经验很丰富，我想请教您：您觉得 ×× 公司（竞争对手）的解决方案，哪些方面比较好？

②王主任，您说的这些非常有道理，看来您对于信息化防疫系统研究得很深入了。×× 公司（竞争对手）解决方案的这些优点，我们公司的方案也都具备。我想再请教您，您觉得"居家隔离监控监测系统中，终端部件非法拆除自动报警"这个功能重要吗？有什么作用？

③王主任，听您这么分析，我终于明白"终端部件非法拆除自动报警"这个功能非常重要。如果没有这个功能，防疫的风险漏洞还是挺大的。您看我的理解对吧？

（5）如果提前准备的所有客户潜在痛点都验证失败要临机灵活处置

如果提前准备的所有客户潜在痛点都被政企客户否定了，而对方也没有主动给出新痛点。这种情况下，如果当时的交谈气氛还比较好，政企营销人员可以根据自己在客户现场观察到的情况进行商机挖掘尝试，这要求政企营销人员在拜访客户时善于观察。另外，政企营销人员也可以使用变形的 SPIN 问话技巧，询问政企客户未来的数字化规划。

①问目前现状。例如，"李主任，您负责的防疫工作，目前采用了哪些信息化的手段？"

②问目前重点。例如，"李主任，您负责的信息化防疫工作，目前的重点是哪些？"

③问下一步计划。例如，"李主任，信息化防疫方面，您下一步的计划都有

哪些？”

④问未来规划。例如，"李主任，未来信息化防疫的规划，您会主要考虑哪些方面？”

【案例 7-3】

我在一次医卫行业营销训战课程中陪同客户经理拜访当地的一家中医院。到达中医院后，我发现该医院门诊大厅只有 3～5 个人在排队挂号，这是明显的门诊量不足的表现。见到该医院副院长后，我就把事先准备的几个痛点放在一边，先谈"门诊量不足"的痛点，马上得到了副院长的认同，并从这个痛点出发得到了三四项明确的商机。

在另一次商企市场营销训战课程中，我陪同客户经理拜访当地的一家建材零售商，但提前准备的几个痛点都没有验证成功。我就提议能否看看该公司的产品。客户关键人带着我们到了产品展厅，几百平方米的展厅只开了一半灯光。在参观过程中，我发现产品展示和客流不足是该建材零售商的痛点。从这两个痛点出发，我成功挖掘到了商机。

独特创见

如果商机挖掘第一步"参考案例"做得很成功，就可以进入商机挖掘第二步"独特创见"。这一步的目的是使用预先设计的独特创见话术对政企客户采购关键人员的固有观念和想法进行冲击和动摇，为政企客户接受有利于销售方的新观念奠定基础。本节继续使用拜访婚纱摄影店的商机挖掘话术作为参考样例。

【参考样例】

李经理，我们经过深入研究发现：要想线上引流效果好，有一个因素很重要，但往往被人们忽略了，那就是一定要提前精准地筛选出目标受众。因为像婚纱摄影这个行业，目标客户群其实很狭窄，虽然网民很多，但绝大多数没有婚纱摄影的需求。如果线上引流活动不提前精准地筛选出目标受众，那么看到活动内容的大部分人可能都不是真正的目标客户。这会让推广费用打了水漂，自然也无法有效提升业务收入。

政企营销人员在讲述独特创见话术时，语气要自信，态度要诚恳。如果客户对独特创见的内容明确表达反对意见，政企营销人员可以使用第一步"参考案例"中的先跟后带法和三句问话法应对。如果客户没有明确表达反对意见，即可进入下一个步骤。

理性证明

商机挖掘第三步"理性证明"的目的是使用预先设计的理性证明话术，从晓之以理的角度说服政企客户采购关键人员接受营销人员提出的独特创见。

📄【参考样例】

李经理，我们估算一下，如果没有提前精准地筛选目标受众，宣传推广费中有多少会打水漂。2019年，全国婚姻登记机关共办理结婚登记947万对，同时期全国网民的数量是8.29亿人，算下来，每年有结婚意向的网民数量占比仅为2.3%。通过网络引流，如果不提前筛选目标受众，就可能导致97%以上的网络曝光实际上是无效曝光，带不来业务收入。竟然高达97%以上的宣传推广费打水漂了，这让很多人想不到。

场景故事

商机挖掘第四步"场景故事"的目的是使用预先设计的场景故事话术，从动之以情的角度说服政企客户采购关键人员接受营销人员提出的独特创见。

【参考样例】

李经理，我知道你们店的情况有些特殊，我讲一下我刚才介绍的广州那家婚纱摄影店使用我们业务以前的情况，您看看对您有没有启发。那家店是个老字号，本来生意蛮好的，但这几年受电商的影响，业务收入持续下滑。他们老板很着急，决定也开始搞网络宣传和网络引流。他们找一家网络广告代理公司，投了20多万元的网络广告费，有百度竞价广告，也有论坛广告、微信广告等。但由于目标受众不精确，20多万元的广告费花出去，只带来两单生意，搞得他们自己也挺灰心的。

价值主张

商机挖掘第五步"价值主张"的目的是使用预先设计的价值主张话术揭示独特创见可为政企客户带来的核心价值，推动政企客户采购关键人员将痛点转化为需求。

【参考样例】

李经理，我建议咱们店如果做在线引流活动，就一定要考虑目标受众精准筛选的问题。在线引流活动只有具备精准筛选目标受众的能力，才能把咱们店的产品和优惠信息比较准确地送到具有消费意向的目标客户的眼前，既保证宣传推广费用少打水漂，又能将促销活动的效果提高50%以上。

产品介绍

商机挖掘第六步"产品介绍"的目的是压轴推出销售方的产品/服务/方案，紧扣政企客户的痛点，突出产品/服务/方案的技术优势和为政企客户实现价值的能力，强化政企客户对销售方的信心，推动客户需求转变为明确商机。这一步的方法如下。

（1）讲述预先设计的FFAB产品介绍话术（注意：FFAB话术要与客户承认的痛点、价值点相吻合，并能呼应之前提出的独特创见和价值主张）。

175

（2）继续使用 FFAB 方法讲述该产品／服务／方案的其他 2 ～ 3 项主要技术、功能、性能。

（3）了解政企客户采购关键人员对销售方的产品／服务／解决方案是否还有其他要求。

【参考样例】

李经理，我们公司的数睿广告业务，它利用了我们公司的用户大数据系统再叠加 App 厂家的用户大数据系统共同筛选广告的目标受众。目前，仅我们公司的用户大数据系统的用户标签种类已经超过了 3700 个。通过叠加使用两套用户标签体系，可以更精准地锁定您的目标受众。而社会上的网络广告代理商由于没有自己的用户大数据系统，就做不到这一点。我们测算过，在相同条件下，我们的数睿广告的响应率要比社会广告代理公司高出 50% 以上。

李经理，我再向您介绍一下我们公司数睿广告业务的其他几个关键功能……

李经理，您对使用数睿广告业务开展网络引流宣传还有其他要求吗？

商机确认

（1）商机确认的条件

在确认商机之前，政企营销人员需要自我检查从第一步至第六步的会谈效果。自我检查的要点如下：

①客户采购关键人员是否承认了某个痛点；

②营销人员是否清楚了政企客户的痛点表现和痛点原因；

③客户采购关键人员是否认可了销售方的产品／服务／方案；

④营销人员是否了解了客户采购关键人员的其他要求。

如果上述 4 个方面都沟通得很好，就表明可以进入商机确认步骤。

（2）小单商机确认的方法

小单商机确认的方法是要求成交，其基本方法如下。

①直接成交法：不转弯抹角，用简短的语言，直接、坦诚地向客户采购关键人员提出签订合同或受理单的要求；

②假设成交法：假设成交已是事实，与政企客户采购关键人员讨论后续工程安装、付款时限或方式等事项。

要求成交的两个要点如下。

①政企营销人员要自信。如果你在销售过程中与政企客户达成了意见一致，你就拥有了要求订购的权力，要求成交是自然而然的事情。如果不能成交，反而是客户的损失。

②让政企客户做出决定。提出成交要求以后尽量沉默，给客户做决定的机会。

（3）大单商机确认的方法

大单的商机不是成交，而是政企客户采购关键人员表达希望销售方为他们提供个性化解决方案的诉求。大单商机确认的方法有以下两种。

第一种方法是政企客户主动表达诉求。例如，政企客户主动说："请你们结合我们单位的具体情况和要求，专门为我们做一个针对性的解决方案。"

第二种方法是政企营销人员提议，政企客户同意。例如，政企营销人员也可以说："我们回去请技术人员根据你们单位的具体情况和要求，利用我们公司的先进技术和方案，为你们单位设计一个针对性的解决方案，再来请您审核，您看可否？"

第一种方法中，只要政企客户表述了类似的诉求，就代表了商机确认。但第二种方法中，政企营销人员的提议不算正式商机；只有客户同意了，政企营销人员的提议才是正式商机。

这两种大单的商机确认方法要想取得成功，都要求政企营销人员在商机挖掘过程中能提前准确地洞察到政企客户的关键痛点，并采用结构化商机挖掘小七步法的技巧，成功验证并引导政企客户承认痛点。

（4）商机确认后需要了解的商机具体信息

得到政企客户正式的商机确认之后，政企营销人员还需进一步细化该商机的其他具体信息,包括以下内容。

①资金来源。

②需求规模:有多少个子系统?多少个物理点位?硬件数量?软件数量?

③紧急程度:期望的上线日期。

④采购物主要的使用单位/部门。

⑤是否需要对接或与现有系统或设备兼容。

⑥政企客户大致的决策流程、采购流程。

⑦政企客户已接触过哪些其他销售方。

⑧商机的其他具体信息等。

在上述商机具体信息中,资金来源、需求规模、紧急程度无疑是最关键的商机信息。

如果本次拜访对象不掌握商机具体信息,或者限于时间关系无法深入了解商机具体信息时,政企营销人员可以要求拜访对象指定一位下属人员作为具体信息的对接人,在本次拜访结束后再联络对接人详细了解商机的具体信息。

结构化商机挖掘小七步法中使用的核心销售技巧是引导式销售法。引导式销售的会话流程是结构化商机挖掘小七步法中从"独特创见"至"产品介绍"五步。引导式销售法在政企营销中用途广泛,不仅可用于商机挖掘环节,还可以用于解决方案呈现与交流、标前引导、争取客户支持等其他关键环节,如图7-4所示。

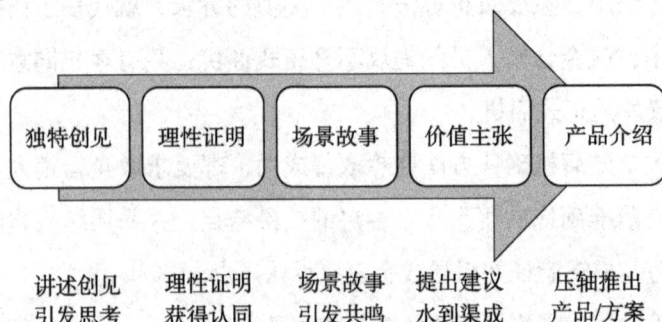

独特创见	理性证明	场景故事	价值主张	产品介绍
讲述创见 引发思考	理性证明 获得认同	场景故事 引发共鸣	提出建议 水到渠成	压轴推出 产品/方案

图 7-4　引导式销售的会话流程

7.2.3　后续商机评估

分析商机信息

全面、准确的信息是商机分析和评估的基础。从政企客户得到商机确认后，政企营销人员首先要分析目前已经掌握了该商机的哪些具体信息，还有哪些具体信息需要向政企客户相关人员进一步了解。一般而言，政企客户数字化需求的重要商机应包括需求信息、决策信息、关键人员信息及竞争对手信息四个方面。

分析商机价值

在比较全面、准确地掌握商机具体信息的基础上，从政企客户和本公司两个角度分析该商机的商业价值。

（1）从政企客户的角度分析商机价值

从政企客户的角度分析该商机的价值，是为了评估政企客户是否会将该商机立项，以及有可能投入多大的资金预算。政企营销人员可从对政企客户业务产生的影响、政企客户对该商机的重视程度、与该商机有关的预算立项信息、政企客户单位的技术与业务能力四个方面分析该商机对政企客户的价值。

（2）从本公司的角度分析商机价值

从本公司的角度分析该商机的价值，是为了分析该商机对本公司的意义，并依此决定本公司是否要参与该商机的市场竞争，以及为赢得该商机订单可以投入的资源种类和范围。政企营销人员可从项目战略意义、项目投资效益、产品服务替代性、历史客情关系、高层重视程度、竞争对手优势 6 个方面分析该商机对本公司的价值。

商机取舍评估

在全面、充分地评估商机价值的基础上，政企营销人员需要会同上级领导、公司专业管理部门研究确定是否要参与该商机的市场竞争，并根据取舍判断结果制定相应的营销策略。

经过商机评估，如果决定参与该商机的市场竞争，就进入了新七步成诗法的方案胜出阶段。如果经评估后决定不参与该商机的市场竞争，政企营销人员也需要以恰当的理由告知政企客户采购关键人员，争取他们的理解，以确保不损害客情关系。

| 第 8 章 |

方案胜出

方案胜出是新七步成诗法的第五阶段，也是对于赢单具有决定性意义的阶段。本阶段的目标是产品或方案获得政企客户认可，成功标志是得到政企客户内定承诺，关键任务因销售金额大小而有所不同。小单（指销售金额较小）的关键任务包括产品介绍、产品演示与客户体验、提供更多成功案例等；大单（指销售金额较大）的关键任务包括提供个性化解决方案、解决方案交流、创值销售、争取最大客户支持度；分析赢单形势，制定并实施赢单策略；获得内定承诺，得到控标权（参与编写采购标准文件等）。本章主要介绍针对大单的任务、方法、技巧和案例。

8.1 编写解决方案建议书

8.1.1 解决方案建议书的参考模型与结构

解决方案交流及其重要性

解决方案交流对于政企营销具有特别重要的意义。在政企数字化业务营销过程中，解决方案交流是耗时最多、对赢单影响最大的工作，有时候还要反复进行多次，如图 8-1 所示。

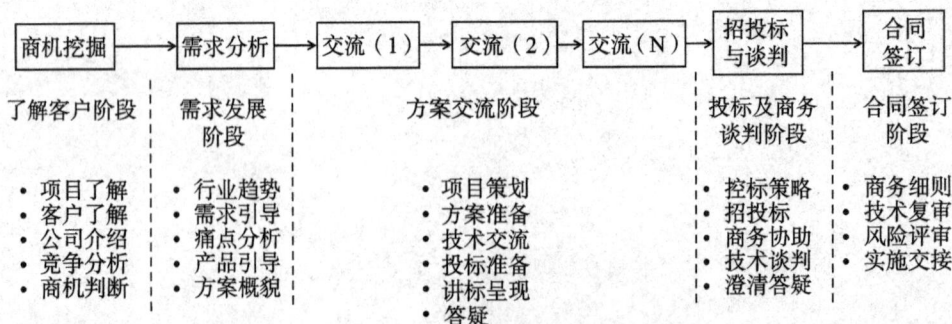

图 8-1 解决方案交流在政企营销过程中的重要性

解决方案交流对赢单的影响在于，政企客户采购关键人员正是利用解决方案交流工作评估和选择销售方。在解决方案交流过程中，政企客户采购关键人员会对潜在销售方进行大范围评估，选择满意的厂商。等到招投标与谈判阶段，厂商评估与选择等工作基本已经尘埃落地了，剩下的工作要么是与满意的销售方走完法规要求的采购流程，要么是与几个都满意的销售方进行价格谈判。

解决方案建议书的参考模型

（1）PROBE 模型

解决方案交流的主要内容是解决方案建议书。政企营销人员需要高度重视解决方案建议书的编写和交流工作，应组织团队成员精心完成。

优秀的解决方案建议书可以发挥以下重要作用：

①响应：对政企客户的个性化需求做出回应；

②展现：展示与竞争对手不一样的优点和优势；

③说服：说服政企客户采购关键人员把数字化服务项目委托给销售方；

④教育：促进政企客户采购关键人员对销售方的优势和项目收益的理解；

⑤确认：销售方通过技术方案交流确认是否真正理解了政企客户的问题和需求。

编写解决方案建议书时常用的参考模型是 PROBE 模型。该模型用于表示解决方案建议书的 5 个主要组成部分：

①P：Problem，即问题部分，描述目前政企客户存在的主要业务问题（关键痛点）、主要业务问题的原因分析，以及销售方对政企客户数字化转型目标和内容的理解等；

②R：Resolution，即解决方法部分，描述针对政企客户主要业务问题的解决方法、采用的技术路线、关键设备或系统、可实现的主要功能和性能指标、预期效果或成果等；

③O：Organizing，即组织部分，描述销售方项目组人员构成、整个数字化项目实施时间进度、里程碑、销售方与客户双方的分工配合等；

④B：Billing，即费用部分，描述整个数字化项目的收费标准或依据、项目总体造价及费用估算、费用支付方式等；

⑤E：Experience，即经验部分，描述销售方同类数字化项目的典型客户、成功案例、成功经验、销售方项目组成员的行业经验和项目实施经验等。

政企客户采购关键人员对解决方案建议书的 5 个组成部分的关注度是不同的。在解决方案交流阶段，政企客户采购关键人员对 P、R 和 E 三个部分更加关注，并把这三个部分作为评价和筛选销售方的主要标准。在这个阶段，他们对 O 和 B 部分还不太关注，只要政企客户的预算资金能包得住就行。所以，政企营销人员在组织团队编写解决方案建议书和组织解决方案交流时，要把重点放在 P、R 和 E 这三个部分，如图 8-2 所示。

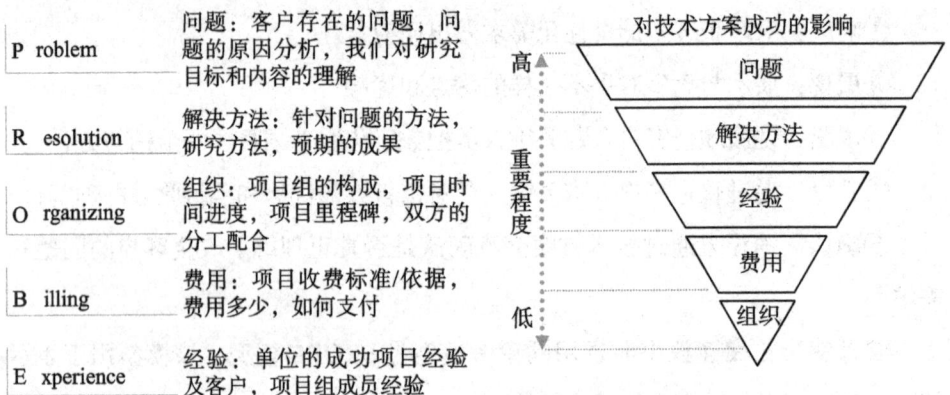

图 8-2　PROBE 模型及政企客户对不同部分的关注度

（2）积木模型

针对 PROBE 模型的 R 部分，常用的设计方法是积木模型，即用产品作为基础模块，根据客户需求逐层搭建各种层次的解决方案，如图 8-3 所示。

第一步一般是先用分解法从上往下设计解决方案的目录结构，即先把一个综合性解决方案分解为若干个解决单一问题的单个解决方案，然后把各单个解决方案分解为不同的方案组件（每个方案组件相当于一个功能模块），再继续把各个方案组件分解为公司自有或合作厂家的产品或服务。第二步用组合法从下往上填充具体的内容，例如，把各种产品或服务组合成方案组件，把各种方案组件组合成单个解决方案，最后由若干单个解决方案组合成综合解决方案。

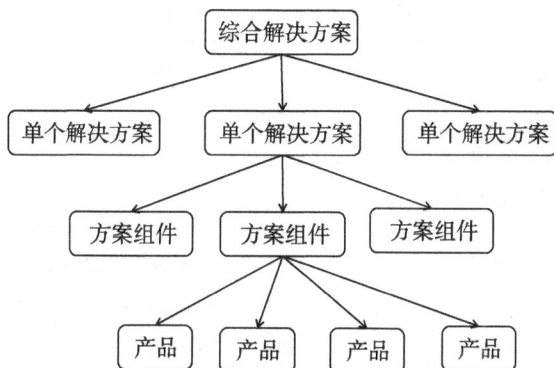

图 8-3　针对 R 部分的积木模型

解决方案建议书的参考结构

解决方案建议书主要用于销售方与政企客户的交流活动，这就要求解决方案建议书突出说服性，而不要求精确性。解决方案建议书一般由以下 4 个部分组成：

（1）销售方的优势，包括销售方在政企数字化服务领域的技术优势、销售方同类项目的成功案例和实施经验等；

（2）客户需求分析，包括客户所属行业的发展状况及数字化转型趋势、客户所属行业的生产经营管理中存在的主要问题、解决问题的迫切性、主要问题解决后的收益等；

（3）解决方案建议，包括解决方案的设计原则、设计思路、总体设计、数字化系统的总体构成、功能架构和网络结构、各子系统的功能和性能介绍、拟选用的主要技术路径及产品等；

（4）解决方案详细设计，包括各子系统／模块的技术方案、功能介绍和性能指标等，如表 8-1 所示。

表 8-1　解决方案详细设计的主要内容

序号	构成模块	用途	具体内容
1	系统构成	说明方案包括什么内容	主要描述系统包括哪些子系统、各子系统的构成等内容；用于让客户对系统的组成及建成后的效果有概括的认识
2	体系架构	说明方案包括哪些要素，以及要素之间的关系	体系架构是一个综合模型，用于描述整个系统；由许多结构要素及各种视图组成；各种视图主要是基于各组成要素之间的联系与互操作而形成的
3	关键技术路径	说明可以选择的技术中哪种技术比较适合客户	结合项目要求和需要解决的问题，从可以选择的技术中选择最合适的技术，使解决方案在可行性、扩展性、性价比等方面效果最好
4	网络拓扑	说明方案要素之间的连接方式	指用传输介质互连各种设备的物理布局，用于说明构成网络的成员之间特定的物理或逻辑的排列方式
5	系统功能	说明方案能解决客户什么问题	从解决客户问题的角度出发，描述各系统能够实现哪些功能。这是客户最关心的内容

8.1.2　解决方案建议书的评价标准及编写经验

解决方案建议书的覆盖对象

解决方案建议书需要同时覆盖政企客户单位的决策者、应用者、选型者等不同角色人员的关注点。决策者一般会关注数字化项目投入使用后对生产、管理等方面产生的改变，以及数字化项目的投资收益率和可带来的业务收益等内容；应用者一般会关注数字化系统的操作便利性、操作合理性、系统运行效率等内容；选型者一般会关注数字化系统的技术构架、技术先进性，与现有设备、系统的兼容情况，销售方的技术支持和售后服务能力等内容。

政企客户如何评价解决方案建议书

政企客户采购关键人员一般会从以下几个方面评价销售方提供的解决方案建议书，以及销售方的技术实力和行业经验。政企营销团队在编写解决方案建议书和进行方案交流时需要能很好地回答以下政企客户的关注点。

（1）客户业务驱动力：销售方是否理解有哪些因素影响我们的业绩？

（2）客户业务举措：销售方是否理解我们为应对这些变化因素应该采取哪些对策？

（3）客户目标和障碍：销售方是否理解我们在实现业务目标过程中有哪些障碍？能否帮助我们消除这些障碍？

（4）你们的解决方案：销售方有什么方法能帮助我们解决问题并实现业务目标？

（5）你们的差异化优势：销售方在帮助我们实现业务目标方面与其他厂商有哪些不同？优势体现在哪些方面？

（6）你们的成功案例：销售方曾经帮助哪些同行客户实现过类似的解决方案？实现的效果如何？销售方在成功案例中积累了哪些成功经验？

（7）你们的独特价值：销售方的解决方案能否满足我们的需求？有哪些独特价值？

解决方案建议书的评价标准

优秀的解决方案建议书要达到4个标准：要有厚度，内容丰富；条理清晰，层次分明；逻辑严谨，重点突出；简明扼要，深入浅出。在语言表述方面，优秀的解决方案建议书要做到既让不懂技术的人能看得懂，又让懂技术的人挑不出毛病。

解决方案建议书的编写经验

（1）动笔之前先了解客户需求：可征得政企客户同意，专门安排方案编写人员进行实地调研，不方便实地调研的也可采用电话调研。

（2）动笔之前先收集分析各种素材：包括政企客户的痛点、价值点和具体需求，政企客户行业发展趋势分析，本公司同类项目成功案例，竞争对手同类解决方案等。

（3）以客户为中心组织方案内容：编写人员要摒弃产品思维，避免大量堆砌产品的技术、功能、性能等做法。最好先分析政企客户业务，从政企客户业务中发现问题、推导需求，并重点描述如何将本公司的各种技术、产品、服务、系统等资源组合成解决方案去解决客户的业务问题。

（4）按照一定的逻辑和套路组织方案内容，要确保完成的解决方案建议书条理清晰，具有较强的内在逻辑性和说服力。

（5）注重可操作性：解决方案中选用的技术、设备、配置等要与政企客户的业务紧密结合；要注重分析项目的投资效益，必要时可以提供多种商务合作模式供客户选择，以及适当多提供成功案例供客户参考。

8.2　解决方案呈现与交流

8.2.1　解决方案交流的目标和要点

解决方案交流的目标

解决方案建议书编写完成后，政企营销人员需要邀约客户采购关键人员进行方案交流。解决方案交流的总体目标是使政企客户认可解决方案，具体可以分为以下 3 点。

（1）使解决方案满足政企客户的个性化要求，达到让政企客户采购关键人员满意的目的。

（2）发现及验证政企客户的重要价值点。

（3）影响政企客户的决策标准和采购标准。

每次解决方案交流结束前，营销人员都要敢于询问政企客户采购关键人员对解决方案建议书的满意度。如果客户不满意，营销人员需要充分、细致、深入地理解客户不满意的具体内容及原因，抓紧时间组织团队修改、完善，再次邀约政企客户采购关键人员进行解决方案交流。如果客户很满意，就可推动客户进入采购流程的下一环节。

解决方案交流的要点

（1）客户方参加交流的人数要从少到多

政企数字化项目往往需要进行多次解决方案交流。客户方参加交流的人员范围最好从窄到宽、参加人数从少到多。这是因为解决方案建议书初稿大多脱胎于标准化行业解决方案，对目标政企客户的实际业务状况可能考虑不周，某些重要的客户个性化需求可能被遗漏。如果此时客户方参加交流的范围太广、人数太多，参会人员对解决方案建议书的意见可能就会比较多且杂，甚至还可能有某些反对人员故意提出一些恶性的、负面的、夸大的、致命性的反对意见或负面评价，这有可能打击政企客户采购关键人员对该数字化项目和销售方的信心。

比较好的做法是在解决方案交流初期，请政企客户采购关键人员只邀请少量支持这个项目的核心骨干人员参加交流会。这种情况下，参会人员对解决方案建议书的意见和建议会更偏向于建设性意见。营销人员根据这些建设性意见进一步完善解决方案建议书，增加更多客户个性化的需求内容。经过多轮交流，解决方案建议书已经非常完善了，完全是根据政企客户单位的实际业务情况个性化定制的解决方案。这时再进行较大范围的解决方案交流活动，参会人员赞同解决方案的意见会比较多，形势就有利于政企客户采购关键人员对该数字化系统立项建设及支持销售方赢得订单。

（2）注意不同阶段政企客户的关注点变化

在解决方案交流的不同阶段，政企客户采购关键人员的关注点也不一样，如图 8-4 所示。

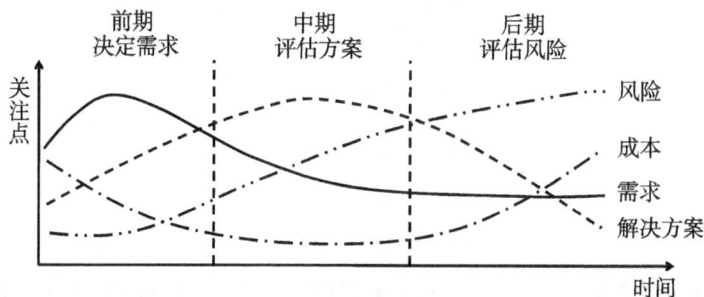

图 8-4　政企客户采购关键人员在解决方案交流不同阶段的关注点

在解决方案交流时，政企客户采购关键人员一般会关注需求、解决方案、成本、风险四类重点内容。在交流初期，政企客户最关心业务痛点是否真实且严峻、需求是否必要且迫切、是否需要启动这样一个采购项目；在交流中期，政企客户最关心销售方的解决方案是否先进、是否能落地实施、是否符合本单位的实际情况；在交流后期，政企客户最关心该项目在采购、实施交付、应用维护等方面是否存在风险，以及如何规避可能的风险。

政企营销团队在与客户采购关键人员进行解决方案交流时，需要灵活调整交流的内容，重点响应政企客户采购关键人员在该阶段的关注点。

8.2.2 解决方案交流的方法和技巧

专业讲解五步法

政企营销人员在解决方案交流时可使用专业讲解五步法来提升交流的效果，如图 8-5 所示。

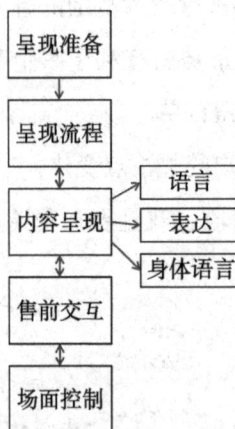

图 8-5 专业讲解五步法

呈现准备

在解决方案交流开始之前，销售方讲解人员需要做好以下准备工作：

- 清楚政企客户方会有哪些人参加交流会，分别是什么部门、什么职位、什么专业；如果客户方参会人员有临时变动，也需要第一时间告知讲解人员；
- 确认交流日期、时间长度、是否有变化；
- 确认交流内容和交流方式，确认是否有提问环节、提问方式及问题范围；
- 确认交流现场是否有电脑、投影设备和音响设备；
- 熟悉演讲材料；
- 熟悉交流环境；
- 提前设想客户方参会人员可能会提的问题；
- 内部试讲演练；
- 注意仪容仪表形象；
- 提前 30 分钟到达；
- 提前调试电脑、投影设备及音响设备等；
- 临场放松等。

呈现流程

呈现流程是指从双方人员到达交流场所到交流活动结束的整个过程，如图 8-6 所示。

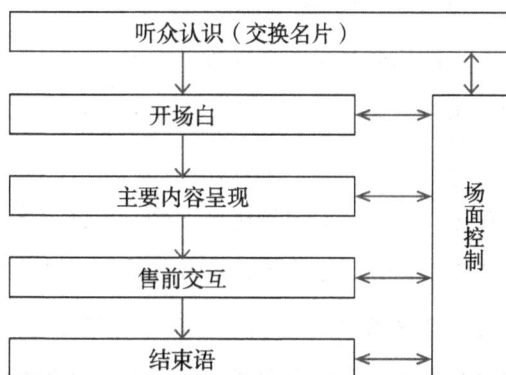

图 8-6　呈现流程

呈现流程的具体内容包括以下方面：

（1）听众认识：客户方和销售方分别介绍本方参加人员，双方主要人员交换名片、互相认识；

（2）开场白：双方现场最高级别领导互致感谢词及表达合作意愿，概括介绍本次交流活动的主要内容和目的；

（3）主要内容呈现：由销售方讲解人员详细介绍解决方案建议书的主要内容；

（4）售前交互：双方针对与解决方案建议书有关的内容展开交流；

（5）结束语：双方对交流效果初步评价、再次互致感谢词、商议下一步工作安排，结束本次交流活动；

（6）场面控制：从听众认识到结束语的整个呈现流程中，政企营销人员要及时、有效地处理各种突发、棘手事件，保持正常的秩序和友好的气氛，以实现预期的交流效果。

内容呈现

（1）讲解人员的语言技巧

①方案讲解的一般语言技巧

- 讲解内容详略得当，重点突出有利于本公司优势的要点。
- 讲解语言专业与通俗结合，既要避免过于专业导致部分听众听不懂，又要避免太通俗让部分听众误以为不专业。
- 可多使用"第一、第二、第三""因为……所以……"等句式，加强逻辑性。
- 可多使用理论、模型、案例等讲解方法，加强语言的说服力。
- 适当使用比喻、例证、故事等讲解方法，加强语言的生动性。
- 讲述内容与 PPT 内容匹配，不同内容之间有过渡。
- 注意语言的严密性，减少讲解语言的漏洞或被误解的可能。
- 少讲废话，控制口头语。

② 介绍公司方法——BSV 法

- Business：讲"清"本公司业务（做什么），包括本公司的历史沿革、使命、愿景，本公司专注的行业和领域，本公司的整体实力或特色等。

- Strengths：讲"明"本公司的优势，包括从技术、产品、方案、案例、价格、实施及服务等方面，原则是重点介绍有利部分、弱化或略过不利部分。

- Value-to-Customer：讲"透"本公司带给客户的价值点，使政企客户觉得销售方值得信赖。

③技术问题讲解方法——TQCSS 法

- Trend：客户所在行业的国际国内趋势、客户自身发展趋势、客户主要对手趋势。

- Question：目前客户各级听众最关心的问题是什么？有什么样的痛点？

- Customer：样板客户遇到的类似问题、解决方案，以及客户获得的收益。

- Solution：销售方的整体解决方案、方案特点和价值点。

- Success-factor：从客户角度阐释本项目的关键成功因素。

④案例和产品演示方法——SPR 法

- Scene：先说明产品的定位、特色、价值，再用 PPT 全景展示产品应用的全部场景。

- Procedure：用 PPT 方式介绍数字化应用系统的全面运作流程及某些具体流程，配合系统演示。

- Role：用不同角色登录系统，演示具体功能，讲明特色和功能的优点、好处等。

（2）讲解人员的表达技巧

表达技巧是指讲解人员的声音表达出来的非语言信息。讲解人员善用表达技巧，可以有效增强交流现场的影响力。

- 音量：尽量大声，确保会场内所有人都能清晰地听到；如果交流会场超过50平方米或者现场比较嘈杂，应考虑使用扩音设备。
- 语音：根据讲解内容适当地使发音有变化。
- 语调：根据讲解内容适当地变换升降调、抑扬顿挫。
- 重音：对于重点内容、重要功能／性能／优点等，可使用重音进行强调。
- 停顿：使用停顿进行内容过渡及引发听众思考。

（3）讲解人员的身体语言

身体语言是指讲解人员的眼神、面部表情、手势及身体姿势等传达出的非语言信息。运用好身体语言，可以有效增强交流现场的影响力。

①眼神

讲解人员应尽量与每位听众都进行过眼神接触。常用的讲解人员眼神接触法称为"探照灯法"，即在讲解过程中讲解人员的眼神从前到后、从左到右像探照灯一样扫视听众席，眼神在某处停留5～10秒。同时，讲解人员要避免盯着天花板、地面、电脑、投影仪等地方不与听众进行眼神交流，也要避免长时间盯着某位听众。

②面部表情

在解决方案交流全过程中，讲解人员的面部表情应以保持微笑为主基调，在讲解某些内容或回答问题时可根据内容采用一些适当丰富、自然的面部表情，要避免面无表情或表情过于夸张。

③手势

讲解人员的手势是非常重要的影响因素，要求是动作范围稍大、速度稍慢。一般情况下，如果参会人数少，则讲解人员的手势可少一些；如果参会人数较多，则手势可多一些。

④身体姿势

讲解人员是采用坐姿还是站姿，没有一定之规。如果参会人数少，讲解人员可以坐着讲；如果参会人数多，则最好站着讲。但无论是坐着讲还是站着讲，讲解人员的身体姿势都要端正，挺胸抬头，站直或坐直。如果采用站姿，讲解人员还应注意身体重心要落在两只脚中间，讲解过程中要避免重心反复切换而导致身体晃动。

售前交互

（1）交互技巧

讲解人员与听众的交互沟通是解决方案交流活动中的重要环节。售前交互的形式包括两种：第一，客户方参会人员提出问题，讲解人员或销售方团队其他人员进行回答；第二，讲解人员或销售方团队其他人员向客户方提出问题，客户方参会人员回答。

为了保障交互环节取得良好的效果，销售方团队需要掌握的交互技巧包括两种：第一，回答问题的技巧，即准确识别客户方参会人员所提问题的类型、性质，谨慎应对，巧妙回答；第二，提问技巧，即善于向客户方参会人员提出能打动听众的恰当问题、富含高价值信息的问题及能获得听众好感的问题等。

（2）洞察客户问题的丰富信息

客户方听众的问题向销售方团队传达了丰富的信息，需要销售方团队认真分析。

- 表示客户方人员在认真倾听。
- 表示客户方人员有兴趣更深入地了解。
- 可能表示客户方人员的看法和意见不同。
- 可能表示客户方人员有疑惑或不满。
- 可能表示客户方人员想考察销售方的能力水平。
- 也可能表示客户方人员支持其他供应商。

（3）回答客户问题的基本技巧

①目标

体现专业性，打消客户疑虑，提高信任度，扩大本公司优势。

②要点

在客户方人员提问时，销售方回答者应目光注视提问者，在心里快速分析提问者的立场、问题类型、提问目的等，并快速思考回答策略及如何组织内容。在回答时，回答者应先感谢提问者，然后面对全体听众回答该问题，回答结束后再向提问者确认回答效果。

（4）针对4类问题的回答技巧

①了解信息类问题

- 提问目的：客户方听众想了解更多的信息。

- 提问对象：客户方任何人都可能提问。

- 处理原则：回答时紧扣主题，不要离题太远；如果感觉讲解时没有完全说清楚，可重新解释或给对方举个例子；对于边缘性问题或与本次主题不相关的问题，可告知会议结束后可以继续交流；对于特别技术细节的问题，可与对方商议另外安排时间专门讨论。

②考察能力类问题

- 提问目的：客户方听众想考察销售方的技术实力或技术方案的可行性等。

- 提问对象：以技术人员为主，有可能是资深技术专家，也有可能是友商支持者。

- 处理原则：先仔细聆听问题，判断提问者的身份和立场，分析提问者的目的和意图，分析所提问题产生的环境和原因，然后不露声色地从政企客户应用的角度回答该问题，争取化挑战为优势，为本公司加分。

③陷阱类问题

- 提问目的：提问者不太友好，故意提出陷阱问题让销售方难堪或丢分。

- 提问对象：政企客户内部销售方反对者、友商支持者或清高人士等。

- 常见陷阱类问题：超越现有技术水平和服务能力类问题，针对销售方技术弱点或产品缺陷类问题，要求评价友商优缺点类问题，要求评价销售方自身优缺点类问题等。

- 处理原则：不露声色地从政企客户应用的角度回答，争取化陷阱为优势，为本公司加分；如果针对友商强项提问，可首先讲清本公司在此项上不弱（弱项不弱），再说明比此项更重要的其他内容，以突出本公司在更重要内容上的优势（强项更强）。

④点拨类问题

- 提问目的：提问者想让销售方更好地讲明本方优势，可能是因为讲解人员对强项和优势表达不突出，也可能友商某个弱项正好是销售方强项。

- 提问对象：政企客户内部销售方支持者。

- 处理原则：针对强项表达不突出的情况，可再次系统全面地介绍并列举案例证明。

（5）向客户方提问的技巧

交互环节除了客户方人员提问之外，销售方讲解人员或团队其他人员也可以向客户方参会人员提问。

销售方主动提问具有以下作用：

①启发客户方人员思考；

②引起客户方人员对某个问题、技术或功能的兴趣和注意；

③抛出话题，促使双方加深沟通和理解；

④引导客户方人员表达想法和需求；

⑤重温解决方案中的重点内容；

⑥评估客户方数字化项目进度；

⑦评估本次方案交流活动的效果，等等。

销售方主动提问的原则包括以下 3 点：

①问题要精简，避免啰唆；

②问题要能引发客户方听众思考；

③每次只提一个问题，每个问题只关注一个焦点。

场面控制

（1）场面控制的重要性

场面控制是解决方案交流活动中不可忽视的重要内容。因为双方的参会人员来源都可能比较复杂。销售方参会人员中可能有本地分公司政企业务部门领导、政企客户经理、售前支撑技术人员，也可能有上级单位（如省公司、集团公司等）和专业子公司的专业技术人员，还可能有 IT 软硬件厂家、社会系统集成商等技术人员。而客户方参会人员除了营销人员日常接触比较多的采购关键决策链、影响链上的人员以外，还有可能来自平日接触比较少的其他部门人员，甚至有可能来其他机构的专业技术人员。双方参会人员的来源复杂，相互之间了解不多，交流场面很容易失控。而一旦失控，很可能会严重影响交流的效果，甚至影响最后的赢单。

（2）场面控制的方法与技巧

一般情况下，场面控制的责任人是销售方本地分公司政企部门领导或负责该数字化项目的政企客户经理。

在解决方案交流活动中，需要进行场面控制的场景包括交流时间和节奏的控制、吸引和保持客户方听众的注意力、环境干扰和例外情况处理、来自客户方各类难点问题的应对、双方观点出现对立或冲突时的处理、讲解人员紧张情绪的控制及其他突发状况的处理等。

场面控制的技巧要服从解决方案交流的目标，主要技巧如下。

①提前规划预案：提前预测交流时可能会发生的意外情况并准备应对方法。

②保持冷静，迅速处理：交流时无论出现什么意外场面，场面控制责任人都要保持冷静并立即干预处理。

③场面控制的原则：牢记交流活动的目标，及时终止冲突或采取变通措施，保障交流活动的正常进行，维持客户采购关键人员的满意度。

8.3 创值销售

创值销售是新七步成诗法"方案胜出"阶段的核心任务之一。

新七步成诗法中有三大核心销售方法：解决方案式销售、引导式销售和创值销售。解决方案式销售用于洞察客户痛点、挖掘商机；引导式销售用于改变客户固有的观念和想法，创造竞争优势；创值销售则用于帮助客户实现价值最大化，成为客户内定供应商。在整个销售流程中，解决方案式销售主要作用于前期，引导式销售主要作用于中期，而创值销售则主要作用于后期。

"方案胜出"阶段正处于整个销售流程的后期，其目标是赢得政企客户采购关键人员的认可，成为客户内定供应商。这与创值销售的作用不谋而合。所以，创值销售在"方案胜出"阶段承担着最重要的任务。

8.3.1 验证价值点

创值销售可分为理解价值、创造价值、交付价值3个环节。本书6.3节完成了"理解价值"环节的部分内容，全面分析、洞察了政企客户采购关键人员的业务价值点和个人价值点，并根据每个价值点的大小进行排序，得到了政企客户采购关键人员的潜在价值点列表。但是，此时的客户潜在价值点列表带有强烈的猜测性质，需要经过验证和完善后才能用于指导营销活动。

客户潜在价值点列表需要验证的内容包括以下 3 个方面：

（1）每个价值点是否真的是该政企客户采购关键人员的价值点？

（2）该政企客户采购关键人员是否还有其他被遗漏的价值点？

（3）各个价值点的排序是否正确？

客户潜在价值点列表的验证方法如下：

（1）请政企客户内部的教练帮助验证；

（2）通过约见拜访时观察对方的言行推定；

（3）通过解决方案交流活动中观察对方的言行推定；

（4）通过其他公关活动得到的信息推定。

8.3.2　提升客户价值

客户价值点分类

在为客户创造价值之前，政企营销人员必须确保使用的政企客户采购关键人员的潜在价值点列表是经过验证的。如果在错误的价值点上进行努力，不仅不会得到客户采购关键人员的认可，还白白浪费了公司的资源。

对经过验证的政企客户采购关键人价值点列表逐条进行分析、分类。分析的标准是在该客户价值点上，本公司创造的价值与竞争对手创造的价值相比孰大孰小。根据分析结果，逐一把政企客户采购关键人员价值点列表中的各种价值点分为 4 类，如表 8-2 所示。

表 8-2　政企客户价值点的 4 种类型

序号	客户价值点类型	本公司与竞争对手公司比较
1	共鸣点	①在该价值点上，本公司为该政企客户创造的价值大于竞争对手公司 ②该政企客户采购关键人员也认同上述第 1 点
2	争论点	①在该价值点上，本公司为该政企客户创造的价值大于竞争对手公司 ②该政企客户采购关键人员不认同上述第 1 点

（续表）

序号	客户价值点类型	本公司与竞争对手公司比较
3	同化点	在该价值点上，本公司为该政企客户创造的价值与竞争对手公司相当，一样的好，或者一样的不好
4	异化点	在该价值点上，本公司为该政企客户创造的价值小于竞争对手公司

可以看出，在上述四类客户价值点中，只有共鸣点能帮助本公司赢得合同订单，争论点和同化点对本公司赢单没有帮助，而异化点则能帮助竞争对手公司赢单。

提升客户价值的 4 种方法

在对经验证的政企客户采购关键人员价值点列表进行分析、分类后，政企营销人员需要想办法提升客户价值。提升客户价值要遵循先易后难的策略，具体方法如下。

（1）共鸣点——升序

首先，从共鸣点开始提升客户价值。因为对共鸣点的操作最容易，需要调动的资源最少。

共鸣点的价值提升策略不是继续在该价值点上超过竞争对手，而是提高该价值点在政企客户采购关键人员心中的排序位置，即想办法让政企客户采购关键人员感觉该价值点比预想的更重要。具体方法包括使用引导式销售技巧改变客户的理念或想法、为客户提供更多的分析证明资料、引用第三方权威机构或专业人士的资料等。

（2）争论点——提供证明 + 升序

其次，针对争论点提升客户价值。因为在争论点上本公司已经超过竞争对手了，要改变的只是政企客户采购关键人员的看法，所以对争论点的操作需要调动的资源也不多。

争论点的价值提升策略是改变政企客户采购关键人员的看法，使对方认可本公司在该价值点上创造的价值要大于竞争对手。具体方法包括使用引导式销售技巧改变客户的理念或想法、为客户提供更多的分析证明资料、引用第三方权威机构或专业人士的资料、为客户提供更多的同行成功案例、请客户参观本公司成功案例及试用产品或系统、请第三方出面证明或说服客户等。通过以上操作把争论点转变为共鸣点，再继续进行升序操作。

（3）同化点——投入资源+升序

再次，针对同化点提升客户价值。同化点意味着在该价值点上，本公司与竞争对手做得一样的好或一样的不好，本公司只要投入少量资源就有机会超过竞争对手。

同化点的提升策略需要本公司投入必要的资源，包括技术、资金、政策、设备、专家、社会关系等，使本公司在该价值点上为政企客户创造的价值高于竞争对手，即将同化点转变为共鸣点，再继续进行升序操作。

（4）异化点——投入资源或降序

最后，针对异化点提升客户价值。对这类价值点的操作最难，需要调动的资源最多。在异化点上，本公司为政企客户创造的价值不如竞争对手。如要超过竞争对手，本公司就要付出更多的努力，投入更多的资源。

异化点的提升策略是组织本公司投入更多的资源，包括更先进的技术，以及更多的人力、物力、资金、政策等，先把异化点转变为同化点；如果可以，再继续投入更多资源，将同化点转变为共鸣点，之后再继续进行升序操作。

对于确实无法进行价值提升的异化点，还可采用降序策略，即采取降低该价值点在政企客户采购关键人员心中排序位置的策略，使政企客户采购关键人员感觉该价值点其实不重要。具体方法包括使用引导式销售技巧改变客户的理念或想法、为客户提供更多的分析证明资料、引用第三方权威机构或专业人士的资料等。

边学边练——创值销售

继续进行学以致用的练习。读者可以继续使用本书 6.3 节表 6-4 中的实战案例。在前述练习的基础上，分析判断其中每个客户价值点的类型，并针对每个客户价值点制定提升客户价值的策略和行动计划，如表 8-3 所示。

表 8-3　读者边学边练——创值销售

序号	政企客户采购关键人员	客户价值点内容	客户价值点类型（共鸣点、争论点、同化点、异化点）	客户价值提升策略	客户价值提升行动计划

8.4　争取客户支持

与创值销售同样重要的是争取客户支持。政企客户的重大投资建设项目往往都需要集体决策，营销人员只得到最终决策者的支持并不能确保赢得订单，还需要获得政企客户采购决策核心圈大部分人员的支持才行。营销人员必须赶在政企客户召开办公会商讨数字化采购项目之前，争取尽可能多的采购关键人员和利益相关者的支持。

8.4.1　评估客户支持度

为了获得尽可能多的采购关键人员和利益相关者的支持，营销人员需要准确地识别政企客户采购关键决策链和重要影响链中的关键人员对销售方的立场——支持、反对还是中立。

首先，营销人员需要广泛收集客户方的信息以评估政企客户采购关键人员的立场。主要的信息收集途径如下：

（1）政企客户内部的教练；

（2）商务拜访或公关活动中对方的言行信息；

（3）解决方案交流活动中对方的言行信息；

（4）政企客户内部其他人员；

（5）其他信息情报来源，如竞争对手公司人员、合作伙伴公司人员等。

然后，根据收集的信息将政企客户采购关键人员对销售方的立场态度分为以下5类：

（1）指导者：坚定地支持销售方；

（2）支持者：态度上支持销售方的产品/服务/方案；

（3）中立者：公事公办，不偏向任何一方；

（4）对立者：态度上支持竞争对手公司的产品/服务/方案；

（5）反对者：坚定地支持竞争对手公司。

如果收集的信息比较详细，政企营销人员还可以对他们的态度进行精确评分，如表 8-4 所示。

表 8-4 政企客户采购关键人员态度评分表

序号	行为表现	态度类型	支持度评分
1	在政企客户单位内部明确表态，不选择我公司则宁可不做该项目，还积极影响他人的态度	指导者	+5
2	非常认同我公司的优势，敢于在政企客户单位内部当众明确支持		+4
3	会当众表达支持我公司，但当外界压力过大时会放弃	支持者	+3
4	对我公司产品/服务/方案的某些方面感兴趣，希望进一步交流		+2
5	在某些比较客观的方面，看法与我公司一致		+1
6	不支持，也不反对	中立者	0
7	表面和礼节上的交往，没有深入交流项目		−1
8	对选择我公司的产品/服务/方案没有兴趣和耐心		−2
9	在政企客户单位内部会议上明确指出我公司产品或方案的劣势和不足	对立者	−3
10	当众抵制我公司，向政企客户决策者明确表达态度		−4
11	在政企客户内部明确表达支持竞争对手公司	反对者	−5

最后，将表 8-4 得到的评分结果，按照政企客户采购关键人员的角色类型

（最终决策者、提议决策者、直接使用者、应用受益者、标准把关者、预算把关者、采购执行者、教练、倡导者 9 类）计算各类角色支持度评分的平均值。因为在政企数字化业务中，价值链合作伙伴的作用非常重要，因此再增加一项合作伙伴支持度评分。将各角色类型的支持度评分平均值用雷达图表示出来，就可以很清晰地看到在该数字化项目中，销售方所获得的客户支持度总体情况，如图 8-7 所示。

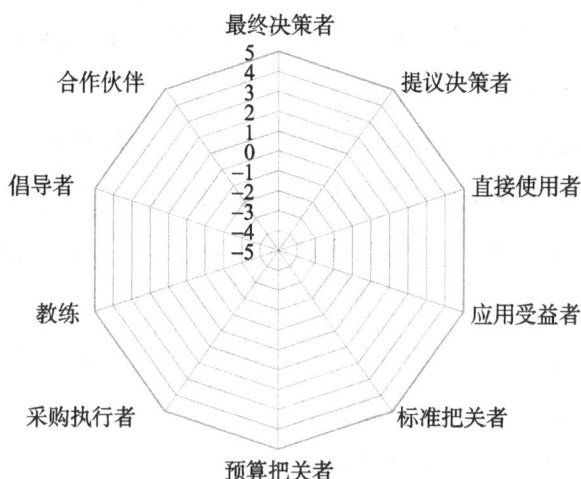

图 8-7　政企客户采购关键人员支持度

8.4.2　争取最大的客户支持

在准确地评估政企客户采购关键人员对本公司的支持度后，营销人员需要采取积极的策略和行动，争取获得政企客户采购关键人员的最大支持。

要想获得来自政企客户采购关键人员的最大支持度，争取对象主要是政企客户内部销售方的反对者、对立者和中立者三类人。因为销售方的指导者、支持者已经支持自己，再继续对他们施加努力，对提高总体客户支持度的贡献不大；但如果能够改变反对者、对立者及中立者的立场和态度，总客户支持度就能得到提高。

而要改变反对者、对立者和中立者的态度，就要分析他们不支持的具体原因，并针对这些原因制定改变策略和行动计划。政企客户采购关键人员不支持销售方的情况可分为两种：一种是不支持该数字化项目；另一种是支持该数字化项目，但不支持销售方。营销人员需要针对这两种情况，具体分析原因并制定适宜的改变策略和行动计划。

针对不支持该数字化项目的关键人员的策略

这类反对者反对该数字化系统建设和应用，反对的理由与销售方没有关系。不管哪家公司承建该项目，他们都反对。

导致这类关键人员反对的原因在于个人痛点，即他们认为，该数字化系统的建设和应用没有解决他们负责的业务中的重大个人痛点，甚至可能会因此而产生新的重大个人痛点。政企营销人员争取这类反对者转变态度的方法是从个人痛点入手。

（1）通过约见拜访、商务公关、内部教练等途径，准确、全面地理解和把握反对者的个人痛点及其痛点强度排序。

（2）分析反对者个人痛点产生的原因。

（3）如果反对者的个人痛点是误会导致的，可通过提供更多成功案例、第三方测试报告、专家学者意见、实地参观考察、样品测试或试用等方法，努力向反对者解释、澄清。

（4）如果反对者的个人痛点是确实存在且不能忽视的，就需要在征得政企客户其他采购关键人员同意的基础上修改解决方案建议书，增加解决反对者个人痛点的内容。

（5）再次评估该反对者对销售方的支持度。

针对支持该数字化项目但不支持销售方的关键人员的策略

这类反对者不反对该项数字化系统的建设和应用，但是反对由销售方承建。

既然这类反对者不反对该项目，说明反对的原因不是个人痛点问题。反对者反对由销售方承建，说明反对的原因是个人价值点问题，即反对者认为由销售方承建该项目无法实现他们的个人价值最大化。政企营销人员争取这类反对者转变态度的方法是从个人价值点入手。

（1）通过约见拜访、商务公关、内部教练等途径，准确、全面地理解和把握反对者的个人价值点及其排序。

（2）按照创值营销的方法，从价值实现的角度，分析本公司与竞争对手在反对者个人价值点的价值实现方面的差异情况，按照共鸣点、争论点、同化点、异化点的分类方法对反对者的个人价值点进行分析和分类。

（3）参照前述提升客户价值的方法，针对反对者的各个价值点采取相应的价值提升策略和行动计划。

（4）再次评估该反对者对销售方的支持度。

8.5 政企销售项目管理

8.5.1 政企销售项目管理方法

政企销售过程需要项目化、精细化管理

从商机到回款的完整政企销售过程比较漫长，往往需要跨越千山万水才能到达胜利的彼岸。在这漫长的过程中，很多政企营销人员被拖疲、拖垮了，虽然开始时是满腔热情，但最终却无法功德圆满。在漫长、复杂的销售过程中，为了能始终如一地坚持前行，为了能不断逼近最后的胜利成果，政企营销人员需要对政企销售过程进行精细化管理。

对政企销售过程进行精细化管理的工具是项目管理。政企销售过程管理与项目管理有许多共同之处：

（1）都需要识别客户方各种干系人及干系人的各种需求；

（2）都需要在客户方各种相互冲突的需求中寻求合理的平衡；

（3）负责人都需要确定清晰可实现的目标；

（4）负责人都需要满足干系人的各种利益预期；

（5）负责人在全过程中都需要权衡各种关系，包括范围、时间、成本、质量等；

（6）负责人都可能会面临难以克服的困难和几近崩溃的场景，等等。

借鉴项目管理的成熟方法，政企销售过程管理的基本思路是"启动—计划—执行—控制—收尾"五步法，如图8-8所示。

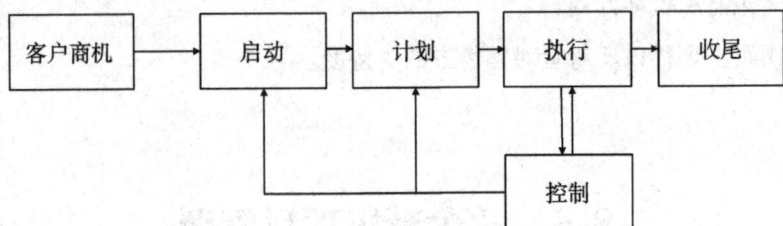

图8-8 项目式政企销售过程管理

政企销售过程管理应采用敏捷项目管理法

（1）售前阶段敏捷项目管理法

政企销售过程管理与工程项目管理又有很大的不同。以签订合同为时间节点，政企销售过程可以分为两个阶段：第一阶段是从发现商机到签订合同的售前阶段，第二阶段是从签订合同到回款的售后阶段。

在售前阶段，政企销售过程管理经常陷入一筹莫展的困境。

①毫无头绪感：营销人员经常找不到客户方真正的决策人，理不清客户方内部成员间的复杂关系，搞不懂客户的真实需求，也不知道竞争对手的动向。

②无力失能感：即使找到了客户方真正的决策人，却无法与真正的决策者尤其高层决策者建立"信任＋亲密"的关系，面对竞争对手的步步紧逼只能束手无策。

第 8 章

方案胜出

③局面失控感：好不容易与客户方采购关键人员建立了良好的客情关系，客户方却中途换人，导致前功尽弃；眼看着就要签单，半路却杀出个程咬金横刀夺爱。

政企销售过程在售前阶段的困境源于售前的各种不确定性。从发现商机到合同签订的过程中充满了未知因素，而且随时会发生剧烈变化。例如，政企客户的业务目标和价值导向会随时变化，客户采购关键人员会随时变化，客户采购关键人员的看法、态度、外来影响等也在随时变化。而且，来自竞争对手的影响一刻都无法消除。

但是，政企销售过程的售后阶段就没有太多不确定因素。合同已经签订，交付内容、建设项目、规格要求、时间期限等都已经写在合同及其附件上，一般不会有太大的变化，只要按内容、质量、时间等要求如期交付即可。

政企销售过程售前阶段和售后阶段的巨大差异，决定了需要采用不同的管理方法。售后阶段可继续使用工程项目管理方法，但售前阶段更适合使用敏捷项目管理方法。两种管理方法的差异如表 8-5 所示。

表 8-5　政企销售项目售前阶段和售后阶段的两种项目管理方法

	售前阶段	售后阶段
管理对象	人（客户决策圈）	事（安装、调测、运维等）
对象的变化性	变化多、快，高度不确定性	变化少、慢，较高确定性
对象的可控性	不可控，只能影响	大部分可控
管理方法	敏捷项目管理	工程项目管理
管理理念	主动随机应变	尽可能减少变化
管理方法	单周或双周小计划	各种周密的大计划

售前阶段敏捷项目管理的核心理念是及时察觉变化、快速采取合适的对策响应变化；方法是以单周或双周为周期作小计划迭代。在每个小计划周期的开始，最重要的事情是主动识别及评估变化因素，根据变化因素重新判断形势、确定重点目标、调动资源，制定本计划周期的竞争策略，再依此制定项目小组本计划周期内行动计划，如图 8-9 所示。

209

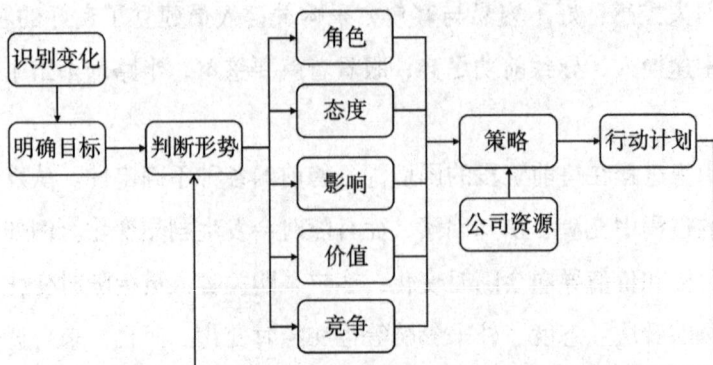

图 8-9　政企销售项目售前阶段敏捷项目管理逻辑图

营销人员在售前阶段需要密切留意、及时识别的变化因素，主要包括与数字化项目有关的人和事两个方面的信息。与销售项目有关的人的信息，如政企客户采购关键人员的角色、权限、倾向、动机、利益、期望等方面的变化；与销售项目有关的事的信息，如政企客户主营业务的问题、需求、流程，以及拟采购数字化系统的方案、价格预算、服务要求等方面的变化。

（2）售前阶段项目分析例会

为了在售前阶段及时识别变化、响应变化，售前阶段项目分析例会就变得非常必要。重大政企销售项目或临近商务阶段的政企销售项目应该至少每周召开一次售前项目分析例会。售前项目分析例会的组织流程如图 8-10 所示。

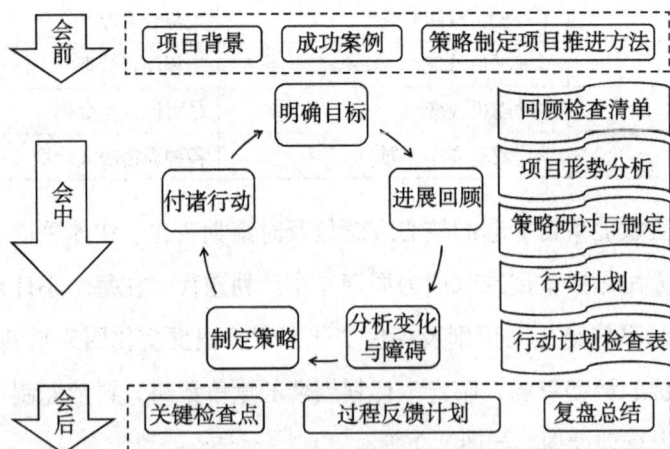

图 8-10　政企销售项目售前项目分析例会

在会前，营销人员需要全面收集与政企销售项目有关的各种变化因素，收集销售方以往的同类成功案例，并掌握策略制定与落实推进的方法。

在会中，按照"明确目标—回顾进展—分析变化与障碍—制定策略—付诸行动"的流程组织会议。营销人员可使用本节将要介绍的项目分析工具和策略制定工具，如项目背景分析工具、项目进度分析工具、项目状态分析工具、项目赢单形势分析工具、赢单策略制定与行动计划工具等。

在会后，营销人员要组织落实例会中制定的赢单策略和行动计划，并设置关键检查点，加强过程管理，有效贯彻落实行动计划。

8.5.2 项目背景分析工具

政企销售项目背景分析是售前项目分析例会的重要内容之一。对项目背景的正确分析和把握，有利于项目团队确定务实可行的赢单策略。

（1）政企客户发展阶段分析工具

分析政企客户发展阶段有利于把握政企客户的商机价值和采购特点。按照企业生命周期理论，政企客户的发展状况可以分为四个阶段。发展阶段不同，政企销售项目的营销策略也不同。

①进入期：政企客户的采购特点是探索性、尝试性、创新性，关注效率和成果，对投资回报不看重。

②成长期：政企客户的采购特点是期望通过标准化、规模化快速复制成功，快速扩大规模，关注投资回报。

③成熟期：政企客户的采购特点是业务运营稳定、部门分工细化、期望提高效率和利润率、采购过程烦琐、周期长。

④衰退期：政企客户的采购特点是投资机会减少，部分企业可通过创新进入新的进入期。

（2）销售目标分析工具

销售目标指商机的关键细节内容，是政企销售项目要努力实现的结果。销售目标的内容包括政企客户名称、所属行业、需求部门、采购关键人员、需求内容、需求数量、预计成交时间及合同金额等。

从销售目标的内容出发，政企营销人员可以进一步分析该销售项目的很多信息，如销售项目范围、采购方式、客户方参与决策人员范围、客户方决策流程、客户方决策复杂度、客户方对成本和风险的敏感度、参与竞争者的范围、竞争激烈程度、销售方的竞争优劣势等。

（3）商机来源分析工具

分析商机来源的类型有利于把握赢单策略的关键和重点。按照政企销售项目的客户和产品两位维度，客户可以分为"老客户"和"新客户"，产品可以分为"老产品"和"新产品"，这样商机来源就可以分为以下4种，如图8-11所示。

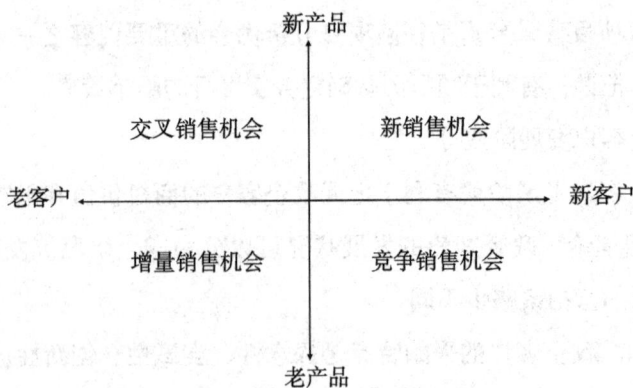

图 8-11　政企销售项目的 4 类商机来源

4 种商机来源的签单难度和营销关键点是不同的。

①新销售机会：属于"新客户—新产品"类型，签单难度大；销售关键是通过广告、展会、社会关系或陌拜等方式与政企客户采购关键人员建立联系及信任关系，不断深入沟通推进项目以至签单。建设标杆灯塔客户以树立行业典范是成功关键。

②交叉销售机会：属于"老客户—新产品"类型，签单难度中等；销售关键是判断政企客户是否有新决策人员、新采购评估和决策流程。政企客户对老产品的使用体验是成功关键。

③增量销售机会：属于"老客户—老产品"类型，签单难度小；销售关键是关注政企客户采购关键人员是否有变化、客户需求是否有变化。

④竞争销售机会：属于"新客户—老产品"类型，签单难度大；销售关键是深入了解政企客户使用体验，挖掘客户不满意或尚未满足的需求。竞争对手产品的使用体验差是成功关键。

8.5.3 项目进度管理工具

（1）项目实施计划表

政企营销人员需要具备主动引导客户、推动政企销售项目进展的能力。在政企客户数字化项目立项以后，营销人员可与客户采购关键人员共同草拟一份"项目实施计划表"，如表 8-6 所示。在项目推进过程中，营销人员就可依据这份双方同意的"项目实施计划表"提醒、督促客户采购关键人员按计划推进项目，避免出现政企客户拖延项目进展的情况。

表 8-6　项目实施计划表模板

序号	事项	责任单位	计划完成日期	完成与否
1	提交针对性的技术方案建议书	运营商		
2	多部门的技术交流，确认技术方案	运营商、客户		
3	拜访客户高层领导	运营商、客户		
4	参观演示	运营商、客户		
5	采购立项、确定预算	客户		
6	多部门的需求调研、工程勘察	运营商、客户		
7	提供详细的工程技术方案	运营商		
8	帮助客户准备技术规范书 / 招标要求	运营商		
9	招标工作准备	客户		
10	委托招标	客户		
11	合同谈判及签订	运营商、客户		
12	工程实施	运营商		
13	交付运营	运营商		

（2）销售漏斗管理法

销售漏斗管理法是古老但有效的销售管理工具。销售漏斗管理法认为：从商机线索出现开始，商机会沿着销售过程一环一环地向前推进；这个过程如同漏斗，买卖双方都在进行筛选，筛选失败表现为商机丢失；如果一个商机能够顺利到达漏斗出口，就表示卖方成功实现了最后签单。销售漏斗管理法可以从销售方的视角，跟踪每一个商机线索的进展情况，以指导政企数字化服务项目的高效推进，如图 8-12 所示。

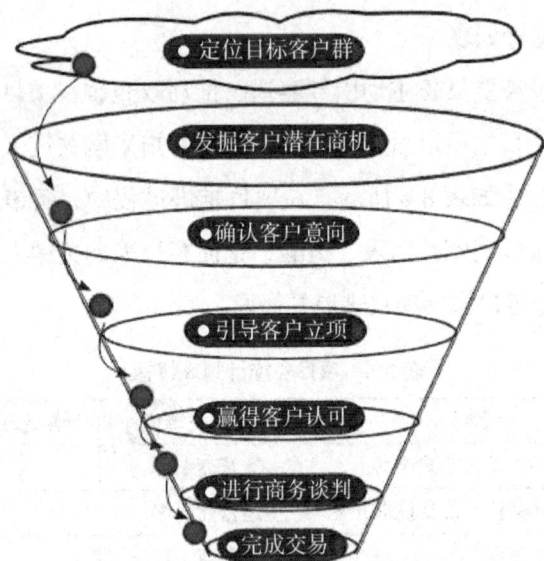

图 8-12 销售漏斗管理法示意图

很多公司的商机管理系统的指导思想就是销售漏斗管理法。当商机线索进入商机管理系统后，系统可自动生成对应的商机漏斗管理图，并持续跟踪商机进展。通过商机漏斗管理图可动态把握商机线索变化状态，预测未来的销售结果。进一步分析商机流转周期、各阶段商机转化率、商机转化耗时等指标，还可准确评估销售团队的销售能力，发现销售过程的障碍和瓶颈等。

销售漏斗管理法的关键是判断销售项目所处的漏斗阶段，并以此为依据，制定向下一个漏斗阶段推进的策略和行动计划。漏斗阶段的划分方法和判定标准参考如表 8-7 所示。

表 8-7　销售漏斗管理法的漏斗阶段判定标准参考示例

序号	漏斗阶段	状态说明	检查评估条件	赢单概率
1	意向阶段	拜访过至少一次，了解客户需求	①是否已清楚"客户要解决哪些问题"？ ②客户要求在什么时间内解决？ ③客户倾向选择我公司什么产品/服务/方案？ ④我公司产品/服务/方案是否有竞争优势？有无竞争对手？有无可替代性方案？	10%
2	立项阶段	需求得到决策者认可，并对我公司产品/服务/方案有兴趣	①是否已摸清客户的组织结构及决策链？ ②客户最高决策者是否已讨论通过或同意该项目？ ③资金预算已到位？预算是多少？具体哪方出资？	25%
3	入围阶段	认可技术优势，形成初步合作意愿	①是否已有得力的教练？能否得到想要的关键信息？ ②是否清楚客户的采购流程和关键点？ ③客户是否承认我公司比竞争对手公司的技术优势？ ④客户是否认可我公司及上游厂商？	50%
4	候选阶段	客户决策层认为我公司的技术方案和商务条件均优于竞争对手公司，并给予了优先内定的承诺	①是否清楚竞争对手公司的情况？ ②最高决策者或决策链关键人员是否认可我公司的合作模式？ ③客户认可的合作伙伴是否已与我公司绑定？ ④客户是否同意采用我公司的技术优势为竞争对手公司设立技术屏障？	75%
5	商务阶段	客户按我公司的标准招标及商务谈判	①标书参数是否由我公司撰写或引导？ ②是否由我公司制定评分标准？ ③按评分标准能否估算出我公司和竞争对手公司的得失分？ ④是否已拿到评标专家名单？ ⑤是否已中标/已拿到中标通知书？	90%
6	成交阶段	已与客户签订合同		100%

8.5.4　项目状态分析工具

为了制定有效的赢单策略，推动政企销售项目沿着销售漏斗不断逼近签单目标，政企营销人员需要准确把握政企销售项目每个时刻的状态。

为了更全面地刻画政企销售项目的状态，政企营销人员可使用进度、优势、客户3个坐标维度立体地描述政企销售项目，每个坐标维度均有4个状态取值，如表8-8所示。

表8-8　政企销售项目状态分析的维度及其取值

坐标维度	状态取值			
进度维度	立项	入围	候选	商务
优势维度	单一	领先	平手	落后
客户维度	紧急	正常	考虑	挂起

进度维度

为了简化分析，进度维度将销售漏斗管理法中的6个阶段压缩为4个阶段。

（1）立项（对应漏斗管理法中的"意向阶段＋立项阶段"）

①客户认知特点：政企客户对现状不满的程度增加，痛点带来的压力越来越大，在"采取行动"和"不做改变"的天平两端倾向于"采取行动"，产生潜在的动机、需求和未来愿景；此时，客户需要回答Why类问题。

②客户采购行为：政企客户会基于自身现状、处境和目标，分析存在的问题和需求，寻求解决思路，并评估是否拨付财务预算。

③客户参与人员：以业务及使用部门人员为主。

④客户关注点：销售方公司及人员的专业能力、成功经验等。

（2）入围（对应漏斗管理法中的"入围阶段"）

①客户认知特点：政企客户开始细化采购目标和具体需求，寻找并制定解决问题的最好方法；此时，客户需要回答How类问题。

②客户采购行为：政企客户会评估各种解决方案的适用性和可行性，细化

需求的具体内容，建立采购评估标准。

③客户参与人员：以技术部门人员为主。

④客户关注点：销售方产品、服务与解决方案是否能解决相关问题，是否能满足需求，技术是否先进，是否符合相关标准，是否能兼容现有设备及系统，是否是最优解决方法等。

（3）候选（对应漏斗管理法中的"候选阶段"）

①客户认知特点：政企客户会在多家销售方之间进行比较，验证目标、问题、解决方案、实现路径和具体标准，全面评估方案、成本、风险、预期收益、采购标准、各销售方的优劣势等因素；此时，客户需要回答 Who 类问题。

②客户采购行为：政企客户会重点讨论成本、风险、措施等问题，重点考察销售方的交付能力。

③客户参与人员：以采购执行人员为主。

④客户关注点：成本、风险、销售方交付能力等。

（4）商务（对应漏斗管理法中的"商务阶段 + 成交阶段"）

①客户认知特点：政企客户进入决策黑箱，对未来的疑虑担心加重，需要获得决策安全感（决策安全感的来源包括具体方案、实施计划、销售方实力、成功案例、合作历史及关系等）。

②客户采购行为：政企客户会考虑风险、防范措施、成功案例、销售方交付能力、合作历史及关系等因素，进行招投标和商务谈判。

③客户参与人员：以中高层决策人员为主。

④客户关注点：风险、销售方交付能力等。

优势维度

优势维度是指销售方与竞争对手相比的竞争形势。营销人员在评估优势维度时，务必要完全站在客户的立场、从客户认知的角度进行评估。也就是说，"单一、领先、平手、落后"都代表了政企客户采购关键人员对销售方的评价，而绝对不是营销人员自己的看法。

（1）单一

①客户认知特点：销售方没有竞争对手，政企客户的观念和想法与营销人员的沟通同步，双方共同研讨客户的处境和痛点，共创解决方案。

②未来竞争来源：政企客户认知变化、犹豫、拖延、取消、内部自己解决问题等。

（2）领先

①客户认知特点：虽然有竞争对手，但政企客户认为销售方比其他竞争对手更有优势。

②认知优势来源：销售方产品／服务／方案的功能或性能优点，销售方对客户处境、问题、目标的理解，客户行业专业性，与客户沟通的深度和流畅度，销售方的实力或专有资源等。

（3）平手

①客户认知特点：政企客户认为销售方与其他竞争对手之间没有明显的优势，但也没有明显的短板或不足。

②认知差距原因：营销人员与政企客户采购关键人员的沟通时间和深度不够，营销人员对客户行业及业务的理解深度不足，解决方案建议书中未包含政企客户需要的个性化内容，客情关系比较浅显等。

（4）落后

①客户认知特点：政企客户认为销售方的产品／服务／方案有明显的差距或不足，不符合客户期望或需求，不是客户优先考虑合作的对象。

②认知差距原因：营销人员接触政企客户的时间较晚，客户已形成固有的理念和想法，营销人员对客户处境的理解不到位，客户感觉销售方人员不专业等。

客户维度

客户维度是从政企客户自身处境等角度刻画政企销售项目的状态。

（1）紧急

①客户处境：政企客户因某种特殊情况或要求，受外部或内部压力形成高

强度的痛点，要求销售方尽快解决其某个问题或完成某项特定任务。

②客户痛点状况：痛点明确，影响非常重大且广泛，必须迅速解决。

（2）正常

①客户处境：政企客户没有过大的压力和时间限制，但有明确的动机和清晰的目标，采购项目按部就班推进。

②客户痛点状况：痛点明确，影响重大且广泛，对解决痛点达成共识。

（3）考虑

①客户处境：政企客户采购项目刚开始导入，积极的推进者意识到了痛点，但主要参与者或决策者尚未明确表明意向，只是针对可行性进行探讨。

②客户痛点状况：尚未形成共识，需要进一步评估痛点的影响和解决成本。

（4）挂起

①客户处境：政企客户将项目延期或搁置，原因可能有客户认为时机不到、客户对产品 / 服务 / 方案不认可、客户认为投资过大或风险过高、客户认为实施的外部条件不具备等。

②客户痛点状况：痛点不存在、不重要或影响范围较小。

从进度、优势、客户 3 个坐标维度刻画一个政企销售项目的状态，理论上最多有 4×4×4=64 种组合。这表明政企销售项目的状态既复杂又千变万化。政企营销人员在制定赢单策略时，一定要全面、准确地掌握当前项目的状态，才能使制定的赢单策略符合实际情况，策略落地实施才能取得预期的效果。

8.5.5 项目赢单形势分析工具

为了制定最恰当的竞争策略以赢得合同订单，政企营销人员还需要随时分析己方的赢单形势。分析赢单形势一般有两种方法：问题自检法和要素评估法。

（1）问题自检法

问题自检法是指政企营销人员对照表 8-9 中的 25 个关键问题，逐一回答"是""否""不明确"，依据回答结果综合评估己方的赢单形势。

表 8-9 赢单形势关键问题自检表

序号	事项	问题	是	否	不明确
1	赢单要素	有高水平、高质量的教练，重要事项均与教练确认过			
2		客户最终决策者选定了我们，或主动协助我们策划、实施项目获取过程			
3		客户最终决策者及采购决策关键人员均认为我们的价值匹配度最高			
4		客户采购关键人员主动协助我们策划、实施项目获取过程			
5		客户采购关键人员使用的评估模型认为我们是第一			
6	客户要素	已清楚了解客户的组织结构和主要成员的关注点			
7		已清楚了解客户关键决策链中每个人的影响力和决策倾向			
8		已清楚了解客户立项原因和关键决策链中每个人的关键立项动机			
9		已清楚了解客户的决策流程和关键节点			
10		已清楚了解客户的项目预算和资金来源			
11		客户的意向、需求、方案、预算状态是否合理			
12		需求和方案与谁确认过			
13		预算和执行情况与谁确认过			
14		客户对项目是否有独立的预算和决策权			
15	我方要素	我方销售目标是否已经清晰、具体			
16		我方销售目标各要素、方案是否为客户所认同			
17		我方与客户的历史合作情况如何？对手呢？			
18		我方的赢单关键要素、采取的关键赢单动作是否有效			
19		客户采购关键决策链中支持我方的人员是谁			
20		客户采购关键决策链中反对我方的人员是谁			
21		还有哪些关键人员的支持态度尚不了解			
22	竞争要素	各竞争公司在销售项目推进过程中可利用的资源及其作用			
23		各竞争公司的推进活动和 SWOT 分析			
24		客户采购关键人员认为的各竞争公司的 SWOT			
25		赢单关键成功要素前 5 项及各竞争公司前 5 项评估情况			

（2）要素评估法

要素评估法是指政企营销人员对 12 个赢单关键指标从 0 ~ 5 分分别进行量化评分，将结果画在雷达图上，依据本公司的优势区域、劣势区域综合评估赢单形势，如图 8-13 所示。

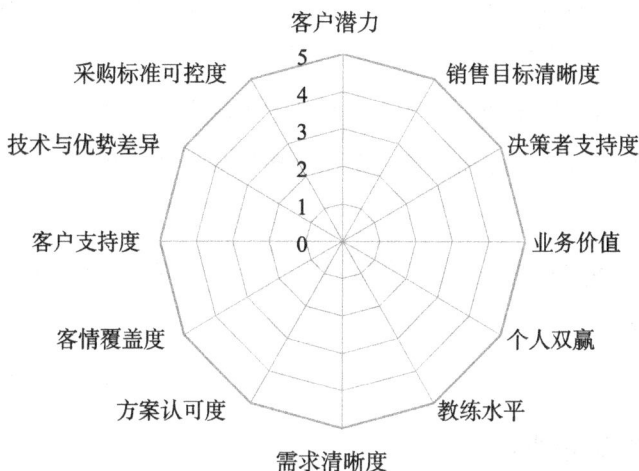

图 8-13　政企销售项目赢单形势雷达图

赢单关键指标如下（评分标准 0 ~ 5 分）。

- **客户潜力**：在项目背景分析中，政企客户是处于进入期、成长期、成熟期、衰退期的哪个阶段，政企客户单位的效益水平如何。

- **销售目标清晰度**：根据项目背景分析中的销售目标确定。

- **决策者支持度**：根据政企客户最终决策者和提议决策者对销售方的支持态度确定。

- **业务价值**：是否理解政企客户最终决策者和提议决策者对本项目的业务价值，并达到了创值营销中的共鸣点水平。

- **个人双赢**：是否理解政企客户最终决策者和提议决策者对本项目的个人价值，并达到了创值营销中的共鸣点水平。

- **教练水平**：是否有高水平教练，达到四级以上水平的教练是否超过 3 位。

- **需求清晰度**：是否全面、准确地理解了政企客户的需求。

- **方案认可度**：本公司技术方案得到了政企客户采购关键人员的9种角色类型中多大比例的认可和支持。

- **客情覆盖度**：本公司与政企客户的客情关系覆盖了政企客户采购关键人员的9种角色类型中的多大比例。

- **客户支持度**：在客户支持度的10种角色类型中，对本公司支持度在3分以上的人员比例有多大。

- **技术与优势差异**：被政企客户采购关键人员认可的本公司技术与优势项目前5项，与政企客户采购关键人员看重的技术与优势项目前5项的重合程度。

- **采购标准可控度**：本公司在多大程度上能够影响及控制政企客户的采购标准。

8.5.6 赢单策略制定与行动计划工具

政企数字化销售项目最终赢单是销售方斗智斗勇的结果，政企营销人员在赢单策略方面要做到"三有"——有策略、有行动、有结果。

制定赢单策略

（1）赢单策略的5种类型

①先机策略：先发制人，如创造客户需求、为客户编写排他性采购标准、与客户采购关键人员建立战略联盟等。

②正面策略：直接攻击，如强化本方产品／服务／方案优势、强调本公司实力等。

③侧翼策略：改变规则，如改变或扩展客户需求、改变客户采购流程、引入域外影响者等。

④分化策略：分而置之，如将大项目拆为多个小项目、集中优势兵力重点突破、与竞争对手合作等。

⑤时机策略：拖延或加速项目（此策略可以与以上4种策略叠加使用）。

（2）基于"商机来源＋优势维度"的策略建议

基于"商机来源＋优势维度"的策略建议如表8-10所示。

表8-10 基于"商机来源＋优势维度"的策略建议

优势维度	老客户：增量销售＋交叉销售	新客户：新销售＋竞争销售
单一	快速完成采购，防止夜长梦多	尽快确立我方优势，植入我方标准，让客户建立与我方独特优势相关的采购标准
领先	分析客户不直接从我方采购的原因，并解决有关问题，加快推进采购进度	在放大已有优势、提升已有优势价值排序的基础上快速推进
平手	分析与竞争对手平手的原因，重新评估客户需求和价值点，使用创值销售方法重拾领先优势	想办法寻找突破，或基于客户需求放大我方优势，或使用创值销售方法寻找新的共鸣点变为领先优势
落后	问题很严重，必须寻找问题的根源	想办法改变规则，引入新参与角色，重构采购标准，寻找新的突破口

（3）基于项目赢单形势的策略建议

基于项目赢单形势的策略建议如表8-11所示。

表8-11 基于项目赢单形势的策略建议

赢单形势	策略建议	适用情况	实施要点
我方优势	速战速决	我方优势领先很大，形势很好	①和支持者沟通，直接向决策者汇报，从得利最大和决策权力最大的部门和人员处推进 ②追求速战速决，但要防止意外发生
	正面推进	我方有明显的领先优势，形势有利	①基于我方现有优势，加强与支持者的关系，清除项目的可能障碍因素，改变反对者的态度 ②影响关键决策者，加快推进项目
	战略联盟	高层支持，中下层态度不明确	①与高层达成战略层面的共识，构建战略性总体合作框架 ②快速切入当下项目
	构建壁垒	中下层支持，高层态度不明确	①巩固现有优势，稳步推进项目 ②把我方的标准、规范嵌入客户的采购标准中
	引导认知	我方稍有优势，客户没有明显的倾向性	①关注客户需求和应用场景 ②理解客户需求，提升客户认同度，发展不同角色的支持者 ③给客户提供高价值的专业建议，将我方优势嵌入客户认知

（续表）

赢单形势	策略建议	适用情况	实施要点
双方均势	解决问题	形势不好不坏，客户不温不火，形势看不透	①寻找客户犹豫、迟缓的原因及解决方法 ②寻找项目在客户方的哪些部门、哪些人、哪些事上出了问题，使用争取客户支持度的方法予以解决 ③尝试增加支持者、增加我方优势
	寻求突破	形势平平，我方没有明显的优劣势	①改变跟着走的被动形势 ②在关键角色、关键需求、关键事件等方面寻找突破点，找到之后快速推进项目进展
	深挖需求	对客户需求和动机欠缺理解	深挖关键人、关键需求，找到客户冰山下隐藏的真实动机和目标
	扩展需求	形势不乐观，发展下去会丢单	①放大客户需求，扩展需求部门，或站在客户单位全局的高度，深挖或扩展客户原来的需求 ②在扩展后的需求中，发现我方优势，及发展我方支持者
	突发场景	客户仍有顾虑，对方案和评估标准犹豫不决	①了解客户顾虑是什么 ②针对客户顾虑，呈现未来可能的突发场景，呈现我方优势，以及不具备这个优势的潜在风险或损失
我方劣势	拓展他人	目前客户决策圈和影响圈我方没有优势	①寻找对手的薄弱环节：旁观者、中立者、被忽视的人及潜伏圈人员，建立支持关系 ②鼓励他们积极参与项目，提高决策影响力
	改变规则	有支持者，但形势不利	①想办法改变客户的采购规则 ②想办法改变客户的采购流程，如增加功能、扩大应用范围、增加考察环节、增加厂家能力评估
	重构标准	客户已经有了采购标准，且对我方不利	①了解客户哪些人会参与制定采购标准 ②利用专业经验和优势帮助客户发现被忽略的需求或未被重视的需求，从而重构采购标准
	分而化之	客户紧急，我方没有独特优势	①大单化小，通过一个小额采购促成合作 ②方法：改变销售目标、改变系统配置、减小应用范围、减少采购金额等
	走为上	赢面很低，或项目难以赢利	①主动放弃该项目 ②与客户保持友好联系，寻找未来的合作机会

📋【案例 8-1】

　　我在一次商企市场营销训战课程中陪同客户经理拜访当地一家大型钢材批发市场的总经理 L 总。客户经理与 L 总的客情关系很好。我采用商机挖掘常规方法与 L 总讨论智慧商场建设内容时，L 总不经意间说他们刚刚与当地一家科技公司签署了视频监控系统升级的合同。客户经理的商机敏感性特别好，马上提议能否看一下合同。L 总叫项目负责人拿来合同后，客户经理发现合同只是草签，双方并没盖章。客户经理立即建议 L 总终止与该科技公司继续签订合同，转而与我方签订合同。但是，钢材市场公司项目负责人表示该科技公司已经提前备货，现在终止合同签订有难处。L 总也说这个项目就算了，以后有其他项目再与我方合作。

　　此时，竞争形势处于双方均势。虽然该科技公司已经草签了合同并已提前备货，但我方客情关系良好。在双方均势之下，我方有机会争夺订单。但是，要想客户方 L 总终止与原科技公司的草签合同，我方必须给 L 总以充分的理由。于是，我决定采用"双方均势"时"扩展需求"策略。我与 L 总详细探讨了当前安防系统的技术趋势，重点针对原科技公司技术方案中没有的智能安防和安消一体化等功能，说明这些模块对于商场未来发展的重要性，帮助 L 总分析现在的建设方案技术上已经落后，两三年后又会面临再次升级的情况；建议 L 总既然现在升级安防系统，不如一步升级到位。经过长达一个多小时的商讨，L 总接受了我们的建议，亲自打电话给原科技公司的负责人，告知对方需求有重大变更，原合同终止签署，请对方重新编写方案参与竞争性谈判。

　　离开 L 总的办公室之后，我与当地运营商政企部领导、客户经理紧急商议并部署行动方案。3 天后传来了好消息：当地运营商成功地与钢材市场公司签署了智能安防升级合同，合同金额比原科技公司还提高了 19 万元。

（4）边学边练——案例分析

📋【案例 8-2】

在某次县分公司总经理政企培训班上，某县分公司总经理 W 同学介绍了一个案例。当地某政府机关公开招标一个大型信息化系统建设项目，W 同学获得这个商机线索后进一步了解到需求单位的局长是刚从其他单位调任的，于是安排了一位与新局长有良好客情关系的客户经理跟进此项目。新局长很支持客户经理，并指派跟随自己从原单位一起调来的 H 处长负责这个信息化项目的建设工作。令人奇怪的是 H 处长数次暗示 W 同学不要参与这个项目竞争。通过内部教练了解到，原来该单位 C 科长具体负责这个大型信息化系统的建设工作，C 科长在该单位工作超过 15 年，是该单位信息技术权威。两年前，该单位某个重要的信息化系统因出现故障而跟原厂家闹崩，原厂家不再提供维保服务。C 科长找到自己同学所在的竞争对手公司，免费为该单位提供了两年的维保服务，当时约定条件是维保费用列入下一个信息化建设项目中予以支付。

临近开标日期，H 处长突发疾病请假前往省城看病。C 科长作为业主方代表全程参与了开标评标工作。评标结果是 W 同学的公司以 1.5 分之差居第二名，第一名是竞争对手公司。次日，H 处长也从省城返回，拿着评标结果请示新局长，新局长只好同意公示。

思考题：现在假设回到项目开始时，请各位读者帮助 W 同学分析当前的赢单形势，以及 W 同学该采取哪种赢单策略？

赢单策略落地执行

（1）调动各种资源

赢单策略的落地执行需要调动公司内外部各种资源，如图 8-14 所示。

图 8-14　执行赢单策略的资源示例

（2）制定执行计划并实施

除了调动各种资源之外，赢单策略还需要变成行动计划，责任到人、落地执行，并及时跟踪反馈、及时调整，才能产生预期的效果。赢单策略执行计划模板参考如表 8-12 和表 8-13 所示。

表 8-12　政企销售项目赢单策略展开表

本阶段总体策略名称及内容								
序号	关键客户角色	现状		目标		具体策略内容	执行的商务活动类型	需要调动的资源	完成时限
		对项目支持度	对我司支持度	对项目支持度	对我司支持度				

表 8-13　政企销售项目组每周行动计划表

序号	关键客户角色	行动计划的目标与内容	负责人	协助人	计划完成时间	实际完成情况	效果偏差

227

至此，政企营销人员终于走完了"方案胜出"阶段。回望这一阶段会发现，这一步要完成的任务特别多、特别艰巨。但付出总有回报，度过至暗时刻就会迎来光明。政企客户采购关键人员经过全面衡量、反复比较，最终将本公司选为心仪的首选销售方，并给出了明确的内定承诺，这就把销售过程推向了揭开面纱的下一阶段——招标与谈判。当然，营销人员还要区分政企客户内定承诺的真伪，只有真承诺才有效。真承诺需要同时满足两个条件：一是双方高层间的承诺；二是客户方将控标权唯一授予本公司。

| 第 9 章 |

投标与谈判

投标与谈判是新七步成诗法的第六个阶段。本阶段的目标和成功标志都是与政企客户签订合同，关键任务因销售金额大小而有所不同。小单的关键任务有解决异议、促单、价格谈判、签约或受理。大单往往需要参加招投标，关键任务有编写投标文件、参与投标、全过程控标、中标、合同谈判、签约。本章主要介绍针对大单的招投标与商务谈判的方法和技巧等内容。

9.1 投标运作技巧

9.1.1 招投标的流程

政企客户的采购方式一般有 5 种：公开招标、邀请招标、竞争性谈判、单一来源采购、询价采购。对于政企客户数字化项目来说，公开招标最常见。

（1）招标流程

公开招标的流程由以下 6 个环节组成，如图 9-1 所示。

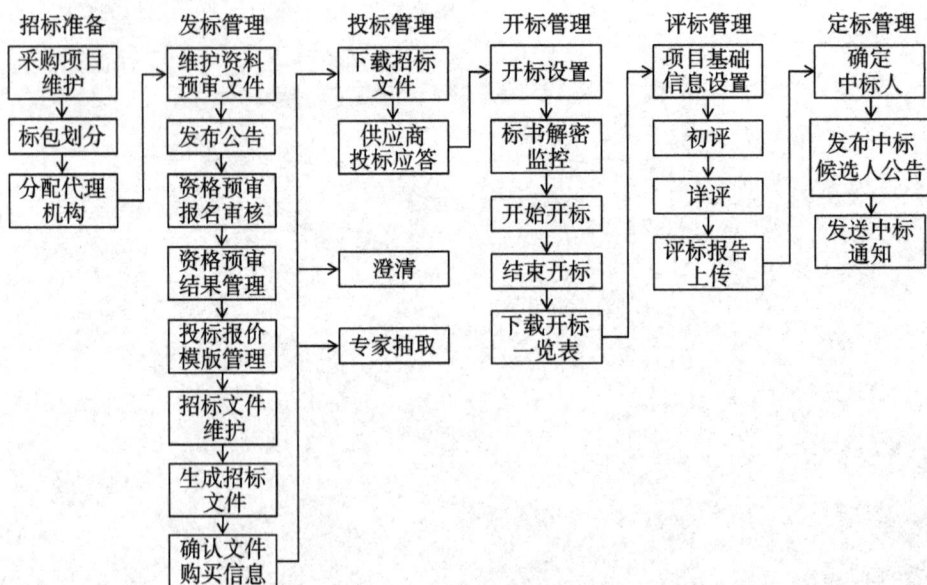

图 9-1 公开招标的流程

（2）投标流程

投标是招标的响应动作，投标流程的环节对应于招标流程的相应环节，如图 9-2 所示。

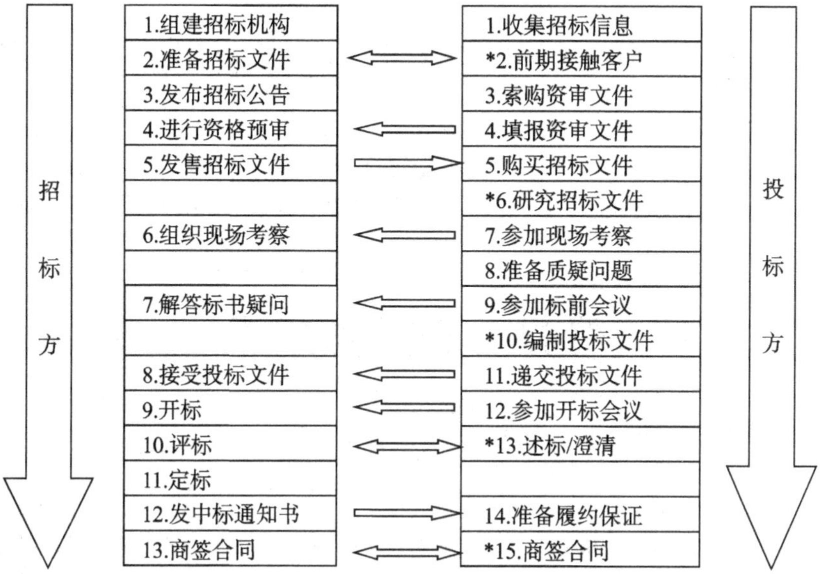

图 9-2　投标流程与招标流程的对应关系

投标流程中比较重要的环节是"前期接触客户""研究招标文件""编制投标文件""述标 / 澄清"和"商签合同"。

（3）投标方的主要任务

发标阶段投标方的主要任务如表 9-1 所示。

表 9-1　发标阶段投标方的主要任务

序号	任务	说明	任务分工	负责人	配合人
1	标前引导，参与编写或影响招标文件	参与编写或影响投标条件、资格审查、评标方法、技术指标等招标文件，及评标项目、标准、分值等设定，使招标基本条件有利于我方	客户经理引导商务条款的制定，技术支撑经理引导技术条款的制定	客户经理	技术支撑经理
2	购买或下载招标书	依据招标公告到指定地点购买或下载招标书	关注竞争对手公司参与投标的情况	客户经理	

投标阶段投标方的主要任务如表 9-2 所示。

表 9-2　投标阶段投标方的主要任务

序号	任务	说明	任务分工	负责人	配合人
1	制定投标策略和投标计划	阅读招标书，初步制定投标策略和投标计划	依据技术和商务策略，初步提出各部门的分工、责任、进度安排和总体策略	技术支撑经理	客户经理，部门及以上领导
2		召开投标启动会议，确定参与部门及人员	明确各部门的分工、责任、进度安排，确定总体策略	客户经理	技术支撑经理，部门及以上领导
3		了解客户高层、采购部门、招标公司、评标专家等关键人员构成及其倾向偏好	深层了解客户需求，指导投标小组编写投标书	客户经理	技术支撑经理
4	分解招标书	资源核查，组建项目虚拟团队或实施小组	组建投标项目小组	项目经理	客户经理
5		公关客户高层、采购部门、招标公司、评标专家等	影响客户倾向性	客户经理	技术支撑经理，部门及以上领导
6		研讨商务报价	根据竞争优劣势、近期竞争报价、成本、合作背景与历史等因素进行最优报价	项目经理	客户经理，部门及以上领导
7	制作投标书	汇总形成投标文件，组织投标文件汇总会议	私下征询客户意见，依据需求进一步修改和完善，形成最终投标文件	客户经理	技术支撑经理，部门及以上领导
8	印制投标书	领导签字、盖章、印刷	印制投标书	客户经理	技术支撑经理
9	述标准备及模拟演练	准备述标PPT，内部进行述标模拟演练	提炼投标书技术和商务的精华部分	技术支撑经理、客户经理	项目经理，部门及以上领导

评标阶段投标方的主要任务如表 9-3 所示。

表 9-3　评标阶段投标方的主要任务

序号	任务	说明	任务分工	负责人	配合人
1	项目推动	接触客户高层、采购部门、招标公司、评标专家等关键人员	提前约见采购关键人员，推动评标向有利我方的方向发展	客户经理	部门及以上领导
2	参加开标	提前15分钟赶到现场，着正装，交纳投标保证金	详细记录各投标方的投标价格	客户经理	技术支撑经理
3	述标、答疑、澄清	根据评标委员会安排，现场进行述标、答疑、澄清	充分阐述我方优势，及时解答客户对我方投标书的疑虑	技术支撑经理	客户经理，部门及以上领导

决标阶段投标方的主要任务如表 9-4 所示。

表 9-4　决标阶段投标方的主要任务

序号	任务	说明	任务分工	负责人	配合人
1	项目跟进	及时跟进项目动态，及时交流和公关，尤其对上层公关不能忽略	随时了解项目进展，策划各个层面的公关活动	客户经理	部门及以上领导
2	项目总结	无论中标与否都要总结成功或失败的原因	取中标通知书，进行项目总结，分析项目成功与失败的因素	客户经理	
3	（如果投标失败）借鉴提高	私下获取对手标书（纸质文本或电子文本）	借鉴竞争对手标书写作的可取之处，为下一次投标做好准备	客户经理	
4	（如果投标失败）质疑或投诉	质疑指供应商以书面形式向采购人、采购代理机构提出质疑 投诉指质疑供应商对采购人、采购代理机构的答复不满意向财政部门提起投诉	无论是质疑还是投诉，最重要的是掌握确凿的证据，质疑函或投诉书中应载明具体的投诉事项及事实依据	客户经理	部门及以上领导

9.1.2　投标运作与投标策略

投标运作的关键要点

（1）投标运作三要素

投标运作主要集中在关系、能力、价格 3 个方面，如图 9-3 所示。

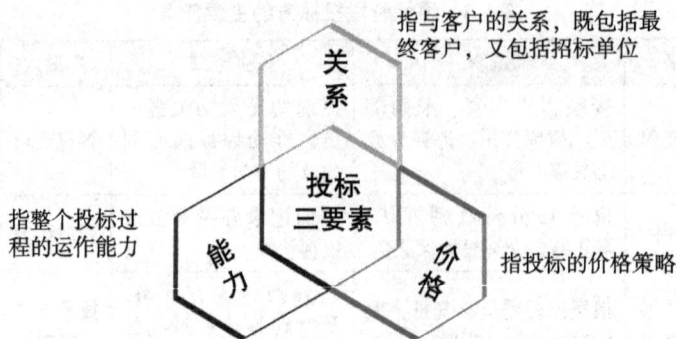

指与客户的关系，既包括最终客户，又包括招标单位

关系

投标
三要素

指整个投标过程的运作能力

能力

价格

指投标的价格策略

图 9-3　投标运作三要素

①关系是最重要的因素，包括与业主方（政企客户）的关系、与招标代理公司的关系、与评标专家的关系等。

②能力是指整个招投标过程中对业主方、招标代理公司、评标专家的影响力、控标能力、投标策略应用能力等。

③价格是指投标方价格策略应用能力。

（2）投标运作过程的风险控制

投标运作过程中的风险主要来自 3 个方面。

①客户需求，包括客户需求不明确、客户需求变更、存在技术难点、需要采用新技术等。

②投标组织，包括时间紧、需要多部门配合、投标团队缺乏客户行业知识、分工不明确、缺乏计划性等。

③内外支持，包括投标团队缺乏对公司产品技术路线和发展趋势的全面了解、缺乏对市场环境及竞争对手公司的了解等。

投标团队在投标全过程中需要密切关注这 3 个方面的风险因素，并采取有效措施及时予以消除。

收集招标信息

投标运作的第一步是招标信息收集。招标信息的来源有政企客户、专业招标网站、软硬件设备厂家、合作伙伴及其他渠道。通过这些信息渠道及时掌握业主方信息、招标代理公司和评标专家信息、竞争对手公司信息、合作伙伴信息等，如表9-5所示。

表9-5　招标信息收集样表

序号	招标信息项目	招标信息内容
1	招标机构是谁？谁负责此项目？	
2	评标现场业主方派谁做代表？	
3	潜在竞争对手有哪几家？	
4	评标专家怎么抽？我方能否影响？	
5	客户方对我方的整体态度？	
6	我方能否主导招标或部分控标？	

收集业主方、业主方代表、评标专家等信息，是为了掌握他们的价值倾向、价格接受程度等需求信息。收集竞争对手公司信息，有助于突出本公司与他们的竞争优势。

制定投标策略

在充分收集招标信息的基础上进行投标各方的竞争力对比分析，如表9-6所示。

表9-6　投标各方竞争力对比分析表

投标方	公司实力	产品/方案	成功案例	实施经验	服务能力	预估价格	客情关系
A公司							
B公司							
C公司							
D公司							
本公司							

在综合分析本公司与主要竞争对手公司各个方面优劣势的基础上，可根据"本公司—主要对手"的优势组合情况采取不同的投标策略，如图9-4所示。

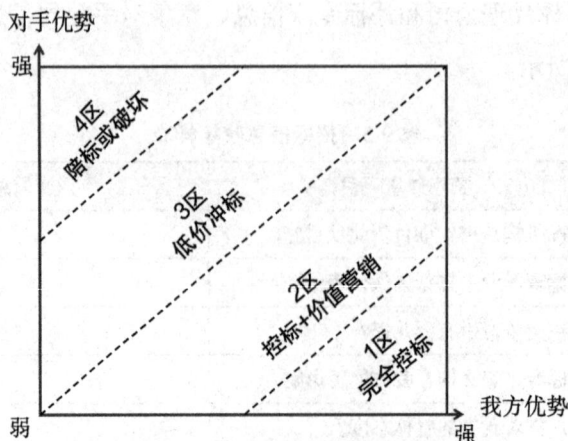

图 9-4 投标策略的 4 种类型

1 区：我方占优且优势巨大，宜采取"完全控标"的策略，将对手完全排挤出去，确保我方中标。

2 区：我方占优，但优势不大，宜采取"控标＋价值营销"的策略，在尽可能增加我方控标点的基础上注重投标文件在技术、方案、商务等方面为业主方创造更大的价值，以赢得中标结果；同时要关注评标方法和评分标准，防止竞争对手公司冲标。

3 区：对方占优，但优势不大，宜采取"低价冲标"的策略。在这种情况下，对手虽然技术分或商务分占优，但优势不大。我方可通过放弃部分利润、降低报价的方法获得较高的价格分，以弥补技术分或商务分的劣势，从而赢得中标结果。如果评标方法是"经评审的最低投标价法"，或者评标方法虽然是"综合评估法"，但价格分占比较高或以满足招标文件要求且投标价格最低为评审基准价，则低价冲标的效果会更好。

4 区：对方占优且优势巨大，宜采取"陪标或破坏"的策略。在这种情况下，我方没有中标的可能，陪标或者破坏取决于我方的目标。如果我方目标是立足长远、与业主方建立良好的客情关系，则可以采取陪标策略。如果我方目标是短期内打击竞争对手公司，则可以采取破坏策略，通过压低报价、质疑、投诉、流标等方法阻挠竞争对手公司顺利中标。

标前引导

投标项目成败的关键在于标前引导。

标前引导是指在政企客户正式启动项目招标之前，与政企客户采购关键人员深入沟通需求内容、解决方案、技术规范、商务资质、评标方法、评分标准等关键内容，以达到影响政企客户采购关键人员的认知、引导招标文件内容及采购决策倾向的营销行为。

标前引导表面是为政企客户提供咨询服务，实质上是为了改变政企客户采购关键人员的认知理念。要想标前引导取得成功，此项工作必须提早到新七步成诗法的前 5 个阶段做。尤其第五阶段"方案胜出"，其所有工作实质上都是标前引导。

标前引导工作的具体内容包括以下方面：

（1）与政企客户采购关键人员建立良好的客情关系，比竞争对手更早了解项目信息，参与政企客户的早期立项工作，提前了解项目标的；

（2）了解政企客户采购关键人员的真实需求和想法，仔细分析他们可能的价值点，投标时才能命中关键；

（3）在解决方案中为政企客户提供实际价值，引导政企客户对本公司投标方案的认同；

（4）通过解决方案交流和商务交流，引导政企客户采购需求吻合本公司的技术路线和产品特点，并争取把对本公司有利的内容写入政企客户招标文件，如商务资质、发明专利、设备参数性能、新技术采用等。

总之，成功的标前引导需要做到创造接触机会、持续交往沟通、设法得到标的、提供实际价值、尽快引发共鸣。

为了实现标前引导的目标，销售方需要与政企客户采购关键人员建立广泛且良好的客情关系。这些关键人员包括最终决策者、提议决策者、标准把关者、采购执行者、应用收益者、实际使用者等各类角色。

标前引导最艰巨的任务是改变政企客户采购关键人员的认知理念。为了实现这个目标，政企营销人员需要使用引导式销售法。有关话术设计和使用技巧，读者可参阅本书 6.5 节。

全过程有效控标

几乎所有投标人员都知道控标的决定性意义，但不是所有投标人员都明白，控标其实是一种只有业主方才有的权力。只有当业主方将这种权力授予销售方时，销售方才有可能控标。标前引导的目标正是为了获得业主方的这种授权。

获得业主方授予的控标权之后，销售方需要深入研究并部署严密、有效、覆盖招投标全过程的控标策略。

常见的控标环节如下：

（1）招标公告环节：重点关注全套招标文件或采购文件的内容；

（2）资格审查环节：重点关注资格审查标准、资格审查过程；

（3）投标环节：重点关注与其他投标方的关系协调；

（4）评标环节：重点关注开标、述标、评标等过程，以及与业主方代表、招标代理公司、评标专家的关系协调。

常见的控标点如下：

（1）合格投标人要求：指对有资格参加本次投标企业的实力、资质等方面的要求，投标方本项内容缺失会构成废标；

（2）产品技术指标：指对投标方提供的产品 / 服务 / 方案的技术架构、技术路线、功能指标、性能指标等方面的要求；

（3）产品资质证书：指对投标方提供的产品 / 服务 / 方案产品认证、测试报告、资质证书等方面的要求；

（4）产品品牌：指对投标方提供的第三方产品的原厂家授权、独家代理、价格保护等方面的要求；

（5）企业及人员资质：指对投标方的企业资质证书种类及数量和项目组人员技术资质种类及数量等方面的要求，投标方本项内容缺失会扣分但不构成废标；

（6）评标方法：指评标环节评标专家使用的评标方法（如经评审最低投标

价法、综合评估法等）、综合评估法中评分项目设置与分值占比、评分项目计分或扣分标准等方面的内容；

（7）其他项目：指要求投标方提供的获奖证书、产品证书、产品测试报告、案例业绩、设计图纸、现场产品演示、市场占有率、品牌知名度、工期进度等内容。

在招标项目正式开标前，投标团队可将本公司投标文件与招标文件的评分项目逐项进行分析对照，判断本公司控标效果，并以此制定相应的策略与行动计划。开标前控标形势分析参考如表 9-7 所示。

表 9-7　开标前控标形势分析表（样例）

评标项目	控标项	一般得分项	不可控项
1　投标报价（共 35 分）			35
2　服务部分（共 15 分）			
2.1　供货安装、调测		2	
2.2　终身服务		5	
2.3　2 小时服务响应，4 小时现场服务	2		
2.4　本地售后，本地生产	6		
3　技术部分（共 30 分）			
3.1　网络、安全、容灾的性能、先进性		10	
3.2　软件自主知识产权		2	
3.3　卫生行业信息化标准和规范	13		
3.4　实施方案及计划、实施工艺标准		5	
4　商务部分（共 20 分）			
4.1　投标人资信		15	
4.2　投标文件响应程度		5	
小计	21	44	35

销售方在部署控标策略时需要严格遵守招投标法律法规的要求，在设置控标点时规避法律法规禁止的以下行为：

（1）招标人设定的资格、技术、商务条件与招标项目的具体特点和实际需要不相适应，或者与合同履行无关的；

（2）依法必须进行招标的项目，招标时以特定行政区域或者特定行业的业绩、奖项作为加分条件或者中标条件的；

（3）对潜在投标人或者投标人采取不同的资格审查或者评标标准的；

（4）招标文件中限定或者指定特定的专利、商标、品牌、原产地或者供应商的；

（5）依法必须进行招标的项目，招标人非法限定潜在投标人或者投标人的所有制形式或者组织形式的；

（6）招标人以其他不合理条件限制、排斥潜在投标人或者投标人的。

报价策略

（1）报价策略的确定方法

价格是中标三要素之一，往往是能否中标的关键因素，在冲标策略中又是最具有冲击力的"攻击武器"。销售方出于争取项目收益最大化的目标，会将报价活动放在投标运作的最后阶段决定，在全面考虑业主方态度、各投标方优劣势、本公司投标运作效果、预测竞争对手报价信息、本公司本次投标目标等因素的基础上综合确定报价策略。

报价策略的目标是公司未来收益最大化。公司未来收益 = 中标利润 × 中标概率。报价高了，虽然中标利润得到提高，但中标概率也降低了；降低报价，虽然可以提高中标概率，但也降低了中标利润。因此，投标报价时需要选择能使公司未来收益最大化的中标利润与中标概率组合，如图 9-5 所示。

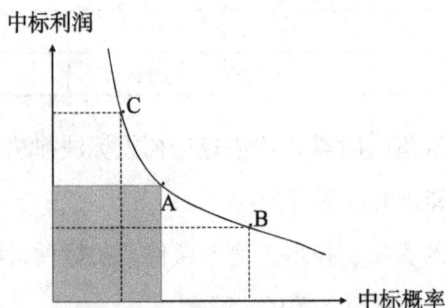

图 9-5　中标利润与中标概率的关系

在确定报价策略之前，政企营销人员需要先估算本公司的中标概率，可以使用表 9-8 所示的模板估算本公司与主要竞争对手公司各自的中标概率。

表 9-8　各投标方中标概率评估表

评分项目	标准分值	我公司	竞争对手一	竞争对手二	竞争对手三
技术					
服务					
商务					
价格					
中标概率预测					

（2）报价策略的类型

投标报价策略的确定需要从公司和项目两个维度综合考虑。

从公司维度考虑（即从全公司角度考虑投标收益）的报价策略有以下三种。

①盈利型报价策略（高报价），适合的投标项目特点包括以下几点：该类项目本公司有口碑、有案例、有品牌；本公司市场旺盛、项目比较饱和；该投标项目技术难度高、项目实施风险大、客户要求苛刻；经济大环境处于高速增长期等。

②竞争型报价策略（中报价），适合的投标项目特点包括以下几点：该类项目可复制本公司的成功模式；本公司项目尚未饱和；该投标项目技术难度低、项目实施风险小、项目经济效益好；竞争对手威胁本公司市场等。

③生存型报价策略（低报价），适合的投标项目特点包括以下几点：该类项目属于新产品、新区域、新市场等；本公司市场困难、项目不饱和；该类项目 / 市场正面临政策转向；经济大环境处于经济危机或衰退期等。

从项目维度考虑（即只从该投标项目角度考虑投标收益）的报价策略也有三种。

①围控型报价策略（高报价），适合的投标项目特点包括以下几点：招标文件本公司完全控标；客情关系整体支持本公司；没有竞争者或竞争对手公司均无优势；与招标代理公司沟通良好；已知晓评标专家名单且客情关系良

好等。

②竞争型报价策略（中报价），适合的投标项目特点包括以下几点：招标文件本公司未控标，但有一定优势；有一定的客情关系；与竞争对手公司各有优劣势；与招标代理公司和部分评标专家有一定的客情关系等。

③冲击型报价策略（低报价），适合的投标项目特点包括以下几点：招标文件不利于本公司；客情关系整体不支持本公司；竞争对手公司优势明显；与招标代理公司沟通情况一般；不了解评标专家名单等。

9.2　商务谈判技巧

无论是大单还是小单，最后签订合同之前往往都需要某种程度的谈判。大单的价格虽然已经通过招投标活动确定了，但交付与维保等细节内容还需要通过谈判来确定。小单在签订合同或受理表单之前的主要工作就是价格谈判。另外，政企营销人员需要进行内部谈判，以获得本部门、同级部门、上级领导、兄弟单位等支持，有时还需要与 IT 软硬件厂家、系统集成商、维保服务商等合作单位谈判，以获得良好的供货和服务支持。

9.2.1　正确的谈判理念

（1）理解谈判的实质

谈判的实质是交换，而且是不等价交换。

这里说的"不等价"是指交换物对于交换双方各自的效用价值不等，而不是指交换物的实际价格不等。例如，甲有 A 物品若干件，但没有 B 物品，那么 A 物品对于甲的效用价值较低，B 物品对于甲的效用价值较高；乙有 B 物品若干件，但没有 A 物品，那么 A 物品对于乙的效用价值较高，B 物品对于乙的效用价值较低。A、B 两样物品对于甲和乙的效用价值就形成了不等价关系，甲乙两人就有了通过谈判交换 A、B 两种物品的可能。由此可见，谈判的实质是用本方认为不值钱而对方认为值钱的东西去交换对方认为不值钱而本方认为值钱的东西，这就是"不等价交换"的含义。

"谈判的实质是不等价交换"这一点说明，谈判成功的关键在于双方都去寻找并放大双方不等价的效用价值。在多数情况下，可交换的效用价值的数量往往受限，这时谈判高手会把更多与双方都有关的物品或事情都摆上谈判桌，目的在于通过扩大可交换的效用价值的种类推动谈判成功。

（2）谈判成功的理念

- 谈判的目的不是战胜对方，而是要达成本方的目标。
- 谈判的目标——利益；谈判的基础——信任；谈判的过程——求同存异；谈判的手段——互相妥协。
- 谈判的最高目标——双赢；谈判的核心手段——管理双方的期望值。
- 谈判高手需要关注双方的利益，而非双方的立场。
- 谈判须与感情绝缘，谈判桌上既无朋友也无死对头。
- 谈判是智者的博弈，即使一把烂牌，也有起死回生的可能。
- 谈判过程中争论无济于事；谈判不是要说服对方接受本方的观点，而是要努力争取本方的利益。
- 谈判成功的要素：谈判计划、谈判策略、谈判底线、灵活调整。
- 谈判成功的关键：知己知彼，看清对方的底牌，并藏好本方的底牌。
- 谈判是双方心理的较量，良好的心理素质是谈判成功的基础。

9.2.2 谈判过程与策略应用

商务谈判的过程

商务谈判一般分为 4 个阶段：开局、交锋、引导与让步、成交与签约，各阶段的任务如表 9-9 所示。

表 9-9　商务谈判 4 个阶段的任务

序号	谈判阶段	阶段任务
1	开局	①做好准备 ②建立融洽的气氛 ③谈判角色定位
2	交锋	①摸底阶段 ②报价阶段：开盘价、报价次序、回价 ③议价与磋商阶段
3	引导与让步	①引导的策略 ②让步的策略 ③打破僵局
4	成交与签约	①草拟书面合同或协议 ②书面合同或协议的签署 ③复盘总结

谈判前期（开局阶段）的技巧

谈判前期的目标是营造有利于本方的开局气氛。

（1）营造开局气氛

谈判有以下 4 种不同的开局气氛：

①热烈的、积极的、友好的；

②平静的、严谨的、严肃的；

③冷淡的、对立的、紧张的；

④慢慢吞吞的、松松垮垮的、旷日持久的。

谈判团队具体选择哪种开局气氛取决于以下因素：本方谈判目标、谈判双方的合作历史和客情关系、谈判双方的实力对比及谈判双方人员的关系。谈判团队综合考虑上述因素，选择一种最有利于本方的开局气氛。

（2）谈判前期的 8 种开局方式

①一致式开局：以对方熟悉的方式或喜爱的事物为切入点，创造和谐、融洽的谈判环境和气氛。此方式可用于显示本方的诚意。

②坦诚式开局：以开诚布公的方式向对方陈述本方的观点或想法。此方式适合有长期的、良好的合作关系的双方。

③协商式开局：以协商、肯定的语言进行陈述，使对方对本方产生好感。此方式适用于谈判双方实力接近、过去没有商务往来的谈判。

④保留式开局：在谈判开局时，对对方提出的关键问题不做出彻底的、确切的回答，而是有所保留，给对方神秘感，吸引对方深入谈判。

⑤先声夺人式开局：本方率先表明对谈判的态度、对交易的信心，或介绍自己的产品、本公司的实力等，把对方引导到本方的谈判思路上来。

⑥严肃式开局：以严谨、凝重的语言进行陈述，表达对谈判的高度重视和鲜明态度，目的在于迫使对方放弃某些不恰当的意图。

⑦挑剔式开局：开局时对对方的某项错误或礼仪失误严加指责，使其感到内疚，从而达到营造不利于对方的谈判气氛、迫使对方让步的目的。

⑧进攻式开局：通过语言或行为表达本方强硬的态度，从而获得对方必要的尊重，借以制造心理优势。此方式适用于对方刻意制造不利于本方的谈判气氛时。

谈判中期（交锋阶段）的技巧

谈判中期是双方交锋最激烈的阶段，交锋的目标是实现各自的利益。

（1）如何应对客户方的压力

在谈判中期，客户方会向销售方尽可能地施加压力以逼迫其让步。销售方谈判人员需要很好地应对来自客户方的各种压力。

方法一：洞悉客户方的短板

客户方的短板表现在以下方面：客户方可能与以前的厂商有一定的矛盾；客户方对市场信息了解不全面；目前客户方使用的产品或服务可能成本较高；客户方一般比较保守，不太容易接纳新事物。

方法二：强化本方的竞争优势

重点强调本方产品／服务／方案的优势领域。对本方弱点进行客观评估，积极寻找短期内可以解决的方法；如短期无法解决，也应有一套改善的方法；如涉及比较专业或复杂的交易，可带该领域专家共同参与谈判。

方法三：使用客观标准，破解利益冲突

谈判双方交锋的目标是各自的利益。化解利益冲突的方法如下：建立公平客观的价格衡量标准，如市场价值、科学计算、行业标准、成本项目、有效性、对等原则等；将利益冲突问题转化为寻找客观依据；善于阐述自己的理由，也接受对方合理、正当的客观依据；不屈从于对方的无理压力。

（2）谈判中期的 8 种策略

①时间压力策略

这种策略是指本方先谈一些无关大局的议题，当对方自认为可以结束谈判时，突然提出对方不愿接受的议题，迫使对方为按计划时间结束谈判而答应本方的要求。

时间压力策略有效的原因是在时间压力下谈判者经常会做出他们原本不愿意的让步。因此，越接近谈判的尾声，双方达成一致的意向就越多。

谈判优势方可以使用时间压力策略，并且往往很有效。

谈判弱势方不但自己不能使用本策略，还应尽量避免对方使用本策略。对谈判弱势方的建议如下：不要向对方透露本方的谈判期限；谈判初期坚持详细罗列谈判议程，按重要程度排序；对于初期搁置的问题要特别小心，防止掉入对方陷阱；要有充分的耐心，任何时候不要期待结束谈判。

②请示上级领导策略

这种策略是指在对方提出某个要求后，以本方需要请示上级领导为理由，拖延答复或让步的时间。

使用本策略的好处如下：可从容拒绝对方而不伤害双方的感情，减少对方的不满；可迫使对方再次让步；可为本方争取更多的思考时间。

本方使用本策略的要点如下：本方的产品或服务要有明显的优势；本方能承受谈判破裂的损失；对方缺乏必备的行业知识或缺少足够的自信；"上级领导"应是一个虚拟人物，不能具体指明是何人。

对方使用本策略的应对方法如下：在谈判前期就打消对方使用本策略的想法。例如，在谈判前期就询问对方："如果我今天满足你的要求，你能不能也在今天做决定？""能否请你们领导一起参加谈判？"如果对方使用请示上级领导策略，本方可同样虚拟一位本方领导应对对方。

③黑脸白脸策略

这种策略是指谈判某方的主谈人员和同一方另一成员在立场、态度上截然不同的做法。常见的做法是主谈人员扮白脸（态度友善、意见与对方接近），另一成员扮黑脸（态度恶劣、意见与对方相反）。

黑脸白脸策略是一种常用的谈判策略。不过，因为使用太普遍，本策略对于谈判新手有效，而对于谈判高手往往无效。

对方使用本策略的应对方法如下：本方也虚拟一个黑脸回击对方；也可当场委婉地揭穿对方。

④表演策略

这种策略是指当对方向你出价或还价时要表现出吓一跳的样子："哇，怎么价格这么低 / 这么高？"

表演策略的效果往往不错，原因在于对方出价或还价后一定会观察你的表情，并由此推断你的期望值，根据推断结果决定让步幅度和让步策略。

⑤折中策略

这种策略是指谈判双方在交易金额上出现分歧、争执不下时，为了尽快达成协议，一方提议双方各让一步，在双方各自报价的中间区域达成交易。

本策略的使用要点如下：折中的概念是双方都让步，但不是平均让步；先折中的一方会处于被动状态，所以一般鼓励对方先折中。

⑥步步为营策略

这种策略是指不把所有问题全部提出来，而是先提出一些意见分歧不大的问题，待谈判进展到一定阶段、双方都对谈判过程感到满意时，再针对难度较大的问题寻求解决途径。

本策略的使用要点如下：谈判中先谈分歧不大的内容，暂缓商议难度较大的内容；先让对方在原则问题上同意，然后回头再追加新要求（又称回马枪策略）。

对方使用本策略的应对方法如下：事先预估对方可能提出的额外条件，评估这些条件的代价和风险；谈判开始时把所有拟谈判问题都列好，并形成文字由双方确认；如果达成协议后对方又提新要求，可采取装聋作哑策略。

⑦沉默是金策略

这种策略是指在谈判中当本方提出要求或对方提出要求后保持沉默，促使对方为打破沉默而率先让步。

本策略的使用要点如下：一般情况下，先开口一方就是让步一方，可利用沉默迫使对方让步；需最大限度掩饰本方的底牌。

⑧哄抬价格策略

这种策略是指买方将卖方聚集在一起，使他们在竞争中产生紧张和焦虑的心情；或者卖方制造产品或服务数量有限、即将售罄的假象。

销售方使用哄抬价格策略的要点如下：可制造库存有限、供不应求的现象；表示上游供应商提价。

谈判后期（引导与让步阶段）的技巧

谈判后期的核心任务是要解决相持和僵局两种困境，并使用有效的让步策略达成合作协议。

（1）解决相持困境

相持是指谈判双方在某个问题上找不到各自都能接受的解决方案，但双方或至少一方还在努力进行谈判的状态。

解决相持的方法如下：将分歧问题压后谈判；更换谈判小组成员；修改其他交易条件；暂停谈判，各自收集信息后再重新开始谈判。

（2）解决僵局困境

僵局是指谈判双方在某个问题上找不到各自都能接受的解决方案，都心灰意冷，认为没有继续谈下去的必要的状态。僵局有可能导致谈判破裂。一旦出现僵局，谈判人员应努力解决。但有时有意制造僵局也是一种有效的谈判策略。

①僵局处理方法：直接处理法

- 列举事实法。

- 以理服人法。

- 以情动人法。

- 归纳概括法：概括对方的问题或本方的观点。

- 反问劝导法。

- 以静制动法。

- 站在对方的立场上说服对方。

- 荣辱与共法：着眼于双方的共同利益。

- 中止谈判法：休会、变换议题或谈判环境等。

- 硬碰硬法：适用于当对方故意制造僵局压迫本方接受时。

- 让步法：本方主动做出让步。

②僵局处理方法：间接处理法

- 先肯定，后否定：肯定对方的有理内容，反对无理内容。

- 先利用，后转化：直接或间接利用对方的意见说服对方。

- 先重复，后削弱：先复述对方的问题再反驳。

- 拖延法。

- 转移话题法。

- 寻求第三方案法。

- 回顾成果法：回顾双方已取得的谈判成果，劝导对方珍惜成果、化解僵局。

- 请双方高层领导会晤解决。

- 请中立的第三方调停。

- 更换谈判小组成员。

- 做好放弃谈判的准备。

（3）有效妥协让步的技巧

谈判本质上是双方互相妥协让步的过程。妥协让步的要点如下。

- 妥协之前要了解对方的真正意图，争取让对方先开口表明观点，并隐藏本方的观点。
- 在最优目标中妥协让步，在最低目标中寸步不让。
- 即使在最优目标中妥协让步，也要仔细权衡得失，避免出现不对等的交易条件。
- 可将对本方影响最小的条款作为第一让步条款。
- 可在一些比较敏感的问题上率先让步以获得对方的好感。
- 拒绝对方的第一次让步要求。
- 不可让步太快，慢慢让步可让对方心理上满足并珍惜。
- 第一次让步后，无论效果如何，不可轻易做出第二次让步。
- 不做无谓的让步，每一次让步必须要求条件交换，哪怕条件很荒唐。
- 每次让步的幅度逐次减小，直到最小单位。
- 必要时否决上一次的让步，让对方珍惜。
- 接近底线时要故意在对方面前暴露内部出现分歧。
- 永远给自己留有余地。
- 最重要的一点：不可无休止、无原则地妥协让步。

（4）谈判后期的 5 种策略

①制造僵局策略

这种策略是指有意制造僵局给对方施压，为本方争取时间或创造谈判优势。

本策略的使用要点如下：表现要坚决；选择时机要恰当；僵局形成后应积极施加影响；僵局有可能导致谈判破裂，应慎重使用。

②离席策略

这种策略是指在谈判中确实得不到想要的东西时，表示可以随时离开谈判桌（谈判破裂），从而给对方制造压力、逼迫对方让步。

本策略的使用要点如下：离席是手段，使对方让步才是目的；使用本策略前应先让对方认识到与本方合作的价值；确保本方有对方需要的东西；进入关键问题的决定阶段才能使用本策略，过早使用本策略会让对方以为本方没有谈判的诚意。

③最后通牒策略

这种策略是指当谈判进入僵局阶段、双方都不愿意做出妥协让步时提出如对方不让步则终止谈判。

本策略的使用要点如下：慎用，使用本策略存在谈判破裂的风险；最后关头才用，太早用会使对方产生敌意。

对方使用本策略的应对方法：制定谈判计划时，预先考虑到对方使用本策略的可能；仔细观察对方，判断对方的真正意图是准备结束谈判还是施压手段；顶住压力，如让步损失过大就终止谈判。

④一分为二策略

这种策略是指在谈判时把交易中的所有条件客观地向对方全盘列出，并从对方的立场对每项内容进行深入分析，将收益和潜在问题坦诚地讲清楚，引导对方做出决定。

本策略的使用要点如下：可用于本方判断谈判形势，也可用于说服对方接受本方条件；从对方的立场对每一项内容进行深入分析，可显示本方的诚意以增强信任。

⑤欲擒故纵策略

这种策略是指为获得良好的交易条件，明明急于成交，但在谈判时故意表现出不情愿、兴趣不高、不急于成交的姿态。

本策略的使用要点如下：先吊起对方对交易的兴趣；使用时需要掩饰好本方的真实心态。

价格谈判技巧

在商务谈判中，价格始终是最激烈的谈判焦点，贯穿于谈判的全过程。价格谈判技巧是政企营销人员必须掌握的基本功。

（1）价格谈判的内容

①报价：卖方向买方说明商品或服务的价格及计量方法。

②价格解释：卖方就其商品或服务特点及其报价的价值基础、行情依据、计算方式等所做的介绍、说明或解答。

③价格评价：买方对卖方所报价格及其解释的评析和论述。

④还价：买方针对卖方报价做出的反应性报价，可分为总体还价、单项还价。

⑤讨价：买方要求卖方改善报价或卖方要求买方改善还价的行为，可分为总体讨价、单项讨价。

（2）价格谈判的关键

价格谈判的四要素：本方报价、对方还价、本方底牌、对方底牌。

赢得价格谈判的关键是全面掌握产品或服务的价格影响因素，在价格谈判的全过程中做到有理有据。常见的产品或服务的价格影响因素包括市场行情、客户需求、交货期要求、产品或服务的复杂程度、商品的新旧程度、附带条件和服务项目、产品质量、品牌及企业声誉、交易性质、销售时机及支付方式等。

（3）销售方如何报价

①报价的原则：提高报价有效性

报价有效性是指对方对本方报价的认可程度。

②报价的基本方法

第一，反复分析和权衡，尽量以本方所得利益与报价被客户接受两者之间的某个最佳组合点作为报价的依据。

第二，尽可能精确地估计对方可接受的报价范围，并围绕这个范围制定报价策略。

③常用的报价策略

第一，报价起点策略：原则上开价要高。

第二，报价时机策略：应先让对方充分了解本方产品 / 服务 / 方案的使用价值和为对方带来的利益，待对方对本方的产品 / 服务 / 方案感兴趣后再报价；同时，在销售过程的早期不要急于报价。

第三，报价表达策略：口头或书面报价均可，报价时要坚定、明确、完整、不加解释和说明，坚持"不问不答，有问必答，避实就虚，能言不书"等原则。

第四，报价差别策略：同一种产品 / 服务 / 方案因客户性质、购买数量、需求急缓、交易时间、交货地点、支付方式等不同，报价也不相同。

第五，报价对比策略：在本方价格低时，可将本方产品 / 服务 / 方案的价格与另一种可比较的产品 / 服务 / 方案的价格进行对比，突出相同价值下的价格优势；在本方价格高时，则将本方产品 / 服务 / 方案的价值 (如功能、质量、售后服务等) 与另一种可比较的产品 / 服务 / 方案的价值进行对比，突出相同价格下的价值优势。

第六，报价分割策略：将产品 / 服务 / 方案的计量单位细分，按照最小计量单位报价。

| 第 10 章 |

交付与运营

交付与运营是新七步成诗法的最后一个阶段。在传统政企营销中，销售流程在这一步之前就已经结束了。但在政企数字化业务营销中，签订合同不是营销的结束，接下来还有交付、运营等重要任务。

本阶段的目标是与政企客户建立长期战略合作关系，成功标志是成功开拓新商机，关键任务如下：协助公司内部部门和外部伙伴完美交付；协助公司内部部门和外部伙伴提供良好的服务；回款；将客户纳入垂直行业数字化生态圈；编写案例，纳入知识库或案例库；通过后续扩容升级、客户转介绍等途径开拓新商机。

10.1　先别急着庆祝

10.1.1　必须完美交付

对于政企数字化业务来说，不管签订多大的合同，都只能高兴一个晚上。当第二天一早醒来时，政企营销人员要清醒地认识到：噩梦开始了！

在签单之前，客户都是不急不慢的。而一旦双方签订了合同，几乎所有的客户都会立刻变得着急起来，催着政企营销人员赶紧设备到货、安装、调试、上线割接……但等政企营销人员回到本公司，又会恐怖地发现：整个公司除了自己对这个项目着急以外，其他人都不着急！外面客户催得天天上火，公司内部交付流程却慢如蜗牛。签单之后，政企营销人员如同跌入了风箱的老鼠，两头受气。

造成这种交付窘况的原因来自于电信运营商的传统机制。电信运营商是从基础通信业务发展起来的，其运营管理机制自然受到了基础通信业务的深刻影响。一方面，基础通信业务讲究全程全网和安全可靠，网络技术部门遵守计划比响应变化更重要，他们习惯于依据计划照章执行，而不是根据客户需求快速做出响应。另一方面，基础通信业务的业务逻辑是横向分割模式（即业务实现和保障责任被横向分割为网格单元），适应横向分割模式的绩效考核方法是 KPI

考核，在 KPI 考核之下，网络技术部门往往更关注一个考核周期的指标水平，并不认真关注每个客户、每个项目的响应时效。

这种交付窘况在短时间内难以彻底解决。电信运营商要克服基础通信业务运营模式的影响，建立符合数字化业务特点的流程化与项目化管理机制，需要的时间可能会较长。

但是，电信运营商本地化经营的特点又决定了每一个政企数字化项目都必须完美交付。因为电信运营商是运营服务类企业，各级区域分公司都是本地化经营。本地化经营的特点决定了电信运营商无法在项目失败时逃避客户。

一方面是交付窘况问题短时间内难以彻底解决，另一方面是每个政企数字化项目都要求完美交付，这就要求政企营销人员扛起这个巨大的责任。政企营销人员虽然不是交付的具体实施者，但要把自己定位于交付的第一责任人。政企营销人员要充分发挥自己沟通能力和协调能力强的特长，积极地协调政企客户、公司内部网络技术部门、公司外部 IT 软硬件厂商、系统集成合作伙伴等多方人员，密切跟踪交付的每个环节，努力争取自己签订的每一个政企数字化项目都能完美地交付。这是为公司负责，为政企客户负责，更是为自己的职业声誉负责。

当然，在承担这样巨大责任的同时，政企营销人员也不要忘记自己有强大的靠山——各级区域分公司总经理。当努力用尽所有方法仍然无法克服交付难题时，政企营销人员不要忘记拨通分公司总经理的电话。在权威领导面前，执行力从来不是问题。

【案例 10-1】

　　某地电信运营商政企事业部医卫业务部的负责人虎口抢单，获得了本地一家三甲医院 EMR 系统（电子病历系统）升级的大单。强大的竞争对手公司因为竞标失败而向该医院发出了全面断网的威胁，客户不得不要求该负责人在两天内调通全部 60 多条电路和互联网专线。接到客户要求时已经是星期五下午了，医卫业务部负责人逐个给网络运维部门、工程施工部门打电话，但得到的答复都是不可能、来不及、做不了……无奈之下，医卫业务部负责人只好拨通了分公司总经理的电话。当时分公司总经理正在外地开会，快速听完事情原委之后只对医卫业务部负责人说了一句话："你辛苦了，回家好好休息，剩下的事情我来负责。"分公司总经理立即拉了一个项目督办群，亲自调度人员、安排工作、督办进度，结果只用了一天半的时间就圆满完成了客户的所有要求。

10.1.2　还要完美运营

比交付更让人头疼的是运营。因为交付难题已被越来越多的高层管理者认识到，但运营难题至今尚未进入高层管理者的视野。电信运营商在政企客户数字化项目运营方面还几乎是空白。

漠视运营的原因也来自电信运营商的传统机制。基础通信业务的服务逻辑是黑盒思维。在基础通信业务中，只要给客户提供高质量的上下行带宽就可以，至于客户如何使用这些带宽就不用管了。这种服务逻辑导致电信行业虽然属于服务行业，但电信运营商更愿意为客户提供基于设备和系统的低接触性服务。

然而，政企数字化业务的服务逻辑却是白盒思维。政企数字化业务的前身是信息化业务，其实质是对现实业务系统的计算模拟，需要在 IT 系统中模拟政企客户的真实业务流程和管理流程。这就需要数字化服务商把政企客户的黑盒子打开，仔细研究客户生产和管理流程的每一个细节，并将拟交付的数字化系统视为工具，帮助客户的主营业务运行得更先进、更高效、更安全，并随时帮助客户解决生产和管理中发生的各种问题。

所以，政企营销人员在完成项目交付后不能松气，还要继续关注所交付数字化业务的数据初始化，关注政企客户各个使用部门及人员的培训，关注所交付数字化业务的应用情况和应用效果。

同时，电信运营商在公司层面也要逐步建立专业化的数字化运营团队，在省、市州、区县等不同层面分层次地开展垂直行业数字化平台的数据运营和功能运营，为政企客户提供更专业、更高价值的高技术服务。

就当前现状来说，电信运营商在自身数字化运营能力薄弱的情况下，寻找合适的合作伙伴，采用外包方式为政企客户提供运营服务，不失为一种现实的解决之道。但从长远来说，电信运营商需要把数字化运营服务能力打造成自身的核心竞争力。这既是打造政企客户忠诚度的关键，又是利润丰厚的良田，更是电信运营商摆脱管道宿命的必由之路。

10.2　复盘总结与新开始

在将政企数字化项目画上圆满的句号之前，政企营销人员还有以下 3 个任务要完成。

10.2.1　纳入本地垂直行业数字化生态圈

在转向新型数字化服务商的道路上，电信运营商的竞争优势不在于技术和产品，而在于运营和服务。但是，单靠"电信运营商—政企客户"这样的双边关系还不足以维持足够的客户忠诚度。电信运营商需要更进一步，以"云＋网＋行业平台"为手段，构建本地垂直行业数字化生态圈，把本地区各种行业关联客户（包括政府客户、大企业客户、中小微企业客户、家庭客户、个人客户等）都纳入这个数字化生态圈，使这些行业关联客户都依赖这个数字化生态圈完成各自的数字化转型和数字化运营。电信运营商则依靠这样的本地垂直行业数字化生态圈占领行业云网市场，获取数字产权并沉淀和运营数据资产，再依靠数据资产为本地区各类客户创造新价值和新吸引力。电信运营商由此华丽地变身为新型数字化服务商。

以终为始。从新型数字化服务商的角度，每一种数字化产品的销售，每一种数字化服务项目的提供，每一项数字化系统的交付运营，都不是结束，而是开始，都是一张将客户纳入本地垂直行业数字化生态圈的门票。政企营销人员接下来的任务是努力把该客户的全部其他业务，以及该客户的下游客户和上游供应商都纳入本地垂直行业数字化生态圈。

10.2.2 复盘总结

政企数字化业务属于高技术服务，强大的知识管理对于业务成功至关重要。政企数字化业务的知识管理包括新型数字化人才培养、数字化产品及解决方案研发、数字化专家人才共享服务、数字化内训师队伍建设、企业内部学习机制、数字化知识问答社区建设及成功案例库建设等。

其中，成功案例库的建设非常重要。每一个重大项目结束后都要进行深度的案例总结。即使失败项目也要深刻总结，分析丢单原因，发现薄弱环节，制定改进策略和计划，以帮助下一个政企数字化项目取得成功。

政企数字化项目复盘总结包括技术方案复盘和营销过程复盘。营销过程复盘可参考的模板如表 10-1 所示。

表 10-1　政企数字化项目营销过程复盘表

序号	项目	复盘内容
1	案例发生日期	
2	案例报告单位 / 部门 / 团队	
3	案例报告人	
4	案例类型（存量保有及提升、客情突破、商机突破、项目突破、反抢、其他）	
5	客户行业类型（政府、企业、医疗、交通、公检法、金融、教育、文旅……）	
6	本案例的详细经过（要求不少于 100 字，涉及客户背景、缘起、目标、经过、波折、结果、项目收益或年化收益等内容）	
7	本案例中客户的主要痛点和价值点	
8	本案例中匹配的公司产品或行业方案及有关配置	

（续表）

序号	项目	复盘内容
9	本案例中在争取目标（存量保有及提升、客情突破、商机突破、项目突破、反抢、其他）时遇到的主要困难——案例精华	
10	本案例中为克服前述主要困难，已经实施的且有明显效果的主要方法和关键措施（注：是已经实施的措施，不是下一步计划，也不是需要的上级支持）——案例精华	
11	本案例取得的结果或效果（指存量保有及提升、客情突破、商机突破、项目突破、反抢、其他等目标实现程度如何）	
12	本案例复盘时总结出来的策略、方法、经验、技巧、心得等	
13	本案例复盘时发现的不足之处或更好的解决方法	

10.2.3 谋划新开始

只有新的开始，才能为昨天的成功画上圆满的句号。只有雪球越滚越大，才能体现政企数字化项目的成功。

政企营销人员现在就要全力谋划新项目的开始，包括引导政企客户对当前项目进行扩容、提速、升级、安全加固及后期工程等；引导政企客户对其他数字化系统进行改造、升级、扩容、提速、安全加固等；引导政企客户对其他尚未数字化的业务流程或系统进行数字化改造；引导政企客户把数字化项目覆盖到自己的下游客户和上游供应商；邀请政企客户在其同行之间推荐或引荐，以该政企客户数字化项目作为灯塔项目加大在行业内外推广等。

由此，一个个新的政企数字化项目又在新七步成诗法的画卷上一一展开，不断地螺旋式循环、上升。